本书在李德英主持的结题评价为优秀的四川省哲学社会科学"十一五"重点规划项目"近代成都平原乡村社会经济结构的转型与变迁"研究成果基础上修改而成

四川大学双一流"区域历史与民族"学科群成果
四川大学"创新2035"先导计划区域历史与考古文明系列丛书

近代成都平原乡村社会经济结构的转型与变迁

李德英

刘 凡 余剑秋 王 华 著

四川大学出版社
SICHUAN UNIVERSITY PRESS

图书在版编目（CIP）数据

近代成都平原乡村社会经济结构的转型与变迁 / 李德英等著. — 成都：四川大学出版社，2023.6
ISBN 978-7-5690-6125-3

Ⅰ. ①近… Ⅱ. ①李… Ⅲ. ①成都平原－乡村－社会变迁－研究 Ⅳ. ①C912.82

中国国家版本馆CIP数据核字（2023）第086670号

| 书　　名：近代成都平原乡村社会经济结构的转型与变迁
Jindai Chengdu Pingyuan Xiangcun Shehui Jingji Jiegou de Zhuanxing yu Bianqian
著　　者：李德英　刘　凡　余剑秋　王　华

选题策划：李　耕
责任编辑：李畅炜
责任校对：曾小芳
装帧设计：墨创文化
责任印制：王　炜

出版发行：四川大学出版社有限责任公司
　　　　　地　址：成都市一环路南一段24号（610065）
　　　　　电　话：（028）85408311（发行部）、85400276（总编室）
　　　　　电子邮箱：scupress@vip.163.com
　　　　　网　址：https://press.scu.edu.cn
印前制作：成都完美科技有限责任公司
印刷装订：四川盛图彩色印刷有限公司

成品尺寸：168 mm×237 mm
印　　张：11.75
插　　页：1
字　　数：245千字

版　　次：2023年8月　第1版
印　　次：2023年8月　第1次印刷
定　　价：48.00元

本社图书如有印装质量问题，请联系发行部调换

◆版权所有　◆侵权必究

代序：在"立体"的成都平原深耕区域史[①]

问题：请介绍一下你们在区域史研究领域已经开展的主要学术工作和代表性成果。

李德英：区域史研究是历史学研究的重要分支，近年来国内区域史研究非常繁荣，各具特色。四川大学的区域史研究历史悠久，在国内侧重于青藏高原等西部地区，在国外侧重于南亚、东南亚等对中国具有独特而重大地缘政治意义的区域，前辈们在此领域形成了自己的特色：与边疆、民族研究结合紧密；注重基层、注重社会调查。20世纪三四十年代形成的华西学派，对中国的西部边疆、西南民族、康藏地区、四川盆地、成都平原展开了很多社会调查，不仅收获了一大批人类学、民族学的成果，也为四川大学的区域史研究奠定了基础。

目前四川大学的区域史研究，主要围绕两个维度展开。一个是大区域的，关注跨地区、跨国家的经济社会和思想文化流动；一个是小区域的，地方属性更强，聚焦中国西南三省的人口、经济、社会变迁。前者的相关研究有很多，如罗志田教授的思想文化史、杨天宏教授的政治文化史，他们的很多研究都在思考近代西方的思想文化、政治制度与中国社会的相互关系。后者主要集中在明清以来的西南民族史和社会经济文化史方面，如石硕教授的藏彝走廊和民族关系研究、何一民教授的边疆城市体系研究、徐跃教授的庙产兴学与清代四川地方社会研究、我本人的成都平原土地制度和乡村社会经济研究、成功伟教授的农业合作化运动与合作金库研究、王果副教授的城乡关系研究、周琳副教授的重庆工商业组织和底层民众研究、郭书愚副教授的晚清四川书院研究等，涉及面广，主题丰富，在视角和方法上重视与环境史、移民史及华南研究方法的结合。总的看来，我们的区域史研究从比国家更大或比国家更小的两个视角入手，同时研究以民族国家为中心的历史，使之更为丰富与多姿。

[①] 该文根据2021年笔者接受中国社会科学网的采访整理而成。原报道详见曾江：《四川大学李德英：在"立体"的成都平原深耕区域史研究》，http://www.cssn.cn/zgs/zgs_zms/202102/t20210202_5309327.shtml。

我和我的学生这些年主要还是围绕成都平原展开研究，形成的成果，除了我自己的著作和论文，还有一批年轻人的成果值得期待。这里介绍两篇博士论文。第一篇是张杨的博士论文《国家财政、民间积怨与政治动员：川西地区的地主与佃农（1940—1952）》，这篇论文获得国家社科基金后期资助项目设立的优秀博士论文出版项目的首次资助；第二篇是袁上的博士论文《水·堰·人：成都平原的水利、环境与共同体（1644—1949）》，该论文对都江堰及成都平原的堰渠制度和水利、人文环境进行了较为详细的梳理，特别是关于堰长制度的研究，很有特色。

问题：在您看来，学界应从哪些方面进一步深化区域史研究？

李德英：不同区域的区域史研究有不同的特色和进展情况，就像赵世瑜教授所讲，区域史研究的区域分布很不平衡，有的地方开展充分，讨论热烈，有的地方刚刚开始，有的地方还没有开始。别的区域，我不好评论，就本人所研究的成都平原而言，还有进一步深化的空间。

第一，民间文献的搜集、整理与释读。这是区域史研究的基本功夫，可我们的课程设置和教科书都没有这样的内容，以至于历史学专业的学生直到大学毕业基本都没有接触过民间文献，这是很有问题的，也就是说除了阅读正规出版物这些精英选编、书写的资料，他们可能对民间的、基层的声音接触不多。所以，这学期我尝试着把田野调查搜集的资料带到课堂上，让同学们读土地买卖或租佃契约、析户文书、碑刻、族谱、诉讼档案和公文，让年轻人接触民间文献，培养他们的研究兴趣和能力，同时希望能有更多的人来从事区域社会经济史的研究。

第二，田野调查的深度和广度。田野调查是区域史研究的重要方法之一，但我们在田野调查的深度和广度方面都有待进一步加强。成都平原又称川西平原，它是一个自然地理概念，也是一个经济地理和人文地理的概念，由于都江堰的庇佑，这里"水旱从人，不知饥馑"，号称"天府之国"，所以，有时候我们也会称"成都平原"为都江堰灌区，这是一个水利概念，在民国时期它包括14个县。新中国成立后，随着东风渠等的贯通，都江堰的水被东引到龙泉山和龙泉山以东地区，所以当下我们称述的"成都平原"并非只有平原地区，也包括都江堰能够灌溉到的丘陵和山地。立体的"成都平原"也是多样化的成都平原。过去我们的田野调查覆盖面很有限，我们在新津、新都、郫县（今郫都区）、大邑、蒲江、龙泉驿、都江堰等地做过考察，其他地方还没有能够进行深入的调查，这是我们将来需要进一步做的工作。同时，田野调查也是让年轻人认识区域、理解区域的重要途径。据我所知，有的同学在川大江安校区读了四年大学，却没有坐过茶馆、没有赶过场，甚至没有吃过一次正宗的麻辣火锅！这样不接"蜀气"的生活，让他如何去理解历史上这个区域人们的生活？有一次，我带学生去做田野调查，随便问几样农作物的名字，很多人答不上来，有的同学对柚子长在树上感到非常惊讶，有的同学不知道"林盘"是什么。有的同学对四川山区的冬水田很不理解，对城市里或其他地方长大的学生来讲，四川农村和农村生活，他们很不熟悉，如果不到田野中多走走看看，多体验和观察，如何能够理解历史文献，进而做出不脱离实际的研究？

上面两点是区域史研究的基本方法和态度，下面两点是区域史研究的趋向。

第三，深入区域与走出区域。区域史之所以称为"区域史"，在于其叙述主体是区域，而非国家。何为"区域"？如何划分"区域"？刘志伟老师有很好的回答："一个所谓的'区域'，可以是国家里面的一部分，也可以是跨越国家的空间范围；在国家里面的这一部分，可以局限在国家这个整体中来看，但我更主张超越国家的视野。这样，所谓'区域'，虽然包含了'局部'的意思，但更具有整体的意义。因此，所谓区域研究，在以国家内部的一个地方作为研究对象的同时，更应该把这个地方放到更宏大的超越国家的视野里去认识。"[①] 我赞成刘老师的说法，区域是一个相对的概念，既包含局部又具有整体的意义。所以，我们的区域史研究，起码应该有两个面向，一方面要深入细致地研究区域内部的问题，另一方面要了解和学习其他区域的研究，探索大家共同关注的问题，也就是要立足区域，放眼全国甚至全球，既研究区域的独特性，又研究各个区域共同存在的问题。例如，成都平原的土地押租押扣制度，是这个区域独特的民间习惯还是很多其他区域存在的"重押轻租""轻押重租"形态在成都平原的体现？这就需要我们不仅要了解自己研究的区域，还必须了解江南、华南、华北、西北等区域的土地租佃制度和地方习俗。还有宗族问题，由于华南研究中宗族问题被研究得比较充分，很长时间以来，很多人认为华南的宗族势力似乎比别的区域更强大，在社会经济事务中发挥的作用更大，换句话说，其他区域的宗族因素似乎更少。但我们读更多的民间文献、做过更多的调查之后，发现在成都平原以及四川地区宗族势力在土地交易、租佃关系、抵押借贷、纠纷调处、司法诉讼、地方事务和民间信仰中同样发挥着非常重要的作用。所以，我认为区域史研究不要仅仅着眼于自己熟悉的一亩三分地，要走出区域，跨越区域，讨论不同区域共同关心

[①] 刘志伟、任建敏：《在全球史视野下探察南岭》，《澎湃·私家历史》，www.thepaper.cn/newsDetail_forward_35496040。

的问题，这样才能使该区域的研究更加深入。

第四，自下而上与自上而下。有学者讲要做好区域史研究应该做到"小视角，大视野"，以避免研究"碎片化"。学界对"碎片化"有很多讨论，此不赘述。我只想谈一谈如何拥有"大视野"。传统的历史书写基本上采用"自上而下"的视角，近年来随着新文化史、新社会史的兴起，"自下而上"成为学界新时尚。区域史研究应将这两种视角结合起来，我经常跟同学们讲，我们的研究要"上天入地"，不能飘在半空中。所谓"上天"，是指"自下而上"的视角能够达到的最高限度，从地方看中央，从区域看全球，具体而言，就是研究老百姓如何与国家打交道，如何与更大的市场产生联系，形成更大的社会网络；"入地"，则是"自上而下"的视角能够达到的最大限度，那就是要研究国家和中央的政策、制度、法律的执行和落地情况，不能只停留在条文层面，要结合民间材料，透析国家、社会和民众的互动。只有将这两种视角结合起来，才能够获得"大视野"，才能够"以小见大"，做好区域史研究。

问题：具体到四川大学的有关研究工作，请您介绍下四川大学与哈佛大学在区域史领域的学术合作。关于西部中国研究中心（四川大学西部中国研究中心—哈佛大学费正清中国研究中心双方合作研究中心）的定位，计划推进哪些工作？

李德英：为了进一步提升四川大学人文社会科学的研究实力，2017年四川大学成立了西部中国研究中心，并与哈佛大学费正清中国研究中心合作成立了"四川大学西部中国研究中心—哈佛大学费正清中国研究中心双方合作研究中心"。这是一个校级合作研究中心，面向全校的人文社会科学工作者，通过师生互访、项目合作等方式，推动对西部中国的研究。我参加了2017—2018年的研究项目"明清以降中国西部乡村社会历史调查"，主要的工作是在成都平原乡村开展田野调查，我们先后进行了14次田野调查和两次学术研讨。2018年底，我因为有其他项目要做，时间紧，任务重，没有精力和时间继续参加这项工作了。

问题：请介绍一下您在成都平原主持开展的工作。在您看来，从"成都平原"到"西部中国"，与其他区域相比，你们开展工作的这一区域有什么特点，你们的研究有哪些主要优势，有什么不足，有哪些潜力？

李德英：我们在成都平原开展的工作主要有以下几项。

搜集整理档案资料，开展口述历史实践活动。众所周知，四川的档案资源非常丰富，从清代到民国再到新中国时期，各县都有很珍贵的收藏。著名的巴县档案和南部县档案其实只是我们这个区域丰富档案资料的冰山一角。成都平原的档案资料也很丰富，有的县区级档案馆对从清代到新中国时期的档案保存得非常完整。过去几年，我们先后与成都市高新区中和镇档案馆、大邑县安仁镇档案馆、新津县档案馆、成都钢铁厂档案馆、新都区档案馆合作，除了搜集整理相关档案资料，还以袍哥（公益协进社）、刘文彩家族、抗战时期的特种工程（新津机场）、南下干部（晋绥干部）、川军起义将领（刘文辉、潘文华）、经典田野再回访（高店子、中和场）、三线建设等为主题开展口述历史实践活动，并进行口述历史档案的整理与收藏。

田野调查和民间文献搜集整理研究。我们的田野调查是与口述历史、民间文献、档案资料的搜集密切联系在一起的，主要的工作方式如下：以口述历史调查的方式进入田野，让历史亲历者讲述他们的故事和感悟；与地方文史爱好者和口述访谈对象合作，搜集民间文献；以口述主题和口述对象为中心，与地方档案馆合作，复制与之配套的档案资料。目前，我们四川大学口述历史实践教学与科学研究中心一共收藏档案资料和民间文献两万多卷，其中口述历史档案500多卷，由于资料尚在整理过程中，暂时不能对外开放，待我们整理完毕建立数据库后，可以和学界同人共享。

田野调查记录、口述历史资料、档案文书、民间文献，这些都是区域史研究非常重要的资料，我们在搜集整理这些资料的同时，展开学术研究，有的成果已经发表，有的还在进一步研究中。

总的来说，我们做了一些基本的工作，但资料的整理和研究都很不够，成果的展现也比较慢，还需要向区域史研究的前辈们学习。

问题：如何评价施坚雅（G. William Skinner）在此区域的工作及其影响？我们今天在"成都平原""华西""西部中国"的研究，有可能为认识整个中国史做出什么学理贡献或方法论启示？

李德英：施坚雅是著名的人类学家，他在成都平原的调查，为西方国家的学者了解成都、了解四川和了解中国提供了宝贵的资料和视角。1949年9月，施坚雅来到四川成都的华西协合大学，11月到高店子（当时属华阳县）做田野考察，1950年2月初，被迫中止考察，回到华西协合大学，1950年9月获准离开。施坚雅在成都待了将近一年（1950年2月之后一直待在华西协合大学），在高店子做了三个月的社会调查，结合其他地方的资料，写出了《中国农村的市场与社会结构》等系列论文，发表在1964—1965年的《亚洲研究》上，提出了"基层市场社区"（Standard Marketing Community，或译为基层市场共同体）理论。该理论突破了原来人类学家只重视村庄的局限，在更大范围内考察农民的社会交往和活动半径，受到了国际学术界的广泛关注，产生了极大的学术影响，从而为西方新一代汉学研究确立了新的范式。以至于二十年后，当黄宗智回顾施氏的影响时，就曾指出："施氏原意，不过是要矫正人类学家只着眼于小团体的倾向，但结果几乎完全消灭了他的对手（我们由此可以看到他在美国学术界影响之大）。一整代的美国史学家都认为中国的村庄，在经济上和社会上高度结合于大的贸易体系。因此，未注意到村庄这个单位"①。美国、日本及欧洲一些学者纷纷把施坚雅的"基层市场社区"理论引入自己的学术研究之中。

施坚雅的"基层市场社区"理论对中国的学术研究也产生了很大影响。从20世纪80年代以来，就不断有学者利用施氏理论来研究中国不同区域的基层市场结构，并与施坚雅进行讨论和商榷。其中王笛有非常杰出的研究。在《跨出封闭的世界——长江上游区域社会研究（1644—1911）》（中华书局，1993年版）第四章"区域贸易、城市系统与市场网络"中，王笛将施坚雅的"大区域"理论与"基层市场社区"理论结合起来，对长江上游的城乡关系和市场网络进行了详细的分析研究。

1998年，中国社会科学院近代史研究所的史建云、徐秀丽将施坚雅的几篇论文翻译成中文结集出版，书名为《中国农村的市场与社会结构》（中国社会科学出版社，1998年版），进一步推动了施坚雅"基层市场社区"理论在中国的讨论。特别是2004年，《中国社会科学》（2004年第6期）发表了刘永华的《墟市、宗族与地方政治——以明代至民国时期闽西四保为中心》一文，《近代史研究》（2004年第4期）发表了一组文章（任放：《施坚雅模式与中国近代史研究》，王庆成：《晚清华北的集市和集市圈》；史建云：《对施坚雅市场理论的若干思考》；黄正林：《近代甘宁青农村市场研究》），对施坚雅的理论与中国历史研究的关系展开讨论。此前此后，历史学、社会学、民族学、人类学、经济学、人口学、城市学等领域都陆续有学者对施坚雅的理论展开讨论。有赞成其观点的，也有反对其模式的，争论激烈。

2017年，美国华盛顿大学的郝瑞（Stevan Harrell）和雷伟立（William Lavely）

---

① 黄宗智：《华北的小农经济与社会变迁》，中华书局，1986年版，第23页。

二位教授将施坚雅1949年底到1950年初在成都平原的田野调查笔记编辑出版①，让学术界得以通过该笔记重新审视施氏的理论，同时，亦可对其研究进行新的补充和修正。2018年6月在香港科技大学召开的"时间和空间中的中国：施坚雅理论再探讨"（China in Time and Space：G. William Skinner's Ideas Going Forward）学术研讨会，再一次对施坚雅的理论和学术贡献展开了讨论。

个人认为，一项学术研究成果或一种理论，不在于多少人接受它，而在于多少人讨论它，施坚雅关于中国农村市场体系的理论及其大区域理论、城市体系理论，至今仍然能引起人们的讨论兴趣，可见其生命力。

"我们今天在'成都平原''华西''西部中国'的研究，有可能为认识整个中国史做出什么学理贡献或方法论启示？"这个问题不太容易回答，谈谈个人的愚见。首先，"成都平原"位于中国西部，属于华西地区，但成都不能代表华西，更不能代表中国西部，就像江南不能代表中国一样。如果我们仅仅从成都平原去认识中国西部，或者仅仅从江南去认识中国——正如有人抨击区域史研究，说它就像盲人摸象，摸到一个局部就以为发现了整体——这是很危险的。那我们该怎么做呢？就像我前面所讲，我们既要深入区域，又要超越区域，去研究整体中各个区域共同存在的问题以及这些问题在不同区域的表现形式，也就是要将同一性的研究和特殊性的研究结合起来，去把握整体中的区域和区域中的整体。西部中国，地域辽阔，地形地貌复杂，民族众多，特色分明，必须充分展开区域研究，才能够得出关于西部中国的整体认知。

其次，"成都平原"虽然不能代表华西或西部中国，但我们研究成都平原的方法和理论可以为其他区域研究提供借鉴和参考。我们的研究方法，一是向从事华南研究的前辈们学习历史人类学的研究方法，将文献、口述历史和田野调查结合起来，二是借鉴其他社会科学的研究方法，对该区域进行定性和定量的研究，与环境史、移民史相结合，探讨明清以降移民在该区域重建社会秩序的过程。

最后，我们对西部中国的研究还很不够，下一步需要走出成都平原，走出四川盆地，走进西部中国更大的田野，也希望更多的年轻学者加入我们的队伍。西部中国的研究任重道远，未来可期！

---

① G. William Skinner. *Rural China on the Eve of Revolution：Sichuan Fieldnotes，1949–1950*. Edited by Stevan Harrell and William Lavely. University of Washington Press，2017.

目　录

绪论 …………………………………………………………………… 1

第一章　生态环境与土地利用 …………………………………… 11
　　第一节　生态环境 ……………………………………………… 11
　　第二节　土地利用 ……………………………………………… 20
　　小结 ……………………………………………………………… 25

第二章　地权结构与佃农比例 …………………………………… 27
　　第一节　地权结构 ……………………………………………… 27
　　第二节　佃农比例 ……………………………………………… 39
　　小结 ……………………………………………………………… 42

第三章　租佃制度与农村经济 …………………………………… 43
　　第一节　佃农的构成 …………………………………………… 43
　　第二节　地租形态 ……………………………………………… 50
　　第三节　押租 …………………………………………………… 56
　　第四节　土地的转佃与经营 …………………………………… 59
　　小结 ……………………………………………………………… 60

第四章　国家政策与制度改良 …………………………………… 63
　　第一节　民国时期佃农地位与民国政府的佃农政策 ………… 63
　　第二节　租佃制度改良："二五减租"与农地减租 …………… 68
　　小结 ……………………………………………………………… 86

第五章 市场结构与农民生活 ·················· 89
第一节 施坚雅的基层市场社区理论 ············· 90
第二节 基层市场与农民生活 ················ 97
第三节 乡村生活的固守与变迁 ··············· 104
小结 ···························· 115

第六章 乡村女性与家庭手工业 ················ 117
第一节 女性的市场活动是否受到限制 ············ 118
第二节 基层市场中的女性人数 ··············· 122
第三节 女性在基层市场中的表现 ·············· 125
第四节 基层市场与女性的家庭手工业 ············ 129
小结 ···························· 136

第七章 民间信仰与政府控制 ················· 141
第一节 何为"迷信" ··················· 143
第二节 民国政府对"迷信"的态度 ············· 149
第三节 民国温江县档案中反映的政府对"迷信"活动的控制 ······ 151
小结 ···························· 160

结语 ····························· 161
参考资料 ··························· 167

绪　论

中国是一个农业大国，农村社会的平衡发展关系到国家的稳定与安宁。由于幅员辽阔，不同地区有不同的特色。多年来，学术界关注的重心都在沿海或东部地区，对长江上游农村社会的研究相对薄弱。尽管有关中国近代农村经济社会的研究成果层出不穷，但主要集中在对华北、华东和华南地区的研究，许多学术争论也是围绕这几个地区的研究而展开的。有关西部地区的研究，除秦晖提出的"关中模式"受到注意外，大多无人问津。而长江上游地区的农村是中国广大农村的重要组成部分，近代以来这些地区受西方影响较小，更具有传统特色。1840年以来，伴随着政治格局和经济体制的变迁，农村社会发生了极为深刻的变化，在转型过程中也存在传统流失、精英文化钳制和掌控大众文化等问题，过去学术界对这些问题的关注不够。同时，关于长江上游农村社会的研究，也多集中在对经济制度、经济水平、市场结构的探讨，对农村基层社会组织、社会习俗、社会互动模式的转变研究不够。王笛的《跨出封闭的世界——长江上游区域社会研究（1644—1911）》一书，用现代化理论对近代长江上游社会进行了较为全面的研究，但其关注的中心是城市的变迁，对乡村的变化着墨甚少，有进一步研究的必要。

成都平原是长江上游重要的农耕地区，其农村社会极具特色，历来受到国内外学者的关注。1949年底至1950年初，美国著名人类学家施坚雅（G. William Skinner）曾在成都平原的高店子做过三个月的田野调查，1964—1965年间，施坚雅发表了三篇关于"中国农村的市场和社会结构"的论文，提出了"基层市场社区"理论，对世界各国的中国近代农村社会经济研究产生了极其重大的影响。我国港台学者对近代四川农村经济的研究也作出了重要贡献。吕实强的《近代四川的农民生活》，用地方志的资料研究清末民初五十多年来四川农村的物价、工价和生活指数，认为在政局稳定的情况下，四川农民的生活应该能维持其安定与自足。吕氏的文章引起了一场关于近代四川农民生活水平的争论。何一民的《晚清四川农民经济生活研究》不同意吕氏的观点，指出笼统地认为晚清四川农民都过着安定、自足而且自得其乐的生活是不恰当的。谢放在《抗战时期四川小农经济与社会变迁》中也认为，抗战时期四川农民为政府和军民提供了大量的兵员、粮食及其他物资，而其生活却处于十分艰辛的境况。在生活水平问题上，由于关注的重点不同，各地学者的争论从未停息。不过，这场关于农民生活水平的争论是围绕四川盆地进行的，并没有哪位学者就成都平原进行专门研究。由于成都平原的生态、人文环境与四川其他地区具有很大差异，因此对于整个四川的研究结论不一定适合成都平原，很多问题仍然有重新研究的必要。此后，国内有不少学者在其研究论述中也曾涉及成都平原，但专门的研究却少见。可以说，成都平原是国内外学者都十分感兴趣的区域，但由于种种原因，专门的研究尚不充分。

成都平原由于得天独厚的自然条件和都江堰水利工程的庇护，成为"水旱从人，不知饥馑"的"天府之国"，其农村社会形成了别具一格的传统特色，这些特色在近代社会变迁的浪潮中，或消亡，或保留，或经过发展更新融入新的社会体系中。这个过程非常值得研究，它可以作为观察长江上游农村社会变迁的一个切口，为近代乡村社会经济史研究提供参考。

以成都平原为中心来考察长江上游传统农业社会的近代转型，具有非常重要的现实意义和学术价值。

第一，成都平原位于长江上游最大支流岷江中游，是长江上游最主要的农耕区域之一，是重要的粮食生产基地和传统农村社会。成都平原在20世纪后期的变化相当迅速，城乡一体化建设走在全国前列，总结近代以来成都平原乡村社会的转变历程，可以得出一些宝贵的经验教训，供各级行政官员采纳，为建设农村和谐社会作出贡献。

第二，20世纪中期施坚雅对成都平原的田野调查，引起了全球学术界的高度注意，但施氏的理论主要来源于田野调查，本书将充分利用成都平原丰富的档案文献，通过对更长时段的考察，对施坚雅的理论作出进一步的完善。

一、学术综述

成都平原位于四川盆地西部，气候适宜，土壤肥沃，加上有都江堰水利工程保证灌溉，是以"水旱从人，不知饥馑"，被誉为"天府之国"。多年来，国内外一些学者对成都平原也颇感兴趣，进行了一些调查和研究，当然，其中许多是对整个四川的研究，专门关注成都平原的只有一小部分。

较早到成都平原进行调查研究的是美国人布朗（H. D. Brown）和他的同事李

民良，他们于1920年代深入四川农村调查农民经营。① 他们将农户分为自耕农、半租农和租耕农三种，通过对"土地形态""屋宇及资本""农业经营""教育""农具等费用""人工""食料及农作物""其他各项收入及开支"等项目的调查，认为自耕农、半租农和租耕农的经营和收获各有千秋。②

1938年，郭汉鸣、孟光宇对四川49个县的农村土地制度进行了专门调查；1938年冬，陈太先更是对成都平原的土地制度做了十分详细而专门的调查研究。根据这两次调查写成的著作是本书研究的重要资料。③

1940年，乔启明、杨寿标和卜凯（J. Lossing Buck）等人组织金陵大学农经系的同学对四川农村经济进行了较为全面的调查，其调查报告由中国农民银行四川省农村经济调查委员会编入1941年出版的《四川农村经济调查报告》。这次调查非常全面，包括粮食生产成本、粮食运销费用、农产品价格、农业金融状况、抗战对农村经济的影响、农场经营、租佃制度等各个方面，成都平原是调查的重点区域，因此，这是研究成都平原佃农经济的重要资料之一。

1949年末至1950年初，美国著名人类学家施坚雅曾在成都平原的高店子（当时属华阳县）做了三个月的社会调查，写出了三篇关于"中国农村的市场与社会结构"的论文，提出了"基层市场社区"理论。④

该理论认为，城市与农村通过"中心地模式"（包含八个等级，分别为普通集市、中型集市、中心集市、地方城市、较大城市、区域城市、区域都会、中心都会）结合起来，这种模式最核心的内容是"市场"，强调人们通过经济关系进行社会交往，从而形成一个社会网络，人们的活动都是在这个网络中进行的。这个网络最重要的一个概念是"基层市场社区"。基层市场是地方市场系统三个等级中最低的一级，是该级市场区域内农户交换商品的场所，是能满足农户所有基本贸易需求的农村集市。从地方市场系统构成来看，基层市场既是农户的手工业产

---

① 布朗，又译为"白郎"，其调查报告于1928年发表在《中国经济杂志》（*Chinese Economic Journal*）上，由李锡周翻译、收入《中国农村经济实况》中，后又被收入冯和法主编的《中国农村经济资料》。

② H. D. Brown, Li Min Liang. A Survey of 50 Farms on Chengtu Plain, Szechwan. *Chinese Economic Journal*, Vol. II, No. 1, 1928, pp44—73.

③ 郭汉鸣、孟光宇：《四川租佃问题》，商务印书馆，1944年版；陈太先：《成都平原租佃制度之研究》，载萧铮：《民国二十年代中国大陆土地问题资料》，台湾成文出版社，1977年版。

④ G. William Skinner. Marketing and Social Structure in Rural China. *Journal of Asian Studies*, Vol. 24, No. 1: pp3—44, No. 2: pp195—228, No. 3: pp363—399. 西方学者（特别是美国学者）关于农村社会关系的理论大都是从施坚雅这一理论中发展而来的，而施坚雅这一理论正是他对成都平原一个乡镇进行社会调查而得到的结论。

品上流到更高级市场的起点,也是供应小农消费的货物下流的终点。基层市场社区是亲戚、宗族组织、秘密社会、宗教组织、方言乃至"小传统"(Little Tradition)的载体,"也是地主或他们的代理人与佃农打交道"的地方。①

此外,还有一些西方学者发表过研究四川农村经济的文章,如曾小萍(Madeleine Zelin)在《清代中叶四川佃农的权利:巴县档案中土地诉讼案件之研究》中对地租形态之间的关系、佃权的保障、地主权威的行使、经济快速发展的可能性等问题进行了探讨。②

1980年代以来,国内学者对四川农村经济也进行了充分研究,李映发的《清代重庆地区农田租佃关系中的几个问题》,利用巴县档案资料对清代重庆地区的押租作用、地租形态、"顶打"转租现象、当出佃转关系、争夺永佃权等问题进行了一些探讨,成为许多学者了解、研究四川租佃制度的重要资料。③ 谢放在其硕士论文《近代四川农村经济研究》中,专门研究了农民的分化和佃农的经营,认为清代四川租佃关系有两个值得重视的变化:一是定额租占的比重逐渐增大,而分成租占的比重则相应减少;二是押租制的流行。押租制的盛行促进了佃农的分化:四川地区出现了一批"大佃农","大佃农"凭借手中较多的货币,佃耕到较多较优的田地,"佃权开始与部分地权相结合",清代中期还出现了"买田不如佃田"的说法;小佃农的经营具有分散化、规模小的特点,他们往往需要从事家庭手工

---

① 施坚雅:《中国农村的市场和社会结构》,史建云、徐秀丽译,中国社会科学出版社,1998年版,第53页。

② Madeleine Zelin. The Rights of Tenants in Mid-Qing Sichuan: A Study of Land-Related Lawsuits in the Baxian Archives. *Journal of Asian Studies*, Vol. XLV, No. 3, May. 1986. 相关的研究还有:Richard Gunde. Land Tax and Social Change in Sichuan, 1925-1935. *Modern China*, Vol. 2, No. 1, Jan. 1976, pp23-48; Audrey Donnithorne. Sichuan's Agriculture: Depression and Revival. *The Australian Journal of Chinese Affairs*, No. 12, Jul. 1984, pp59-85; Chris Bramall. *Living Standards in Sichuan 1931-1978*. School of Oriental and African Studies, 1989, p42. 黄宗智和他的学生于1980年代开始利用巴县档案研究清代农村的法律事务,颇有成就。黄宗智的《清代的法律、社会与文化:民法的表达与实践》(上海书店出版社,2007年版)、《法典、习俗与司法实践:清代与民国的比较》(上海书店出版社,2007年版),都利用了巴县档案,其中对土地典当、田面权等问题有探讨。

③ 李映发:《清代重庆地区农田租佃关系中的几个问题》,《历史档案》1985年第1期。

业及其他副业或外出打工才能维持生计。①

彭通湖和刘方健对近代四川农村经济做了长期、细致的研究，他们对四川农村经济的基本估计是：重庆开埠前，四川农村商品经济有较大发展，佃农出现分化，产生了一批富裕佃农，但大多数佃农仍是艰难度日，地租率保持在50%左右。重庆开埠后，四川农村中小农业与家庭手工业相结合的自然经济初步解体，农民和市场的联系明显增强，但对四川农村自然经济解体的程度不能估计过高。在租佃关系方面，新兴军阀、官僚地主崛起，旧式地主没落，自耕农比例减少，佃农比例增加，佃富农经济有一定程度的发展。② 抗战时期，四川农业总体上有所发展，为抗战胜利作出了重要贡献，但农村租佃关系趋于恶化。"抗战前，四川农村的租佃关系在全国是最不利于佃农的省份之一。抗战以来，随着封建土地关系的强化和地权的集中，租佃关系更是朝着有利于地主而不利于佃农的方向发展。地主利用需要佃种土地的人增多，佃农之间的竞佃加剧，纷纷勒紧绞索提出了种种苛刻的条件。""抗战期间四川各地地租率普遍上升"，押租普遍增加，地主将各种负担转嫁给佃农，使佃农生活日渐困难。③ 战后四川农村经济"最终走上崩溃的道路"④。

我国港台学者对近代四川农村经济的研究也作出了重要贡献。吕实强的《近代四川的农民生活》，用地方志等资料研究清末民初五十多年来四川农村的物价、工价和生活指数，认为"川省农村，遭张献忠乱后，经康、雍、乾三朝百余年的经营，不仅一切重建，而且日趋繁荣，迄嘉庆、道光，一直在升进之中。咸、同、

---

① 参见谢放：《近代四川农村经济研究》，四川大学硕士学位论文（未刊稿），1985年；谢放：《农村商品经济的发展与经济结构的变动》，载彭朝贵、王炎：《清代四川农村社会经济史》，天地出版社，2001年版，第126—187页。谢氏相关的研究还有《清末民初四川农村商品经济与社会变迁》[载《四川大学学报》（哲学社会科学版）1990年第4期]、《抗战时期四川小农经济与社会变迁》（载《庆祝抗战胜利五十周年两岸学术研讨会论文集》，台湾联经出版事业公司，1995年版）。

② 彭通湖：《四川近代经济史》，西南财经大学出版社，2000年版，第1—49页、第188—232页。

③ 彭通湖：《四川近代经济史》，西南财经大学出版社，2000年版，第434—478页。

④ 彭通湖：《四川近代经济史》，西南财经大学出版社，2000年版，第508页。关于四川近代农村经济的相关论述还可参见下列论著及论文。隗瀛涛：《四川近代史稿》，四川人民出版社，1990年版；王笛：《跨出封闭的世界——长江上游区域社会研究（1644—1911）》，中华书局，2001年版；王纲：《清代四川史》，成都科技大学出版社，1991年版；周天豹、凌承学：《抗日战争时期西南经济发展概述》，西南师范大学出版社，1988年版；侯德础：《试论抗战时期四川农业的艰难发展》，《四川师范大学学报》1987年第6期。

光、宣期间，虽人口在继续增加，税捐在日趋繁重，农村仍尚能维持其安和乐利。即民国初期，迄洪宪帝制（民五）之前，虽政局已有动荡不安之象，地方治安亦日渐不宁，但因尚没有重大的战争破坏，农民生活大体尚未至十分困窘"，在政局稳定的情况下，四川农民的生活应该能维持其安定与自足。① 吕氏的文章引起了四川本土学者的回应，何一民在《晚清四川农民经济生活研究》中指出"笼统地认为晚清四川农民都过着安定、自足而且自得其乐的生活是不恰当的。晚清四川农村的居民确有部分大中粮户生活较好，但他们只占少数，而不能代表大多数农民。实际上一般农民（包括自耕农、佃农、雇农）生活水平都十分低下，在饥饿线上挣扎；至于成为流民和游民的失地农民，生活更无保障，因而在广大农民身上蕴藏着反抗现存社会统治的巨大力量"。② 谢放在《抗战时期四川小农经济与社会变迁》一文中，对抗战时期的农家生活也有阐述，他利用 1944 年国立社会教育学院师生对璧山县 242 家农户的调查结果，将农户分为地主、地主兼自耕农、半自耕农、佃农、雇农等层次，分别研究了各个层次农户的户均年收入、户均年生活费用、恩格尔系数等，得出"抗战时期四川小农为政府和军民提供了大量的兵员、粮食及其他物资，而其生活却处于十分艰辛的地位"的结论。③ 在生活水平问题上，由于关注的重点不同，我国各地学者的争论从未停息，但谢放的观点与吕实强并不矛盾，战争中农民生活艰难，与"在政局稳定的情况下，四川农民的生活应该能维持其安定与自足"的结论互为补充。陈祥云的博士论文《农业商品化与社会变迁：以四川盆地为中心（1861—1937）》第五章"农业商品化与社会发展"中涉及对四川租佃制度的评价，他认为四川租佃制度中租佃的比例、租额与租期均较全国各地高出许多；押租与副租相当繁重；押租的盛行强化了大佃户佃地的事实，刺激了佃农阶层的分化；租佃制度对于农业生产力的影响，就四川而

---

① 吕实强：《近代四川的农民生活》，《"中央研究院近代史研究所"集刊》1978 年第 7 期，第 187 页、第 223 页。吕氏的相关研究还有《近代四川的移民及其所发生的影响》，载《"中央研究院近代史研究所"集刊》1977 年第 6 期。1980 年代以前，我国港台学者的相关研究还有很多，比如全汉昇、王业键的《近代四川合江县物价与工资的变动趋势》（载《"中央研究院历史语言研究所"集刊》1962 年第 34 本）和《清代的人口变动》（载《"中央研究院历史语言研究所"集刊》1961 年第 32 本）及王业键的《近代中国农业的成长及其危机》（载《"中央研究院近代史研究所"集刊》1978 年第 7 期）等。

② 何一民：《晚清四川农民经济生活研究》，《中国经济史研究》1996 年第 1 期。

③ 谢放：《抗战时期四川小农经济与社会变迁》，载《庆祝抗战胜利五十周年两岸学术研讨会论文集》，台湾联经出版事业公司，1995 年，第 804—807 页。

言，有碍生产力的提升。①

2005—2015 年，笔者对成都平原租佃制度和农民生活的一系列研究，在海内外产生了不小的影响，学术观点也得到学界认可。成都平原的租佃制度是民间自然形成的一种农村社会经济关系，是当地生态环境与社会环境的产物，有着自己独特的规律。它与华北、江南、华南、西北不同：不像华北有那么多的自耕农和经营地主，不像江南有"田面权"和"田底权"之分，不像华南有大规模经营佃户，更不像西北"无租佃"。成都平原的租佃制度，应成为中国农村经济史上一个独特的模式。② 民国时期成都平原农民生活水平相比于四川乃至全国都较为优越，同时伴随着国家势力的不断下移，传统乡村既有的权势结构和文化习俗体系逐渐解体，对农民生活产生了影响。同时，国家试图将乡村纳入国家权力体系中的政策和实践也遭遇了挫折，不得不迁就乃至利用农村既有的文化结构，农民生活在国家的监督下仍沿着传统的道路继续进行，直至新中国成立。③ 之后，本团队的张杨博士对成都平原乡村经济结构的研究有了新的突破，并积极参与学术界的相关讨论。

张杨的研究指出：1937 年全面抗战爆发后，四川成为抗战大后方的中心，国家通过增发货币和田赋征实的方式从民间汲取资源的能力加强，民间财富外流，导致地主和农民争夺剩余收益，引发川西农村普遍的租佃纠纷和主佃矛盾。而国民政府的减租政策更是将地主和佃农放置于天平的两端，主佃双方放弃旧谊，互相攻讦，导致民间积怨丛生。1949 年底川西解放后，中国共产党通过征粮剿匪、清匪反霸、减租退押和土地改革的方式，打击地主阶级，一方面实现了国家财政状况的好转，另一方面也完成了反封建的政治理想，地主作为一种经济主

---

① 陈祥云：《农业商品化与社会变迁——以四川盆地为中心（1861—1937）》，台湾政治大学博士学位论文，1998 年。

② 参见李德英的相关学术论文和专著：《从成都平原租佃纠纷个案论押租制的双重意义》，《历史档案》2005 年第 1 期；《国家法令与民间习惯：民国时期成都平原租佃制度新探》，中国社会科学出版社，2006 年版；《民国时期成都平原土地转租问题探讨》，《史林》2006 年第 3 期；《民国时期成都平原的押租与押扣——兼与刘克祥先生商榷》，《近代史研究》2007 年第 1 期；《20 世纪 30 年代成都平原佃农地主结构分析》，《中国经济史研究》2007 年第 4 期；《生存与公正："二五减租"运动中四川农村租佃关系探讨》，《史林》2009 年第 1 期；《佃农、地主与国家：从成都平原租佃纠纷看民国时期佃农保障政策的实际执行（1946—1948）》，《社会科学研究》2013 年第 1 期。

③ 李德英：《近代长江上游农民生活状况研究：以成都平原为中心的考察》，四川大学出版社，2015 年版。

体基本消亡。①

本著作拟在既有研究基础之上,对农村土地制度、市场结构、乡村女性、家庭副业、大众宗教、社会习俗等近代成都平原乡村社会经济结构问题作进一步探讨。

二、主要内容和主要观点

本著作共分为七章：

第一章,生态环境与土地利用。主要介绍成都平原的生态环境、农业生产方式以及土地利用状况。

第二章,地权结构与佃农比例。主要探讨成都平原的土地分配状况及佃农占农业人口的比重。

第三章,租佃制度与农村经济。主要探讨成都平原租佃制度的特色及其与农民生产经营活动的关系。

第四章,国家政策与制度改良。主要探讨国家对农民特别是佃农地位的规定,以及其对农村土地制度改良的努力与结果。

第五章,市场结构与农民生活。在介绍施坚雅的基层市场社区理论的基础上,主要探讨成都平原市场结构与农民生产、生活的关系。

第六章,乡村女性与家庭手工业。主要探讨乡村女性的经济贡献和经济地位,并论及乡村女性经济贡献是否被遮蔽的问题。

第七章,民间信仰与政府控制。主要探讨社会精英及民国政府对民间信仰的控制与改造,民间信仰顽强的再生能力,以及政府与民间关于信仰的互动关系。

通过对上述问题的探讨,本著作形成以下结论。

近代成都平原地权分布呈现出两极分化的特点,一方面土地大量集中在军阀、政治新贵等大地主手中,另一方面,农村也存在大量中小地主,由于人口较

---

① 详见张杨：《国家财政、民间积怨与政治动员：川西地区的地主与农民（1940—1952）》,四川大学博士学位论文,2017年；《战时财政扩张与租佃制度变迁：以川西地区为例(1937—1945)》,《抗日战争研究》2017年第2期；《旧田赋与新税制：川西行署1949年公粮的征收》,《中共党史研究》2019年第10期；《土地收益分配视野下四川二五减租运动研究》,《史林》2020年第1期；《川西地区退押运动研究（1937—1951）》,《清华大学学报》（哲学社会科学版）2020年第5期；《新中国成立初期川西行署赔罚运动研究》,《四川大学学报》（哲学社会科学版）2021年第5期。

多，土地资源有限，土地分割严重，佃农经营规模普遍较小；乡村市场在农民生活中占有十分重要的地位，农民不仅通过市场出售农产品，出卖劳动力，购买生活必需品，获取必要的劳动服务，还通过市场获得新的信息资讯，并通过参与市场活动，模仿城市人的生活方式。市场使乡村女性于家庭副业和手工业的价值得以体现，也使女性的经济地位得以提高。基层市场体系中的乡村女性参与市场时受到的限制较男性多，但二十世纪四五十年代的乡村女性与男性并没有形成非常明显的社会分工。成都平原的乡村女性通过参与市场活动以及针对市场活动开展的家庭手工业、副业乃至农业活动，不仅为家庭增加了收入，为地方经济作出了贡献，而且赢得了家人、社会和国家的尊重，实实在在的收入、口碑和荣誉，不是轻易可以遮蔽的。乡村民间信仰非常普遍，民国政府为了移风易俗，塑造新国民，严厉打击民间信仰，但民间信仰生命力强大，在习俗与信仰的问题上，乡村基层社会精英有时也能与政府达成妥协。总之，近代成都平原乡村社会是一个复杂的共同体，有着丰富的内涵与层次，不同层次的农民有着不同的生活境遇，乡村社会随着政府推行的各种改良措施而缓慢改变着，但真正的巨变发生在20世纪中叶以后。

第一章

生态环境与土地利用

第一节 生态环境

四川盆地，位于东经103°～109°，北纬27°～37°。范围所及大致以广元、雅安、叙永、奉节为顶点，构成一个倾向西南的梯形，上底从广元到雅安，长约400公里，下底从奉节到叙永，长约600公里，上下底相距约350公里，全部面积约17.5万平方公里。盆地四周高山环绕，东北为大巴山脉，东南有武陵山及娄山山脉，西北和正西部则有岷山及大雪山、大凉山，海拔从1000米到5000米以上不等。盆地之内，有低矮的丘陵，高度大都在100米以内，通常在50米左右。丘陵四散分布，起伏不定，几无规律可言。如果乘飞机往下看，则可见高高低低的圆丘，就像蒸笼中的馒头一样。① 盆地东部地区受侵蚀截割严重，平地只在圆顶的丘陵上或谷底冲积平原上才可见。但是，如果乘飞机飞到盆地西部，则可以看见一片美丽的土地，那里有一大片平原："自然如五彩的织锦簇簇生花，即是人所习知的成都平原"②。

一、盆地中的成都平原

成都平原，又名川西平原，位于东经102°54′～104°53′，北纬30°05′～31°26′，其西部是地处四川盆地边缘的龙门山和邛崃山，海拔最高处（大邑县苗基岭）达5354米。高峻的群山并不荒凉，几乎全由亚热带常绿针阔叶混交林带覆盖。莽莽林海，处处飞瀑流泉，名胜古迹众多，旅游资源丰富，并且是野生植物、动物资源的天然府库。东部是低矮的龙泉山与盆中丘陵地，海拔多在1000米以

---

① 谢家荣：《陕北盆地和四川盆地》，《地理学报》1934年第1卷第2期，第2—3页。
② 陈太先：《成都平原租佃制度之研究》，载萧铮：《民国二十年代中国大陆土地问题资料》，台湾成文出版社，1977年版，第32352页。

下。龙泉山西部金堂县云合镇中海拔385米的低矮河谷，是全区的最低点。占全区总面积30.4%的丘陵地区早就被开发，层层叠叠的梯田和繁星般密布的水库与山湾塘堰，是粮食和果林丰收的保证。中部是广阔的冲积平原，海拔450～720米，地势平坦，相邻处相对高差一般不超过20米，一眼望去是无边无际的平畴沃野。

成都平原面积约6200平方公里，南北长度约70公里，东西方向最宽处约80公里。① 民国时期，其上分布有18个县，其中温江、成都、华阳、新都、郫县、新繁、崇宁、彭县、灌县、金堂、广汉、双流、崇庆、新津14县属岷江流域，德阳、什邡、大邑、简阳的一部分，就地形讲，也属于成都平原。② 据1937年的统计数据，该区域人口有3059183人，平均每平方公里486人，是全省人口密度的三倍以上③，远远超过英国或比利时。④

成都平原的形成依赖岷江水系持续不断的冲积。岷江发源于松潘西北的岷山南麓⑤，海拔3860米，南流到黄胜关（3400米），复经松潘（2897米）南流至茂县（1580米），继而向西南奔至灌县（705米）。江源和灌县相距350公里，海拔相差3000多米，在江源与灌县之间，平均每500米的水位落差近4米，此处水流之湍急可以想见。又因为江水行至灌县之前，多行于V字形峡谷中，那里断岩壁立，溪谷幽深，乱石磷磷，险滩四阻，处处集束水流，所以水势益发迅猛。及至灌县，河水仿佛忽然脱离牢笼而豁然开放，水既分流，流速又锐减，自是不能继续快速冲刷所挟泥沙，于是这些泥沙随地停积，年复一年，越积越多，形成若干冲积扇。各个冲积扇均越积越宽，最终互相连接成一片冲积平原。⑥

---

① 翁文灏：《四川游记》，《地学杂志》1931年第3期，第11页。
② 考虑本书讨论内容之年限大体限于民国时期，故文中所述行政区划均以当时情况为准，后不赘述。
③ 根据各县面积、人口计算而来，全省平均人口密度为每平方公里134.9人。数据详见四川省建设厅：《四川省建设统计提要》，1938年印行，第22页。需要注意的是，该资料所记录的成都平原各县面积与前述资料《四川游记》略有出入。
④ 按1930年英文年鉴，世界各国人口密度最高的为英格兰、比利时，分别为每平方公里262人、每平方公里261人。参见陈太先：《成都平原租佃制度之研究》，载萧铮：《民国二十年代中国大陆土地问题资料》，台湾成文出版社，1977年版，第32356页。
⑤ 陈汝乾：《岷江峡谷的交通》，《地理教育》1935年第1卷第6期，第60页。此说以岷江东支为正源，2013年中国科学院通过卫星遥感影像等手段确认其西支大渡河为岷江正源，起源于青海省果洛藏族自治州莫坝东山西麓，文中采用民国时人看法，特此说明。
⑥ 陈太先：《成都平原租佃制度之研究》，载萧铮：《民国二十年代中国大陆土地问题资料》，台湾成文出版社，1977年版，第32354页。

成都平原形状略似一个三角形。以灌县为顶，金堂—成都—新津一线为底。从灌县到成都约 60 公里，相当于三角形的高，两地海拔之差约为 250 米，平均仅得"千分之四的倾斜"，坡度颇称平缓。①

成都平原的农户居住很分散。农舍和祠庙隐蔽在茂密的竹林中，许多西方人到成都平原后都对其留下了美好的印象。一个传教士这样描写成都平原："从山上遥望平原，丛林与田舍间，随季节时而呈绿色，时而呈金色"②。英国旅行家伊莎贝拉·贝德（Isabella Bird）在 1899 年写道："成都地区气候怡人，处温带和亚热带。土地肥沃，精耕细作，一年可收三到四季"。此地物产丰富，"有难以估量的森林和矿藏，特别是最有价值的煤矿"③。葛利赛（Cressey）也曾说道："成都岷江平原确为地球上最可爱的花园之一，境内每片土地均已充分发展，土地利用已臻最高限度。在中国或在世界任何耕作土地内，决无如本平原之肥沃丰盛而人口众多者"④。成都平原之所以如此美丽，不仅在于其自然条件的优越，更在于平原里著名的水利工程——都江堰。

二、精巧的水利灌溉系统

水利是农业的命脉，而成都平原最优越的自然条件就是拥有丰富而便于利用的水资源。早在 2000 年以前，《汉书·地理志》对这里就有这样的评论："土地肥美，有江水、沃野"⑤。成都平原有大小河流 40 多条，其中绝大部分属于岷江水系，少数属于沱江水系，水资源总量达 264 亿立方米。岷江是长江上游水量最丰富的支流，它从川西北高原奔腾而出，进入成都平原。就在这高山与平原的交接处，李冰父子带领蜀地先民修建了举世闻名的都江堰水利工程。岷江被都江堰渠

---

① 中国工程师学会：《四川考察团报告之三》，1936 年版，第 80 页。

② Walmsley. Szechuan-That Green & Pleasant Land. In *Canadian School in West China*. Edited by Brace. the Canadian School Alumni Association, 1974, p2.

③ Isabella Bird. *The Yangtze Valley and Beyond: An Account of Journeys in China, Chiefly in the Province of Sze Chuan and Among the Man-sze of the Somo Territory*. Beacon Press, 1987, p10. 许多西方旅行者都有类似的描述，如威尔逊（Ernest Wilson）写道："成都平原是四川这个大省唯一的一个辽阔的地势平坦的区域，它亦是中国最富庶、土地最肥沃和人口最稠密的地区之一"（*China: Mother of Gardens*. The Stratford Company, 1929, p112）。详见王笛：《街头文化：成都公共空间、下层民众与地方政治（1870—1930）》，李德英、谢继华、邓丽译，中国人民大学出版社，2006 年版。

④ Cressey. *The Chengdu Plain: China's Geographic Foundations*. McGraw-Hill Book Company, 1934, p317.

⑤ 〔汉〕班固：《汉书》，中华书局，1962 年版，第 42 页。

首工程的鱼嘴分为外江与内江。外江是岷江正流，其主要作用是泄洪，引流分出沙沟河与黑石河两大灌溉干渠。内江的主要作用是灌溉，江水经宝瓶口进入成都平原之后又一分为二，再二分为四，成为蒲阳河、柏条河、走马河、江安河四条大型灌溉干渠。这四大干渠由此南流成扇面并向东推进，再加上外江两大干渠的水系各自向前作树枝状不断延伸，形成一个由干渠分支渠，支渠分斗渠，斗渠分农渠，农渠分毛渠的五级渠道自流灌溉网。其间为了分水蓄水，还修建了无数的堤、闸、堰，点线结合，纵横交错。环绕成都城区的南河与府河（以及府河的分支沙河），都是内江水系柏条河和走马河的分支。外江的黑石河与沙沟河又分出了西河、斜江等重要的灌溉河道。而内江与外江分出的所有渠道中供给农田用水之后的尾水，绝大部分又都汇流于彭山江口，仍归岷江。这样，就形成了一个以都江堰为分流起点，以彭山江口为汇流终点的纺锤形密集水网。在岷江水网的北部，还有一个沱江水网。沱江的上源既有绵远河、石亭江、湔江三大支流，又有岷江内江水系分出的青白江、毗河与之连通，增加水源，这些水系最后都在金堂相会，所以岷江与沱江成为成都平原自流灌溉系统的重要组成部分。庞大、便利、科学的灌溉网使成都的绝大多数农田得到了自流灌溉的效益，这是成都得以成为天府之国最重要的原因。"沟洫脉散，疆理绮错，黍稷油油，粳稻莫莫"①，这是汉代的情况。到了宋代，著名诗人范成大在成都西郊所见，是"一路江水分流，入诸渠皆雷轰雪卷，美田弥望"②。到了明代，著名地理学家王士性在成都郊县所见，是"成都三十余州县，一片真土，号称沃野，既坐平壤，又占水利……故称沃野千里"③。显然，天府之国得益于水利之优。

除了上面提到的灌溉河网，成都平原的引水制度也很有特色，既精巧又经济。成都平原的地势是西北高东南低，有一定倾斜，利用这个倾斜度修渠筑堰，灌溉时可使水自然流入农田，不必用人力或车挽。田有余水，也能自然转进洴水渠中，不用人工排水。如果渠堰维护得当，灌溉用水几乎永无过多过少之虞，人工灌溉制度的完备，在国内乃至在世界农田经营中也属罕见。

成都平原河床低于陆地，要使渠水流入稻田就必须作堰。作堰的方法是在上流处截断河身建水坝，在岸边则挖掘深渠，河水阻于坝体，积高后自然涌入渠内。

---

① 〔晋〕左思：《蜀都赋》，载李勇先：《巴蜀珍稀文学文献汇刊》（第5册），成都时代出版社，2015年版，第153页。

② 〔宋〕范成大：《吴船录》，载姚乐野、李勇先、胡建强：《中国西南地理史料丛刊》（第37册），巴蜀书社，2014年版，第225页。

③ 〔明〕王士性：《广志绎》（卷5），吕景琳点校，中华书局，1981年版，第62页。

虽然初段渠水低于陆地，不能引用，但因陆地倾斜度颇大，而渠道倾斜度较小，水流不远，渠身就高出地平面，这样便可引水进田。用这样的方法就可以任意引流。一般是先顺河岸两旁筑堰把水引到更远的地方，接着开凿更低一段的堰渠，导水灌田。同一地段，常常有低渠两三种，从高渠引水来灌溉稻田，余水又可流入低渠，此刻低渠成为本段的湃水之所，但同时它又是下一更低地段的引水渠。高渠既可作本段引水用，同时又为上一地段湃水之所。如此接合延伸，沟渠遍布原野，构成一个系统井然的灌溉网。渠道就地开成，岸边都是土质，"略加杨柳以谋稳固，遇冲要处间也利用竹笼来盛石下坠，便是堤埂，用水时候于渠口加高竹笼卵石，不用时仍予撤去，工程简便毫无难处。水的取引也只是利用地形，丝毫不费人工车挽。这灌溉制度真是经济而又伟大，伟大但又平凡，李希霍芬称为'世界各地莫与伦比'，当然不是虚言"①。

20世纪20年代，美国学者布朗和中国学者李明良在考察了50家成都平原的农户后，也对成都平原的灌溉制度赞叹不已：

> 成都平原田亩之形式，多是四方的或长方的，为适合灌溉之需求及地势，形式不免参差。在种稻禾的时候，田上湃水，田基随自然地势，田之大小为每田3.36亩（约为半英亩）。此种田比外乡各县的高阜之田为大，因高阜则平阜坡以成之田，其势不能大也。田区凿有无数深圳及湃道，此等圳道为网状形，接着灌县之水，以分布于全区。

> 此种大灌溉制度之创设者，农人敬之如神，用尊严的仪式以奉祀之。对于供给水之则例，亦变成该地人民之一大部宗教的仪式，每年清圳一次。修理堤岸，以宗教式的坚心以事这种修理的工作，虽在战争及匪乱中不可断。②

成都平原人民对灌溉制度的重视及坚持岁修，确保了都江堰水利工程对整个灌区的灌溉，使成都平原成为"水旱从人，不知饥馑"的"天府之国"。

---

① 陈太先：《成都平原租佃制度之研究》，载萧铮：《民国二十年代中国大陆土地问题资料》，台湾成文出版社，1977年版，第32445页。

② H. D. Brown, Li Min Liang. A Survey of 50 Farms on Chengtu Plain, Szechwan. *Chinese Economic Journal*, Vol. II, No. 1, 1928, pp44-73. 转引自郭声波：《四川历史农业地理》，四川人民出版社，1993年版，第403—404页。

三、肥沃的土壤

成都平原系岷江冲积而成，其淀积物为续渐聚积的粉砂粒、黏粒及砂粒，皆由山上的灰棕壤及紫色页岩冲洗而来。土壤的聚集很快，有学者估计，每一世纪可以增高半英尺（1英尺约0.305米），从汉初到1930年代，已经达三米多了。河流每年输入新鲜物质，土壤处于持续不断的更新中。本来"在四川省气候状况下，据吾人预想当属淋溶甚烈之酸性贫瘠土壤，但柔质之母岩，使山地侵蚀较速，同时产生浅薄而肥沃之土壤"[1]。所以成都平原的土壤非常肥沃，"目前农民所耕约在前汉时耕种土地之二公尺至四公尺以上"[2]，成都平原之所以能持续维持稠密的人口，这是一个不可缺少的原因。

成都平原土壤微呈灰化，大体均现暗色，而在城市附近的则为黑色。1934年，西方学者梭颇（Thorp H. James）在成都城南刚挖出的土窑中采集标本，记录如下："第一层0~20公分，暗灰色带锈斑，松泛而有孔隙粉沙质黏土；第二层20~35公分，与上层同，但颜色稍淡；第三层35~60公分，红黄及淡灰色带斑点，坚硬而有孔隙之黏土，土壤干燥时颇有收缩，稍带小形的铁结核及钙结核；第四层60~70公分，中灰色黏土或重黏土，稍带锈斑，坚硬，干燥时收缩颇多，含少许暗棕色铁结核，径自一公厘至一公分；第五层75~90公分，有灰色及暗棕色斑点，疏松之黏土，干燥时有收缩性，含少许铁结核；第六层130~190公分，暗棕色带褐色斑点，壤质黏土，松泛带少数暗棕色结核。这种土壤上部稍呈酸性，下部则近于中和。第四层的黏粒则聚集最多，不易透水，灌溉期间水位在此层以上。"[3]

在灌县附近，土壤的颜色和在成都的相同，但质地较粗，剖面发育较次。此外该县另有一种高梯田水稻土，在风化过程中未受河流的新鲜物质淀积，于是发育为强酸性的灰化剖面。其灰化作用是因湿润的气候和耕种水稻所引起的。

在新都附近可以看到一种黑色的石灰性水稻土，位于泛滥平原之上，这种土地排水不良，土壤时常在水中浸泡。其表层为蓝灰色、松泛的粉砂质黏土壤，深

---

[1] Thorp H. James. Notes on Soils and Human Geography in China. *Soil Science Society of America Journal*, 1935, p22.

[2] Thorp H. James. Notes on Soils and Human Geography in China. *Soil Science Society of America Journal*, 1935, p22.

[3] Thorp H. James. Notes on Soils and Human Geography in China. *Soil Science Society of America Journal*, 1935, p22.

度可达 18 公分，粗粒状构造，碱性反应。第二层深及 50 公分，为褐色而带灰色斑点的壤质黏土，松泛而有相当的孔隙。底土深至 96 公分，为松泛的砂质壤土或黏壤土，含少许钙结核及铁结核。这种土壤中虫类较多，全剖面均含碳酸钙。另有一类水稻土是从"成都黏土"发育而来，表层的 3 公分至 10 公分为暗灰色黏土，捏碎的时候可露出棕色。其下为较粗的物质，深可到 30 公分。第三层深至 50 公分，为灰色和褐色。再下面，土壤为黄棕色，有灰色条纹，含鸽蛋至拳头大小的钙结核。心土极坚而富韧性，不易透水。本类土壤广布于成都平原的东部，表土常呈褐色而带锈斑，或呈灰色，但不一致。①

1935 年，国立四川大学的张廷臣教授曾在成都近郊选定四个地点撮取土壤标本，对各类土壤进行定性、定量分析。张教授得出如下结论：（1）土壤中，各种养分含量充足，即使没有大量施肥，亦能得到相当收获。（2）土壤表面带黑色，可知富于有机质。（3）成都近郊土壤含钾较多，所以肥料三要素中，钾的供应可不成问题。（4）如果灌溉良好，注意施肥，此种土壤绝无变质的忧虑。相关数据详见表 1-1。

表 1-1 成都平原部分地区土壤成分表

单位:%

项目	水分	挥发质	可溶于酸的物质	不溶于酸的物质	三氧化二铝	五氧化二磷	氧化钙	三氧化硫	氯化钾
凤凰山	6.40	5.64	16.23	71.73	9.74	0.02	1.23	0.23	1.16
马家市	2.17	2.98	24.16	70.69	4.77	0.40	2.26	0.13	1.38
青羊宫	3.11	5.85	21.11	70.03	5.52	0.26	3.57	0.17	1.20
川大校园	3.24	5.57	22.05	69.14	5.17	0.41	2.87	2.91	1.42

资料来源：陈太先：《成都平原租佃制度之研究》，载萧铮：《民国二十年代中国大陆土地问题资料》，台湾成文出版社，1977 年版，第 32362 页。

注：横表头的前四项为土壤成分的简单分类，后五项为土壤中的部分无机物，分属于可溶于酸的物质或不溶于酸的物质。

总之，成都平原是泛滥平原，沉淀物质由他处冲刷而来，时刻处于更新之中，非有不测之境遇，地力永难尽竭，早在秦时即称沃野千里，民国时期当地农

---

① 参见 Thorp H. James. Notes on Soils and Human Geography in China. *Soil Science Society of America Journal*, 1935.

民也宣称"把泥土洒在桌上也能种出庄稼来"①，可知其土壤的肥美程度，已得古今农人的深深信赖了。

四、温润的气候

"天府之国"的造就，除了得益于优越的土壤与灌溉条件，还有赖良好的气候条件。成都平原位于北纬30度两侧，属于北半球的副热带高气压带，年平均气温为16.3℃，年平均降雨量为997.6毫米，作物繁茂，四季常青，而同一纬度的其他地区却大多干热少雨；其原因正在于四川盆地的特殊地理位置与特殊地形。四川盆地虽然四周都是山，但是北边山高，南边山低。北边及西边的秦岭、米仓山、大巴山、岷山能够挡住北方与西方冬季的冷空气，使寒潮难以进入四川。而越过重重高山进入盆中地区的寒潮早已不复叩关前的凛冽。这样，就使四川盆地冬暖春早，其平均霜期只有两个月，霜日不过25天。整个冬天，成都平原满眼苍翠，生机盎然。暖冬过后，成都春早，二月下旬就可见杨柳绽绿、桃红李白。当年杜甫在成都时所描绘的"季冬树木苍""春风花草香"亦正好反映了成都良好的气候特点。成都夏季最热的七月份平均气温25.8℃，比长江沿线任何一个城市都凉爽。这样的气候，既宜于农作物的生长，又适于人们生活。成都的自然条件还有一个重要特点，就是无地震带分布。纵观历代地震史资料，成都从未出现过破坏性地震，只曾受到西边龙门山地震带所发生地震震波的影响，这也是成都自然条件的一种优势。

成都平原的测候机构在1920年代初具规模。1936年四川省政府曾令全川各县筹设四等测候所，按期记录并汇报给省建设厅。20世纪20年代到30年代，华西协合大学曾十多年从未间断地记载温度、雨量，可惜这批资料至今仍藏在档案馆里，未曾整理，无法使用。国立四川大学在1932年秋成立气象测候所，每日记录天气状况，项目详细，颇为难得，本节即根据这一资料及相关资料写成。

雨量 成都雨量丰沛，平均每年总雨量超过800毫米，完全能够满足水稻生长的需要，只是需要预防雨量的变化，然而如前所述，成都平原灌溉制度良好，只要岁修不失，并不会对作物生长造成大的危害。仅研究总雨量，还不足以判断雨量是否适宜于农业，雨量适宜地分配于全年各月更为重要。成都平原的雨量大体集中在夏季各月，冬季较为稀少。如表1-2所示，1993年及1935—1937年

---

① 陈太先：《成都平原租佃制度之研究》，载萧铮：《民国二十年代中国大陆土地问题资料》，台湾成文出版社，1977年版，第32362页。

第一章　生态环境与土地利用　　19

这四年中，成都雨量集中于夏秋两季，其中尤以七、八两月雨量为多，合计约占各年平均雨量的53%。这样的降雨时节和降雨量，非常适合农业生产。

表1-2　1933、1935、1936、1937年成都各月平均雨量、雨日

项目	1月	2月	3月	4月	5月	6月	7月	8月	9月	10月	11月	12月	总计
雨量/mm	10.96	20.26	29.25	51.45	102.14	153.35	353.31	355.76	168.93	61.23	18.32	15.85	1340.81
雨日/天	7.00	9.75	10.75	14.50	15.75	17.25	18.75	16.75	16.75	14.75	9.00	8.75	159.75

资料来源：陈太先：《成都平原租佃制度之研究》，载萧铮：《民国二十年代中国大陆土地问题资料》，台湾成文出版社，1977年版，第32364页。

注：原表1月数据及总计数据有误，已更正。

气温　总体而言，四川气候温和，属于温带，其中各地亦稍有差异，例如西部高原比较寒冽，川南热而湿，颇有热带风味，川北冷而干爽，只有成都平原寒暑宜人，其温和的气候很适于作物生长。

根据表1-3可知，这四年中，成都各月平均最高气温出现在7月份，为27.24℃，各月平均最低气温出现在1月份，为5.04℃，冬夏温度较差不大，变化较平稳。相关数据还表明，这四年中，成都降雪日数，每年不超过3天，其时温度也只在-1℃左右。成都有霜日数，1935年为11天，1936年为11天，1937年为7天，平均不到10天，所以成都平原作物生长期达355天。①

表1-3　1933、1935、1936、1937年成都各月气温

单位：℃

项目	1月	2月	3月	4月	5月	6月	7月	8月	9月	10月	11月	12月	年均气温
1933年	3.49	8.74	13.09	18.16	21.45	25.44	27.35	28.65	23.61	16.54	12.97	9.89	17.45
1935年	6.16	9.06	14.48	16.59	21.52	24.92	27.68	27.23	21.01	18.75	12.19	5.25	17.07
1936年	4.35	9.11	9.49	18.22	21.49	28.83	26.43	24.34	22.86	17.59	12.88	6.66	16.85
1937年	6.15	9.03	13.63	18.48	22.54	24.32	27.5	25.3	21.71	17.79	10.39	7.88	17.06
四年各月平均气温	5.04	8.99	12.67	17.86	21.75	25.88	27.24	26.38	22.30	17.67	12.11	7.42	17.11

资料来源：陈太先：《成都平原租佃制度之研究》，载萧铮：《民国二十年代中国大陆土地问题资料》，台湾成文出版社，1977年版，第32368页。

注：原表部分数据有误，已更正。

---

① 《中国之雨量》，《气象月刊》1938年第2期，第6页。

成都平原优越的地理环境、良好的气候、肥沃的土壤和发达的灌溉技术为其农业的发展创造了非常重要的基础条件。

第二节　土地利用

自然条件决定农业经营的种类。得益于得天独厚的自然条件和都江堰水利工程，成都平原成为一个标准的水田区。成都平原全部土地的使用状况，可从1937年成都、华阳、新都三县土地使用状况窥见一二（详见表1-4）。三县水田面积占土地总面积比重平均达到60%以上，旱地则不到13%。如果仅就生产土地（即水田与旱地）而论，水田所占比重更高，平均超过80%，旱地则不到20%。其实这三县并非毫无丘陵山岭，像温江、郫县、崇宁、新繁等县，"膏腴平壤，沟塍绮错，竹树葱茏，田庐相望"[1]，全境找不出一点山影，水田的占比达到90%以上，比成都、华阳、新都更高。

表1-4　1937年新都、成都、华阳土地使用状况

单位:%

土地类别	新都	成都	华阳
水田	75.80	73.50	32.49
旱地	7.80	7.77	20.68
塘	0.77	0.89	7.44
宅地	6.30	6.35	4.14
林地	1.60	1.76	6.94
山地	0.06	—	3.00
坟地	2.09	4.56	2.95
荒地	0.98	0.72	8.21
荡地	—	—	0.25
茅草地	—	—	1.50
晒场	—	4.45	0.70
田埂	3.50	—	8.00

---

[1] 民国《温江县志》（卷2），民国九年刻本，第1页。

续表

土地类别	新都	成都	华阳
杂地	1.10	—	3.70

资料来源：陈太先：《成都平原租佃制度之研究》，载萧铮：《民国二十年代中国大陆土地问题资料》，台湾成文出版社，1977年版，第32378页。

注：1. 原表有备考栏，谓："各县土地分类法不同，故表格有缺略"。

2. 原表部分数据已漫漶，系根据前后文计算得来。

水田经营在成都平原占有绝对的优势地位。本区的主要农作物是水稻，也就是四川人所说的"大春"[①]，小麦、玉米等杂粮只算作副产，被称为"小春"。

根据四川省稻麦改进所调查，在1937年四川全省152个县夏季作物种植中，各县水稻（含粳稻、糯稻）种植面积占总种植面积的38.08%，玉蜀黍占15.94%，甘薯占14.10%，高粱、大豆等杂粮占比均在10%以下。但成都平原夏季作物主要是水稻，各县水稻种植面积占全部夏季作物种植面积的77.56%。新都、金堂两地甚至只种水稻，其中粳稻种植面积占比为95.00%，糯稻种植面积占比为5.00%。最少的华阳县，其水稻种植面积占比也达到38.00%，与全省平均水平相当。有关数据详见表1-5。

表1-5 1937年成都平原各县夏季作物种植面积占比

单位：%

县别	粳稻	糯稻	高粱	小米	玉蜀黍	大豆	绿豆	甘薯	花生	芝麻	其他
温江	69.98	4.70	3.50	0.38	9.37	1.75	0.75	5.50	1.38	0.38	2.31
成都	59.50	6.50	1.50	1.50	13.50	1.50	0.50	8.00	1.00	0.50	6.00
华阳	37.00	1.00	12.50	—	23.00	4.50	2.50	13.05	4.00	1.00	1.45
灌县	65.75	6.00	0.25	0.25	17.00	0.50	0.25	—	0.25	—	9.75
新津	67.00	2.00	0.50	—	11.00	3.50	0.30	2.50	3.00	2.00	8.20
崇庆	93.00	2.00	—	—	1.00	1.00	—	0.50	0.50	—	2.00
新都	95.00	5.00	—	—	—	—	—	—	—	—	0.00
郫县	90.44	9.30	—	—	—	—	—	—	—	—	0.26
双流	63.25	4.25	1.00	0.15	12.25	2.50	0.40	5.25	2.00	0.35	8.60

---

① 四川方言，又称"大春作物"。在四川地区，大春还可用来指种植水稻的时间。后文中的"小春"，用法与此相类。

续表

县别	夏季作物										
	粳稻	糯稻	高粱	小米	玉蜀黍	大豆	绿豆	甘薯	花生	芝麻	其他
彭县	73.99	2.67	2.00	—	7.07	1.17	0.17	0.33	2.33	0.17	10.10
新繁	73.00	6.00	0.30	—	3.50	3.00	—	—	6.50	—	7.70
崇宁	79.00	1.00	—	—	1.50	2.50	—	0.80	1.20	0.30	13.70
广汉	65.50	3.00	6.00	—	13.50	0.50	—	4.00	3.00	0.50	4.00
金堂	95.00	5.00	—	—	—	—	—	—	—	—	—
平均面积（成都平原）	73.39	4.17									
平均面积（四川省）	34.83	3.25	7.21	1.15	15.94	4.43	2.83	14.01	1.91	1.14	9.30

资料来源：陈太先：《成都平原租佃制度之研究》，载萧铮：《民国二十年代中国大陆土地问题资料》，台湾成文出版社，1977年版，第32379页。

种植水稻需要的人手多，工序多，时间长，而且需要不间断地劳作，非常辛苦，"是以产米极盛之区，恒为人烟稠密之地。农夫春耕夏耘，胼手胝足，前后经过四个月之久，所谓盘中之餐，粒粒皆辛苦也"[1]。如此辛苦如此繁重的工作，为什么千百年来很少改变？除了各种自然、社会条件的限制，最重要的还是经济原因。水稻产额较高，纯利较大，以1937年的成都平原为例，同是一亩田地，全部用来种水稻，可收谷两石，可以换钱20元，改种小麦所得不过10元。虽然经营要花的工夫，水稻要繁于小麦，但在人多地少、耕者少地的情况下，农人并不在意工作繁杂。同时，这一地区，祖祖辈辈都以大米为主食，地主收租也是收大米或谷子，所以农人即使花费很多工夫，也愿意种植水稻。当然，为了增加收入，也种植一些经济作物，如温江便有种烟、种麻的，这需要的人工更多。如种烟，从下种到卖成钱，所经程序达30道。另外，种油菜卖钱需要经历24道程序，种甘蔗卖钱需经22道程序。尽管程序繁多，但只要有利润、有本钱、有田地，农人也会不辞辛劳，在保证水稻收获的前提下，种植小春作物小麦、蚕豆、豌豆，以及经济作物油菜、烟叶等。[2]

成都平原土地利用的集约程度相当高。据1938年四川省建设厅公布的数

---

[1] 张其昀：《稻米之地理环境》，商务印书馆，1935年版，第102页。
[2] 吕平登：《四川农村经济》，商务印书馆，1936年版，第228页。

据，1937 年成都平原农户的总数"占全部户口总数的 77.5%，平均每户约 5 口"，每户所摊得的耕地不到 13 亩，与四川省平均水平相近，"拿来和全国的总平均数目每户 18.41 亩比较"，则相差较多（详见表 1-6）。[1] 这些客观因素，使得该区土地利用不能不集约。

表 1-6　1937 年成都平原 14 县农户耕地统计

县别	农户占总户数/%	每户口数/口	每户平均耕地/市亩
温江	74.00	4.50	46.23
成都	63.00	4.70	14.55
华阳	76.00	5.00	7.27
灌县	83.00	4.80	8.48
新津	77.00	5.30	9.12
崇庆	77.00	5.00	8.38
新都	65.00	5.70	9.97
郫县	75.00	5.20	15.46
双流	82.00	4.20	8.14
彭县	97.00	5.10	13.53
新繁	70.00	5.10	13.08
崇宁	90.00	3.80	11.99
简阳	90.00	6.40	7.78
大邑	66.00	3.90	6.66
平均	77.50	4.91	12.90

资料来源：四川省建设厅：《四川省建设统计提要》，1938 年印行，第 81 页。

成都平原作物一年两收极为普遍，亦有一年三收的。夏季多数种稻，只有山地种植杂粮。水稻的播种时期在四五月间，因此时水量最足，田中水满，方便下种，收成在九月，秋收以后，冬种随即开始。夏季作物有玉米、甘蔗、烟草、各种豆类作物、甘薯、马铃薯以及许多味美的蔬菜等。小麦、高粱多种于干旱的丘陵之上。冬季小麦栽种最为普遍，这是最主要的冬季作物。农户还常在小麦田的

---

[1]　陈太先：《成都平原租佃制度之研究》，载萧铮：《民国二十年代中国大陆土地问题资料》，台湾成文出版社，1977 年版，第 32381—32382 页。

外围栽种油菜，因油菜籽可榨出菜油以供烹饪，甚为重要。冬季也种豆类作物，常种于小麦田中的空地、田埂斜坡及河岸等闲地。

1937年，四川省建设厅根据各县填报的耕地数字，计算垦殖指数（详见表1-7），成都平原诸县中垦殖指数最高的达88.34%，最低的为21.18%，各县平均也达53.91%，在全国各省区中，仅次于江苏，比四川全省平均数高20%。①

表1-7 1937年成都平原14县垦殖指数表

县别	耕地面积/市亩	全县面积/市亩	垦殖指数/%
温江	258048	375810	68.66
成都	177118	365535	48.06
华阳	584684	1436055	39.32
灌县	386335	1747500	22.11
新津	338227	423205	71.47
崇庆	674287	1674375	40.27
新都	258463	313245	82.51
郫县	318009	410010	77.56
双流	230400	431475	53.39
彭县	414720	1957500	21.18
新繁	155679	237825	65.45
崇宁	142953	267525	53.43
简阳	3315437	375273	88.34
大邑	372892	1623150	22.98
平均	544804	866401	53.91

资料来源：四川省建设厅：《四川省建设统计提要》，1938年印行，第13页、第58页。

以新都为例，表1-7的数据表明，新都耕地面积（即水田、旱地面积之和）占全县面积80%以上，其余的土地如塘、荡地等也大多在使用中；而完全不能耕作或尚未开发的土地，如石岩、坡度超过45°的土地等"荒地"在成都平原并不多见。因此，如果以已耕地除以可耕地，其结果虽然达不到100%，但至少也有90%，所以成都平原可算是达到了几无旷土的境界。

可以说，成都平原的农业经营，既得天时（雨量、气温），又得地利（地形、土壤），而在土地利用方面，也达到了相当高的集约程度。

① 四川省建设厅：《四川省建设统计提要》，1938年印行，第18页。

小　结

　　优越的地理环境、良好的气候、肥沃的土壤和发达的灌溉技术为成都平原的农业生产创造了良好的条件。成都平原的人们也常常以这里良好的自然条件和生活环境而自豪，有郫县人士这样赞叹自己的家乡："我们郫县也可以算是地上的乐土了。县的面积固然小，只有一千二百八十四方里，但是因为境内看不见一点山，所以这平坦的土地简直百分之一百是可以耕种的。地质呢，黑油油的粘（黏）土，乌克兰的黑土地带也恐怕不能再比这好了呵！气候是全年和暖的，就是冬季也不会感到十分刺骨的冷气。这是因为我们的县境虽然没有山，但是离开县境约百里之地的四周却有高山包围着，所以也就把冷风挡住了。我们从出娘胎以来，没有看见过水旱灾荒。祖父和父亲也告诉我们，水旱灾荒的恶神，从来没有光临到这郫县。因此，三十四万二千三百五十七亩的土地，简直每亩都是可以耕种，而且每亩都是收成丰满。稻、麦、菜子大宗的出产是不必说了，烟、豆、麻、蔗这几种次要的作物也无所不宜。郫西永兴乡花园场一带的烟，郫南何家镇德源场一带的麻，那更可以说是一种质地独优的特产。"[1]

---

[1] 周行：《四川郫县的农村》，《东方杂志》1935年第23卷第22号，第100页。

第二章
地权结构与佃农比例

　　成都平原气候温湿，土地肥沃，水利发达，灌溉便利，农业生产十分繁荣。不过，因为成都平原人口密度大，人均占有耕地少，低于四川甚至全国的平均水平，所以农村土地的利用达到高度集约化的程度。同时，由于人地关系较为紧张，土地日趋集中，该地形成了十分发达的租佃制度。

第一节　地权结构

　　成都平原是中国历史最为悠久的农业耕作地区之一，地权结构十分复杂。有田地不自耕而出租者，谓之地主。历史上根据土地的多寡，地主可分为大地主、中小地主。根据居住处所，地主又可分为"乡居地主"[①]和"不在地主"[②]，"乡居地主"被称为"旧地主"，"不在地主"中新崛起的地主则被称为"新地主"，而军人地主是"新地主"的主要来源。尽管土地有集中的趋势，但中小地主数量仍然不少。是以民国时期成都平原的地权特点是土地集中与土地分散并存，特大地主与中小地主并存，"不在地主"与"乡居地主"并存。"不在地主"的户数虽然少于"乡居地主"，但其占田规模远大于"乡居地主"。因占田规模不同、社会背景各异，地主的生活境况相差很大。特大地主位高权重，在土地经营上常雇佣代理人与佃户发生关系。部分小地主生活窘迫，甚或不如某些佃农。

　　旧时，我国盛行多子继承，土地所有权分割极为普遍，通常拥有三五十亩土地的人，四川人称之为"绅粮"，而成都平原够不上绅粮门槛的小地主比比皆是，致使有的佃户要同时从六个地主手中租得田地，才能维持全家生计。"而其生活之苦，亦可推知，往往有远不如佃农者，以其所有土地不敷自己经营，或无相当之资本与劳力为之经营，故不得不出租也"[③]。同时，四川在防区时代，因苛捐

[①] 居住在乡及以下区域的地主，他们以收租或耕种土地维生。
[②] 居住在场镇及以上区域的地主，他们并不完全以收租维生，常要从事其他职业。
[③] 郭汉鸣、孟光宇：《四川租佃问题》，商务印书馆，1944年版，第139页。

杂税都出自土地，所以中小地主日渐没落，大小军阀争置田产，政客商人亦起而效尤，各县收入可靠的膏腴沃土一时颇有集中的趋势。据统计，最大的地主拥地超过三万亩，拥地一两千亩至四五千亩者，在成都平原各县也大有人在。所以，成都平原的地主，既有拥地几千、几万亩的特大地主，也存在所有土地不过几十亩甚至几亩的小地主。

据吕平登估计，"成都平原，地主占百分之七至八的数量，而占田则在百分之七十八至八十，足见川西土地集中之烈；自耕农半自耕农合计有百分之二十二至三十三，占田则有百分之二十三至二十四，佃农则有百分之七十至八十，占田由百分之六十至八十"①。这是因为"川西水利优良，田地质佳，又以附近成都省会之故，故多集中于军阀官僚之手。但川西以商品农业经营发达之故，中小地主多种烟叶、甘蔗、西瓜、蔬菜，利润既厚，可维持其经济力，故自耕、半自耕农尚占田百分之二十四"②。

地主有大有小，有富贵贫贱，他们成为地主的原因不同，其境况的逆顺也有很大差异，要了解地主的结构，必须先了解他们所从事的职业。成都平原地主的形成及其职业关系极为复杂。

郭汉鸣、孟光宇将地主分为以下几种情况："（一）极小地主以土地太小，不能安于耕作，势必将之出租，而另操他业；（二）大地主兼营工商；（三）军阀政客所购置产业；（四）社会各界皆视土地为安稳之投资，虽操他业亦愿置田产，其原有田产而另操他业者，亦不愿脱售其土地；（五）中等地主纯依收租，不足维持其家生活。川乡因力价太贵，有'绅粮三十石，不如一条扁担'之谚。故必兼操其他各业。据统计，各业地主，军、商两界各占三十分之一弱③；政、工两界各占二十五分之一上下；学界占百分之二强；团体所置占百分之三强。大部仍以农业为最，占百分之四十一强。此皆为中小地主及地主兼自耕者。其实大地主之职业，颇难确切，以其每为多方面之人物，彼等有时为收租者兼商人、高利贷者；甚至亦为行政官吏或大小军人，城市商人可兼为大地主，在乡地主又可兼为城市商人，而地主兼商人又可变为地主、商人兼官吏，同时若干官吏兼商人亦可变成商人兼地主。"④ 相关数据详见表 2-1、表 2-2。

---

① 吕平登：《四川农村经济》，商务印书馆，1936 年版，第 181 页。
② 吕平登：《四川农村经济》，商务印书馆，1936 年版，第 181—182 页。
③ 原文疑有误，据表 2-2，军界占比为 2.8%，合"三十分之一弱"，而商界占比为 18.4%，远高于此数。
④ 郭汉鸣、孟光宇：《四川租佃问题》，商务印书馆，1944 年版，第 147—148 页。

第二章 地权结构与佃农比例

表2-1 成都平原各县地主职业统计

县别	户数	军	政	工	农	商	学	医	团体	绅粮	其他或未详
成都	214	53	36	2	51	43	8	1	2	12	6
双流	211	4	3	11	103	52	4	3	—	25	6
金堂	297	23	28	10	134	72	10	5	3	12	—
大邑	334	—	—	5	81	75	5	2	—	68	98
什邡	137	—	9	—	39	49	5	—	5	30	—
灌县	204	—	3	—	157	19	—	—	2	23	—
郫县	142	5	8	16	46	20	5	3	—	18	21
彭县	256	5	12	52	137	30	3	1	2	14	—
简阳	132	—	—	—	—	—	—	—	—	—	132
温江	202	—	—	—	—	—	—	—	—	—	202
新繁	99	8	6	3	28	32	4	—	—	10	8
崇宁	89	5	8	3	25	25	2	3	15	3	—
广汉	264	4	7	20	101	35	20	9	25	43	—
总计；占比	2581；100%	107；4.1%	120；4.6%	122；4.7%	902；34.9%	452；17.5%	66；2.6%	27；1.0%	54；2.1%	258；10.0%	473；18.3%

资料来源：郭汉鸣、孟光宇：《四川租佃问题》，商务印书馆，1944年版，第147—150页。

注：绅粮这一称谓大致由"士绅""大粮"（大粮户）演化而来，具体指拥有一定社会地位、向国家缴纳税赋的群体，晚清以来该词常见于四川地方文献中，但具体所指需要根据材料语境判断，在本表中主要指专门"靠租吃饭"的地主。相关研究可见山田贤：《移民的秩序：清代四川地域社会史研究》，曲建文译，中央编译出版社，2011年版，第215页。

表2-2 四川省各区地主职业统计

区域	户数	军	政	工	农	商	学	医	团体	绅粮	其他或未详
成都平原	2581	107	120	122	902	452	66	27	54	258	473
川西区	2934	92	157	165	1106	519	86	25	141	369	274
川西北区	2102	25	88	46	1157	449	36	11	88	179	23
川东区	1631	37	57	62	657	281	42	15	47	418	15
总计；占比	9248；100%	261；2.8%	422；4.6%	395；4.3%	3822；41.3%	1701；18.4%	230；2.5%	78；0.8%	330；3.6%	1224；13.2%	785；8.5%

资料来源：郭汉鸣、孟光宇：《四川租佃问题》，商务印书馆，1944年版，第147—150页。

从表 2-1、表 2-2 可知，成都平原中军、政、工、农、商、学、医等各界都有投资土地者，加入地主的行列，其中，农界、商界及"绅粮"占的比重较高，农界占 34.9%，商界占 17.5%，"绅粮"占 10.0%，军界人士也占 4.1%，高出四川省平均水平（2.8%）。这些人多数不住在乡村，而是住在省城，专门"靠租吃饭"的"绅粮"大多居住在县城，中小地主多居乡场。从表 2-3，表 2-4 可知，四川地主中以居乡者为最多，占半数弱；次为县城内居住者，不到四分之一；再次为居场镇者，占六分之一弱，居住在大都市及外县的地主，占十分之一强。成都平原的情况与四川省基本一致，近半数的地主居住在乡下，而大半的地主不居住在乡下，"不在地主"的比例比四川省总体水平高，达到 53.1%。

表 2-3 成都平原各县地主住址调查

县别	户数	乡	场镇	县城	外县	大都市	未详
成都	214	57	3	3	9	142	—
双流	211	73	36	97	5	—	—
金堂	297	118	42	44	20	72	—
大邑	334	166	88	50	—	—	30
什邡	137	33	23	81	—	—	—
灌县	204	155	29	20	—	—	—
郫县	142	84	14	44	—	—	—
彭县	256	187	47	22	—	—	—
简阳	132	132	—	—	—	—	—
温江	202	—	—	—	—	—	202
新繁	99	57	15	27	—	—	—
崇宁	89	25	1	37	5	21	—
广汉	264	124	34	88	5	13	—
总计；占比	2581；100.0%	1211；46.9%	332；12.9%	513；19.9%	44；1.7%	248；9.6%	232；9.0%

资料来源：郭汉鸣、孟光宇：《四川租佃问题》，商务印书馆，1944 年版，第 151—154 页。

表 2-4 四川分区域地主住址调查

区域	户数	乡	场镇	县城	外县	大都市	未详
成都平原区	2581	1211	333	513	44	248	232
川西南区	2954	1287	642	769	83	27	146
川西北区	2693	1258	254	566	23	568	24

续表

区域	户数	乡	场镇	县城	外县	大都市	未详
川东区	1624	980	190	311	22	116	5
总计;占比	9852;100.0%	4736;48.1%	1419;14.4%	2159;21.9%	172;1.8%	959;9.7%	407;4.1%

资料来源：郭汉鸣、孟光宇：《四川租佃问题》，商务印书馆，1944年版，第151—154页。

从上述调查和分析中可知，成都平原地主的身份非常多样，有军人兼地主，商人兼地主，学人兼地主，商人、高利贷者兼地主，总之，形形色色，不一而足。且"乡居地主"和"不在地主"的情况有很大差别，有学者又分别称呼他们为"旧地主"和"新地主"。[1]

旧地主，即所谓收租地主，就是当时乡村所称的"土老肥"，呈日渐没落之势。没落的原因很多，最重要的是民初以来军阀混战带给这些土地所有者的税捐负担，使他们的地租收入在还粮付税后应付生活都成问题。[2] 这部分地主在巨大的压力下难以自完，不得不出卖土地。不过正如陈翰笙所言："赋税繁重并不能使地主阶级趋于崩溃，而只是驱屠弱无力的旧地主速就灭亡，新兴的地主于以产生。"[3] 成都平原在民国建立以后的十几年，混战不休，乡村里受不住重重压力的土地所有者只能卖田弃地，于是田地大量滚入另一批有钱有势力的人士手中，这些人就是所谓的"新地主"。

对于这些新地主而言，土地只是一种预备产业，地租收入只是一种辅助性收入。正因为他们不是靠收租维生，所以他们居住在离土地较远的城市或遥远的他县他乡。这种"不在地主"在成都平原十分普遍。陈太先曾对成都、华阳67个地方的1285个土地所有者做过调查，除去自耕农275人以外，尚有1010个地主，其中有609人不是远住他乡就是住在省城内，占地主总人数的60.3%。有关数据详见表2-5。

---

[1] 吕平登：《四川农村经济》，商务印书馆，1936年版，第191页。
[2] 彭雨新、陈友三、陈思德：《川省田赋征实负担研究》，商务印书馆，1944年版。
[3] 陈翰笙：《解放前的地主与农民——华南农村危机研究》，冯峰译，中国社会科学出版社，1984年版。

表 2-5　成都、华阳 1285 个土地所有者分析（1937 年）

单位：个

地区	自耕自田者	有田不自耕而出租者（地主）			
		乡居地主		不在地主	
		数量	占比	数量	占比
抚琴台	1	3	5.7%	50	94.3%
天回镇	180	275	49.4%	282	50.6%
土桥	8	21	25.6%	61	74.4%
茶店子	7	15	27.8%	39	72.2%
苏坡桥	29	18	25.4%	53	74.6%
三河场	31	55	48.7%	58	51.3%
牛市口	19	14	17.5%	66	82.5%
总计	275	401	39.7%	609	60.3%

资料来源：陈太先：《成都平原租佃制度之研究》，载萧铮：《民国二十年代中国大陆土地问题资料》，台湾成文出版社，1977 年版，第 32469 页。

注：表中"占比"指当地"乡居地主"或"不在地主"占地主总数的比重。

但是，根据 1950 年 11 月中共温江县委汇集的全县有关业主的出租田地地租和押租登记情况，可以看出居住在属县及以上地区的业主在温江县业主户数中所占比重不到半数，但他们占有田地的面积却在半数以上，详见表 2-6。

根据表 2-6 显示的业主属地信息，如果将属县及以上业主作为"不在地主"①，属县以下业主作为"乡居地主"②，可以看出，"不在地主"的户数占全部户数的 22.77%（包括外省、属行署、属专区、属县），"乡居地主"占 77.23%。从户数上看，"乡居地主"仍占多数，与郭氏和孟氏的结论相近，与陈氏的调查有出入，但在占地的问题上，三者是一致的。"不在地主"占地达 60.94%，"乡居地主"仅占 39.06%，特别是成都市的业主，以占 6.84% 的户数，占地 33.04%，可见成都市是"不在地主"主要居住的地方。

---

① 这里的"地主"与阶级成分中的"地主"概念不同，仅指土地的所有人，与"业主""田主"同义。

② 这只是一个大体的划分，也许属县以下的属区、属乡的一些地主并未居住在乡里，也居住在城里，但从距离上看，他们居住在乡里的可能性较大一些，故做这样的划分。

表 2-6 1950年温江县业主属地与田地出租状况

	项目	外省	属行署 成都市	属行署 眉山专区	属行署 绵阳专区	属行署 茂县专区	属温江专署	属县	属各区	属各乡	合计
户数	地主/户	44	841	15	1	3	417	757	431	1043	3552
户数	富农/户	—	—	1	—	—	165	216	583	1562	2527
户数	佃富农/户	—	—	—	—	—	6	14	38	206	264
户数	中农/户	2	—	2	—	—	220	123	622	2554	3523
户数	贫农/户	2	—	3	—	—	154	57	407	3224	3847
户数	小土地出租者/户	—	106	—	—	—	3	—	—	17	126
户数	合计;占比	48;0.35%	947;6.84%	21;0.15%	1;0.01%	3;0.02%	965;6.97%	1167;8.43%	2081;15.04%	8606;62.19%	13839;100%
田亩数	租出田亩/亩	1592.61	67004.61	377.71	30.40	59.00	12949.94	41467.86	18073.69	55854.20	197410.02
田亩数	转租出田亩/亩	—	—	—	—	—	—	117.12	3.60	5294.22	5414.94
田亩数	合计;占比	1592.61;0.79%	67004.61;33.04%	377.71;0.19%	30.40;0.01%	59.00;0.03%	12949.94;6.38%	41584.98;20.50%	18077.29;8.91%	61148.42;30.15%	202824.96;100%

资料来源：《中共温江县委汇集的全县有关业主的出租田地租押调查登记统计表》，1950年11月，档案号：建西003-17，四川省档案馆。

注：1. 原表"合计""占比"类的数据存在计算错误，温江专区错成都、华阳、新都、新繁、灌县、郫县、彭县、双流、崇庆、大邑、崇宁诸县，已根据各项数据更正。

2. 新中国成立初期，温江专区错成都、华阳、新都、新繁、灌县、郫县、彭县、双流、崇庆、大邑、崇宁诸县，即成都平原各县。

以上三种调查资料充分证明，成都平原地主结构的特点是特大地主与中小地主并存，"不在地主"与"乡居地主"并存，但"不在地主"占田量远远超过"乡居地主"。这些"不在地主"大都是多方面的人物，他们是收租者、商人、高利贷者、官员、教员、宗教人士等，这样，地主可以变成地主兼商人，许多的地主兼商人又可以变成地主、商人兼官吏。同样，官吏兼商人可以变成商人兼地主。在温江县城，陈太先也做过一次调查，统计资本较大的商店，在100家资产达500元以上的商家中，有田地10亩以上者达60家，详见表2-7。

表 2-7　温江县城部分商家土地资产调查（1938 年）

行业	资产达 500 元以上的商家	有田 10(含)~20(含)亩者	有田 20~50(含)亩者	有田 50~100(含)亩者
京缎土布	16	5	3	1
酱园业	7	2	1	2
干菜业	9	2	3	1
麻布业	5	2	1	1
药材业	12	3	3	1
京果业	8	2	—	—
丝烟业	3	1	1	—
钱纸业	9	2	—	—
花纸业	4	2	—	—
茶业	3	2	—	—
广杂业	7	3	1	—
米业	20	8	5	2
总计	103	34	18	8

资料来源：陈太先：《成都平原租佃制度之研究》，载萧铮：《民国二十年代中国大陆土地问题资料》，台湾成文出版社，1977 年版，第 32470 页。

注：原表格"总计"一栏存在计算错误，已更正。

因为拥有土地存在缴纳土地税的问题，所以陈太先的调查引起了温江商会一些会员的恐慌，他们向陈氏去函再三解释："查温江地处边隅，商业萧条，不及五百元资本者甚多，更兼近年停门倒闭者已属不少。现在营业均系小贸营生，未敢以言商业。用特叙明，以资查考。"[①] 显然，这些商人害怕捐税增加，而以多报

---

① 《温江县商会给陈太先的函》，转引自陈太先：《成都平原租佃制度之研究》，载萧铮：《民国二十年代中国大陆土地问题资料》，台湾成文出版社，1977 年版，第 32471 页。

少，以有报无，可以想见，上表的数字还应有所扩大。

在"不在地主"的行列中，军人已成为一支重要的力量。"四川军人总是带着一点土气，刮老百姓几个钱，多是置房买田。固然他们也知道往外国银行存款，但总以为存款在外国银行还没有置买些不动产妥当些。因为就是自己打败仗退走，或是下了台，但那些打胜仗而上台的人也都是同族和同学，大家争的是地盘，私人的财产彼此谁都是念旧谊而要保护的。"① 更何况成都平原的田地，收成绝对可靠；加之有负担不起税捐的旧地主、中小农在廉价售地，于是新兴的军阀纷纷在成都平原购买土地。特别是成都平原的郫县、温江等地，由于土地肥沃，旱涝保收，土地几乎被各类军阀所垄断。"离成都四五十里地的郫县，有田三十四万多亩，但二十多万亩的田地是操在地主手里，小地主多为本地的土著。但是大地主则为川军中的旅长以上的军官，这些军官在混战中发了财的却也不少，他们都来郫县、温江、新津等处买地得田。因为这些地方接近成都，收租容易，而且对于收成绝对可靠。如刘存厚、曾南夫、黄逸民、白驹等军师长，在郫县，每人都有田地三千亩以上。就算是在他们以下的旅团长，也有百亩千亩的很多。"② 在新都，甚至有五六个地主即占有该县沃田十分之一的情况。由此可见，新都地主户数虽少，其所有田地却占多数。③ 成都的情形也相差不多，1938年的一份金融年鉴载："成都全县土地约十九万二千亩，农民成分大多数是佃农……即以千亩以上之粮户合计之，约占全部土地的十分之一。如昭觉寺有田二千余亩，文殊院、天主堂各有千余亩。至于私人所有者，如胡太和有四千余亩，吴佐、邓和（过去之师长）各有二千余亩，吴晋寄及某军长等各有千余亩。"④ 其他零星记载详见表2-8。

表2-8 新繁、新都等县大地主占有土地情况

县别	军人地主	最大地主	占有土地/亩	状况
新繁	—	王某	1500	正在没落中
新都	—	刘某	1000 余	—
新都	王师长	—	1000 余	—
郫县	军人某	—	8000 余	

---

① 薛绍铭：《黔滇川旅行记》，重庆出版社，1986年版，第208页。
② 钱志超：《四川的农村经济》，《益世报》，1936年7月18日。
③ 《四川省政府统计委员会报告》（1937年）。
④ 四川省合作金库：《民国二十六年度四川省合作金融年鉴》，1938年编印，第153页。

续表

县别	军人地主	最大地主	占有土地/亩	状况
彭县	军人某	—	2000余	—
德阳	—	彭、杨二姓	各2000余	—
广汉	—	张某	6000余	高利贷者

资料来源：陈太先：《成都平原租佃制度之研究》，载萧铮：《民国二十年代中国大陆土地问题资料》，台湾成文出版社，1977年版，第32474页。

陈太先曾在成都县第一区第一至第四联保内做了一个土地校对册，发现了几个知名军人所占田地的情况，详见表2-9。

表2-9 成都县第一区第一至第四联保百亩以上的地主

土地所有者		人数/人	所占田地/亩
军人	旧军人	2	254
	军长	4	1043
	师长	4	874
	旅长	1	120
	不明者	6	625
团体公地	天主堂	—	347
	慈惠堂	—	287
	青羊宫	—	239
	草堂寺	—	498
	文殊院	—	108
	财委会	—	239

资料来源：陈太先：《成都平原租佃制度之研究》，载萧铮：《民国二十年代中国大陆土地问题资料》，台湾成文出版社，1977年版，第32474页。

1950年土地改革时，四川几位起义的川军将领邓锡侯、潘文华、熊克武等向人民政府自报出租田地及押金，参加减租退押运动。他们自报的数目见表2-10。

表2-10 邓锡侯、潘文华、熊克武自报田地出租数目

姓名	田地数量/亩	主要分布区域
邓锡侯	1668.181	温江、成都、郫县、华阳、双流
潘文华	1672.900	成都、华阳、双流、郫县、崇宁

续表

姓名	田地数量/亩	主要分布区域
熊克武	1249.724	郫县、成都、华阳、双流、灌县

资料来源：《邓锡侯、潘文华、熊克武业主自报出租田地押金登记表》，档案号：建西003-47，四川省档案馆。

几位将领自报的土地出租数量不一定是其土地数量的全部，当时有许多地主、官僚有用别人的名义购买土地的习惯，有的还用化名。① 尽管如此，民国时期军人占有土地的情况仍可略见一斑。

关于新旧地主占有土地的状况，1935年谭仪父曾做过关于四川十个代表县新地主的调查。其中属于成都平原的有灌县、崇庆和大邑三县。②

三县中以大邑的情形最为典型，"新地主以87.9%的户数，占田为99%；军阀地主以2.9%的户数，占田66%，最高占田在3万亩以上，每户平均亦在3000亩以上……官僚地主以47%的户数，占田33%，最高占田达8000亩，每户平均亦约100亩；至旧地主，不过9.9%户数，占田2%而已。"③

本来大邑既非有"土地肥沃，收获可靠"④之利，能吸引地主来此投资，也不是邻近"大商埠之地"，对商人豪右有特别的便利，⑤ 但因为该县出了刘文辉、刘湘这两个很有权势的军人及其追随者，所以该县新地主中军阀地主最占优势，占田最高的是他们，平均有三千多亩。此外，一般官僚是他们的"附骥者"，占田最高的达八千亩。其他的新地主或以商起家，或以放高利贷起家，或由旧地主转变而来，其占田也不算少，最高的达到三千亩。

崇庆、灌县的情形也大同小异。崇庆"新地主，54%户数，占田86%，军阀地主以2.6%户数，占田57%，最高占田达一万五千亩；官僚地主以10%的户数，占田11%，最高占田达一千亩；旧地主以46%的户数，占田9%。灌县，新地主以73.4%的户数，占田77%；旧地主，以该县地区广，山田僻地多，故有

---

① 笔者在阅读档案资料时经常看到这样的情形。如温江有一个住在成都的地主，真名"王思忠"，却化名"王季思""王英杰""王淑豪""王玉珊""王伯英""王玉川""李杰"等名，出租土地400多亩。见《温江县住成都市业主出租田地押租调查表》，1950年10月，档案号：建西003-47，四川省档案馆。
② 参见吕平登：《四川农村经济》，商务印书馆，1936年版，第186—187页。
③ 吕平登：《四川农村经济》，商务印书馆，1936年版，第192页。
④ 稻麦改进所经济部：《四川农佃之分布情形》，《建设周讯》1938年3卷12期。
⑤ 稻麦改进所经济部：《四川农佃之分布情形》，《建设周讯》1938年3卷12期。

24.6%的户数，占田23%；军阀地主，户数0.7%，占田21%，官僚地主，15%户，占田15%；其他新地主，则以57.7%的户数，占田41%，中以高利贷豪劣商人之地主为多"①。

各类地主所属佃农的情形也有不同。由于新地主田地多，所以佃农数也多一些。如崇庆，属于新地主的佃户占76%，属于旧地主的只有20%；灌县属于前者的占69%，属于后者的只占21%；在大邑县属于新地主的佃农占99%，属于旧地主的不到1%。佃户平均占田，新地主的佃农占田较多，军人地主的佃农平均为83亩，官僚地主的佃农平均为60亩，其他地主的也有37亩；而旧地主的佃农，则最多不过45亩，少的只有十几亩。②

土地所有权的集中，促成耕地所有权和使用权的进一步分离。关于土地所有权的集中，多年来有许多人士认为这是农村经济凋零的根本原因之一。其实，土地所有权高度集中，在近代其他国家也普遍存在，但并未成为农民贫困的根源。如英国，自圈地运动以后，英国的土地非常集中，土地所有权与土地使用权分离，大部分的土地归佃农经营。但英国的佃农与中国的佃农有很大的区别，中国的佃农多是小农，而"英国的佃农，最大多数是租佃企业家或农业资本家，他们有充足的资本，租入广大的土地，从事大规模的农业经营。本世纪初（20世纪——引者注），英国二十公顷以上的租佃农场占全农地的百分之八十四，一百二十公顷以上的租佃农场占地百分之二十五。英国租佃企业家，雇用大批农业劳动者，以从事实际的农场工作，他自己只负担农场管理之责，有时甚至雇人管理，他的目的专在从中获取高额利润"③。可见，土地集中并非农民贫困的根源，而佃农模式、性质的不同，才是根本的差别。从谭仪父的调查中可以看出，新地主所属佃户的农场面积大于旧地主，从生产规模上讲，更符合经济原则。如果社会更稳定，农村金融制度更健全，或许中国佃农也会有机会成为租佃企业家。然而，中国农村借贷不易，佃农资本太少，加上人口众多，竞佃激烈，转为佃农企业家只能是一个美好的愿望。所以，土地集中是中小地主、土地所有者为了逃避赋税而纷纷出售田地、成为佃农的直接后果，而佃农日益增加，农场规模并不一定能够扩大。

---

① 吕平登：《四川农村经济》，商务印书馆，1936年版，第192—193页。
② 陈太先：《成都平原租佃制度之研究》，载萧铮：《民国二十年代中国大陆土地问题资料》，台湾成文出版社，1977年版，第32476—32477页。分属新旧地主的佃户占比之和少于100%，笔者推断所缺部分为"半自耕农"。
③ 吴文晖：《中国土地问题及其对策》，商务印书馆，第193页。

民国时期成都平原土地的集中，促成了自耕农的减少和佃农的增加，使得成都平原与其他地区不同，佃农数量及占比呈逐渐增长之势。

第二节　佃农比例

成都平原佃农在农户中所占的比重较大，至民国时期出现了进一步增长的趋势。据统计：1912 年四川佃农占农户总数的 51%，自耕农占 30%。至 1932 年，佃农增至 56%，自耕农降至 25%。1933 年佃农增至 58%，居全国第一，1934 年增至 59%。①

关于成都平原佃农户数占总农户的百分比及其变化趋势，最早的数据见金陵大学农经系对成都平原五县的调查，详见表 2-11。

表 2-11　1912 年与 1931 年成都平原各县佃农、自耕农、半自耕农占比统计

单位：%

县别	佃农 1912 年	佃农 1931 年	自耕农 1912 年	自耕农 1931 年	半自耕农 1912 年	半自耕农 1931 年
新都	41.0	55.0	26.0	18.0	33.0	27.0
广汉	50.0	90.0	30.0	4.0	20.0	6.0
郫县	38.0	55.0	42.0	28.0	20.0	17.0
双流	15.0	25.0	30.0	25.0	55.0	50.0
大邑	50.0	60.0	30.0	20.0	20.0	20.0
平均	38.8	57.0	31.6	19.0	29.6	24.0

资料来源：实业部《中国经济年鉴》编纂委员会：《中国经济年鉴（民国二十四年续编）》，商务印书馆，1935 年版，第 25—26 页。

由表 2-11 可知，每个县的佃农数目均呈上升趋势，而自耕农、半自耕农呈下降趋势（大邑县半自耕农未见变化）。平均看来各县佃农占比（不算半自耕农），1912 年为 38.8%，1931 年为 57.0%，20 年内增加超过 18 个百分点。

---

① 参见中国农民银行四川省农业经济调查委员会：《四川农村经济调查报告第七号：四川省租佃制度》，1941 年编印，第 3 页。

表 2-12　1931—1936 年成都平原 11 县农户分配表

单位:%

县别	自耕农 1931年	1932年	1933年	1934年	1935年	1936年	佃农 1931年	1932年	1933年	1934年	1935年	1936年	半自耕农 1931年	1932年	1933年	1934年	1935年	1936年
成都	30	25	30	32	35	20	40	55	50	50	50	62	30	20	20	18	15	18
华阳	20	—	—	—	—	20	50	—	—	—	—	60	30	—	—	—	—	20
灌县	53	53	47	47	50	50	25	25	33	33	30	27	22	22	20	20	20	23
新都	16	16	14	14	12	12	57	57	60	61	63	63	27	27	26	26	25	25
郫县	18	18	17	10	10	10	60	60	61	75	75	75	22	22	22	15	15	15
双流	5	5	5	5	5	5	60	60	60	60	60	60	35	35	35	35	35	35
彭县	25	25	25	26	22	17	62	62	62	61	65	70	13	13	13	13	13	13
简阳	49	49	48	46	43	44	22	23	24	27	26	27	29	28	28	27	31	29
大邑	20	15	15	—	—	5	60	65	70	—	—	85	20	20	15	—	—	10
什邡	30	30	40	37	37	40	40	43	40	46	43	43	30	27	20	17	20	17
德阳	20	20	22	23	22	20	52	55	50	47	51	52	28	25	28	30	27	28
平均	26	26	26	27	26	22	48	51	51	51	51	57	26	24	23	22	22	21
全省平均	30	30	30	30	29	28	49	49	49	49	50	52	21	21	21	21	21	20

资料来源：四川省稻麦改进所经济部：《四川农佃之分布情形》，《建设周讯》1938 年 3 卷 12 期，第 19—23 页。

而在1931年至1936年这几年间，成都平原各县自耕农平均占比从26%下降至22%，远低于1936年四川全省的平均水平28%；半自耕农平均占比则从26%降至21%，与1936年全省平均水平20%基本持平；佃农平均占比升至57%，高于全省平均水平。其中成都、新都、郫县、大邑等地，到1936年佃农占比均在60%以上。相关数据详见表2-12。

从表2-13可看出，成都平原佃农占当地农户的比重与地理位置关系十分密切。土地肥沃、离城较近的地区，佃农占比高，一些稍微偏远一点的地区，则自耕农和半自耕农的占比增高，佃农占比降低，如成都平原边缘的灌县、崇庆、大邑、邛崃、蒲江等地，佃农占比在45.0%以下，特别是蒲江仅占2.6%。平原中心地带由于土地肥沃、灌溉便利，且临近省会，因此佃农占比更高，成都、新都等县均达70.0%及以上。

表2-13　1940年成都平原各县农户成分统计

县别	自耕农	半自耕农	佃农
金堂	34.9	17.0	48.1
新都	25.0	5.0	70.0
新繁	20.0	15.0	65.0
成都	17.5	7.5	75.0
崇宁	13.5	38.1	48.4
郫县	23.3	12.6	64.1
温江	16.6	19.9	63.5
双流	19.0	19.9	61.1
华阳	23.3	10.0	66.7
新津	6.0	14.0	80.0
灌县	40.0	16.7	43.3
崇庆	46.7	10.0	43.3
大邑	21.9	44.1	34.0
邛崃	37.4	36.6	26.0
蒲江	80.5	16.9	2.6

资料来源：中国农民银行四川省农业经济调查委员会：《四川农村经济调查报告第七号：四川省租佃制度》，1941年编印，第3页。

抗战结束后，有学者比较了1937年、1946年四川农村农户情况（见表2-14），也可看出同样的趋势。

表 2-14　1937 年、1946 年四川农户成分统计

单位:%

年份	自耕农	半自耕农	佃农
1937 年	23.7	20.4	55.9
1946 年	20.8	18.1	61.1

资料来源：赵宗明：《四川租佃问题》，《四川经济季刊》1947 年第 3—4 期合刊，第 48 页。

1937 年到 1946 年这十年间，自耕农占比减少 2.9 个百分点，半自耕农占比减少 2.3 个百分点，佃农占比增加 5.2 个百分点。

小　　结

从上述资料与分析可知，成都平原的佃农占比越来越高，有的县达到 70% 以上，这样的趋势与一些学者估计的不一样[①]。作为中国传统的农耕地区，民国时期成都平原的土地租佃情况与华北平原、西北地区和江南、华南等地不同：不仅佃农的占比逐年增加，而且佃农经济越来越成为该地区的主要经济模式，成为农村地区的经济支柱。

---

① 关于佃农占农村总人口的比重，不同地区的情况不一样。有学者曾断言近代中国不是一个租佃大国，乡村经济的主要支柱是自耕农。金陵大学农学院教授卜凯（John L. Buck）于 1930 年代提出中国农村是一个以自耕农为主的社会（卜凯：《中国农家经济》，张履鸾译，商务印书馆，1936 年版，第 195—196 页）。1980 年代以来，这一观点得到一些中国学者的认同。史建云认为，华北地区在近代直到 1937 年以前，自耕农一直占 50% 以上，租佃关系虽占有一定比重，但决不是占统治地位的生产关系，不仅如此，佃农占比还有逐步下降之势（史建云：《近代华北平原自耕农初探》，《中国经济史研究》1994 年第 1 期）。徐浩、侯建新对清代华北地区和 20 世纪上半叶冀中农村的研究，也得出相同的结论（徐浩：《农民经济的历史变迁——中英乡村社会区域发展比较》，社会科学文献出版社，2002 年版，第 158 页；侯建新：《农民、市场与社会变迁——冀中 11 村透视并与英国乡村比较》，社会科学文献出版社，2002 年版，第 71 页）。但成都平原的情况明显与他们得出的结论不同。

第三章

租佃制度与农村经济

租佃制度是民间自然形成的关于土地所有权与使用权分离的制度，多年来被当作封建土地制度而备受抨击。其实，租佃制度并非封建社会专有的土地制度，只要存在土地物权，就可能存在所有权和使用权分离的现象。在资本主义非常发达的英国、美国，就存在租佃制度，而目前我国农村则存在土地经营权转让的现象。[1] 成都平原的租佃制度与江南、华南等地区不同，具有自己的特点。

第一节 佃农的构成

既有研究尚未注意对佃农进行分层次的研究，仅根据其佃田规模以及是否使用雇工而将其分为佃富农、中农、贫农和雇农。其实，佃农的结构非常复杂。

1939年夏到1940年冬，郭汉鸣和孟光宇两位学者对四川49县200多个乡进行调查，写出了《四川租佃问题》一书。[2] 二者将49县的12870户分为8个类型："地主，指有地出租不自耕者而言；地主兼自耕农，指有地自耕一部，出租一部而言；地主兼佃农，指有地出租反又佃耕他人土地者而言；自耕农，指有地完全自耕者而言；自耕农兼佃农，指有地自耕同时又佃耕他人土地者而言；佃农，指自

---

[1] 朱嗣德认为，租佃制是在市场经济条件下自然分工的结果，不存在公平不公平的问题："人的经营能力有高下，时运有差异，在土地私有且得自由买卖的情况下，即或土地经过公平的分配后，经过一段时间，仍然会产生租佃制度。故租佃制度之产生，是自然而无不公平的。惟因土地的面积有限，生产技术改进不多，人口增长，其他方面无出路，以致部分农民生活发生问题，致使租佃制度成为攻击的目标。"详见朱嗣德：《中国农村经济问题（民国二十年代至三十年代）》，台湾地政研究所，1980年版，第63页。在我国改革开放以后，农村实行以家庭为中心的联产承包责任制，将土地使用权承包给农民，50年不变，实际上也是通过土地所有权与使用权的分离，来调动农民的生产积极性。而近年来，部分拥有土地使用权的农民将土地的经营权出租给另一些人，由承租人去开发、管理这些土地，这样就出现了土地所有权（归国家所有）、使用权（归农民所有）和经营权（归承租人所有）三权分离的局面。

[2] 郭汉鸣、孟光宇：《四川租佃问题》，商务印书馆，1944年版，第8页。

己无地、佃耕他人土地者而言；雇农，指自己无地、受雇于人从事农作者而言；其他，指无地亦不从事农作者而言"①。根据二位学者的调查及其他相关调查，并结合该区域较为复杂的租佃情况，笔者将成都平原的佃农分为以下两类八种。

第一类是自己拥有土地同时又租佃土地者，包括以下三种。

（1）地主兼佃农，即将自己的土地佃出去，再佃别人的地自己种。有的中小地主觉得自己的田地不够肥沃，便将自己不太好的田地租佃出去，收取稳定的地租，然后再向其他地主佃种更肥沃的土地，以增加自己的收入。②这是农村中小地主的一种经营办法，即换田耕种，追求利益最大化。

（2）自耕农兼佃农兼地主，自己拥有土地，自己耕种一部分，同时租出一部分。这主要是因为农村借贷不易，土地所有者不得已把一部分田地租出以换取流动资金，及至手头宽裕一些，就找机会佃进一点，于是其就身兼地主、自耕农、佃农三种身份了。陈太先认为这是农村小土地者为了生存而采取的手段，"这类人尽管花样繁多，但仍是贫农"③。

（3）自耕农兼佃农，又称"半自耕农""半租农"或"半佃农"④，自己拥有一部分土地，再佃种他人的土地。据1935年的《四川经济月刊》记载，郫县有一中等农家的长子，分得父亲的田地二十亩，还有余力，又佃了三十亩田地来耕种，其"已有二子一女，二子一年二十岁，一年十二岁，住的是三开间的瓦屋，内有摇车一把、布机一架，壁角里还有一个鸡棚，屋旁斜壁是个猪圈，圈前还养着一头牛，屋前是他们的晒物场所，一家力作，衣食绰有余裕"⑤。

第二类是自己不拥有土地的土地经营者，包括大佃农、中佃农、小佃农、直接佃农、佃农兼雇农。

（1）大佃农，或称"二地主"，自己并不拥有土地却经营土地，租佃一些"不在地主"的土地，再出租给另外的人耕种，成为地主与佃户之间的代理人。在

---

① 郭汉鸣、孟光宇：《四川租佃问题》，商务印书馆，1944年版，第8页。
② 参见吕平登：《四川农村经济》，商务印书馆，1936年版，第181页。
③ 陈太先：《成都平原租佃制度之研究》，载萧铮：《民国二十年代中国大陆土地问题资料》，台湾成文出版社，1977年版，第32446页。
④ 不同的学者对此有不同的称谓，吕平登、张肖梅、陈太先、孟光宇等学者，均称之为"半自耕农"，见前文相关各注。布朗称"半租农"，见 H. D. Brown, Li Min Liang. A Survey of 50 Farms on Chengtu Plain, Szechwan. *Chinese Economic Journal*, Vol. II, No. 1, 1928, pp44—73。卜凯有时会称"半佃农"，见《中国农家经济》，商务印书馆，1936年版。这里的"半"字并非确指，实际中很难真正确定其比重。
⑤ 《郫县农民生活》，《四川经济月刊》1935年第3卷第4—5期合刊，第170页。

成都平原，这样的佃农有很多，他们帮助地主收租、监督其他佃农的生产，但在产权上他们并不拥有土地，有时也做一些损害地主利益的事。吕平登在《四川农村经济》中写过："因土地集中在军阀官僚之手，彼辈不自经营，必须佃出，但以土地太多，故佃出并未十分分割细碎，一百亩二百亩之佃户很多，此种大佃户又佃出许多小佃户从中渔利，此又为四川佃农的特殊情形"①。在华南等地，这种"大佃农"一般是一些农业垦殖公司老板或包佃人，他们承佃大量土地，然后转租给小佃户耕种，形成该地区土地集约经营的模式。② 而在成都平原，并非所有"二地主"经营的土地都很多，有的"二地主"经营的土地很少，甚至只有几亩，如灌县的杨玉成，就是一个"二地主"，他于1945年8月租进徐某的田地4.2亩，后来又将这几亩田地全部转租给同村的王树山耕种，自己做其他的营生。③

（2）中佃农，从地主处佃来土地，自己种一部分，再佃出一部分给别人耕种。

（3）小佃农，从中佃农或大佃农处佃地耕种。

（4）直接佃农，从地主那里直接租种土地，不假他人之手，也不转租给其他农户，也就是一般意义上的佃农。

这四种佃农在成都平原都比较常见，他们通过土地的转租而形成复杂的租佃关系。在成都平原各县的民国档案中有不少资料显示，地主欠了政府的田赋，受到政府追询，便推说是佃户欠租造成的，佃户又推说是小佃户欠租。下面这一记载就反映了这样的情况："窃民艾雨之，住县属升平乡第四保第七甲，承租刘忠发堂水田五十亩零耕种，因该粮名之三十六年度田赋及历年欠粮尚未完纳，致将民传案押缴，前已状请限期完纳，恳予暂保疗疾，沐蒙允准在案。民自保释后，迭向小佃催收欠租，计数共该肆石九斗（古量），伊推延再四，迄今不谐。民以收得该项欠租，即可完纳欠粮壹拾石零（市双斗）之数，即增补亦无几，今限期将至，为此具呈恳请钧府察核准予立即敕传该欠租小佃冉吉安到案，押追应完田赋，至不敷之数，民当如限如数交出，免碍国家税政，并清租佃手续。"其反映了地主（刘忠发）—大佃农（艾雨之）—小佃农（冉吉安）之间复杂的租佃关系。④

---

① 吕平登：《四川农村经济》，商务印书馆，1936年版，第175页。
② 参见陈翰笙：《解放前的地主与农民——华南农村危机研究》，冯峰译，中国社会科学出版社，1984年版；罗俊：《中国租佃制度的中间人问题》，《中农月刊》1945年第6卷第1期，第21—29页。
③ 《温江县业主出租田地属温江专区（灌县）租押调查表》，1950年11月1日，档案号：建西003-17，四川省档案馆。
④ 《民国双流县政府双流田赋粮食管理处、双流县税征稽查处关于欠粮办理田赋粮民清单的令、公函、呈文》，原卷号1249，案卷号2533，双流县档案馆。

（5）佃农兼雇农，佃耕少量土地，劳动力有剩余，同时靠出卖自己的劳动力维持生计。"雇农"一词，陈翰笙在《广东的农村生产关系与生产力》一书中说："不在家耕种或耕种极微小的一块田地，而主要地靠着出卖劳力替人耕种以过活；换言之，几乎纯粹地在雇佣关系上被人剥削的都是雇农。"① 此定义对于成都平原不很适合。若按陈翰笙的定义，成都平原几乎没有雇农。据陈太先调查，成都平原主要靠替人种田过活的农家很少。成都平原最有权势的地主都不在农村，"在农村的只是顶守旧的所谓'土老肥'，他们以收租为活。因此在农村里没有所谓资本主义式的经营地主，自然也没有资本主义式经营的所谓雇农。当雇工的不是没有，但他们必另有所务如推车、零贩……以至打鱼、挑粪，而生活所恃也必在此。因为农村要雇工乃在农忙时节，苟以出雇为活则在农闲时岂不要'冬眠'？再农村中有长期雇工成为'长年'的，他们是被雇来'看家''打杂'而不是耕地（至少主要目的不是为耕地），似乎也不够雇农资格。何况此种长年如其不是单身汉，则其家人多另有职业，或佃耕一点田地，或是木匠裁缝。无论如何，与其叫他们为雇农，还不如以其他二字表示好，或更直截了当归入贫农一类"②。成都平原的雇农一般也会租佃少量田地，主要是为了佃得房屋，求一个立身之地，避免成为无家可归的流民。

这八种佃农各自的经营状况和生活水平有很大差别，有的实际上是佃富农，有的是贫农，这些贫农有的拥有少量土地，有的不拥有土地，靠租佃他人的土地维持生计。1920年代，郫县有一位保长就是佃农，但他与一般小佃农完全不同，他租佃了90亩水田，雇了两个人代他耕种，并约定：上田交租米9斗（产米1.2石左右），中田7斗（产米1石左右），下田5至6斗（产8斗左右），押租金较重，每亩30银圆，每100银圆可免纳2亩田的田租，小春可种植烟叶、苕子、油菜、蚕豆、豌豆等，收成全部归代耕者所有。③ 这样的佃农与只佃了几亩田的佃农，境遇完全不一样。所以，在成都平原的农村，佃农这个阶层非常复杂。

据陈太先1938年调查双流两代表村村户构成的结果可知，存在租佃关系的农户十分普遍，纯粹地主和纯粹自耕农（纯粹自耕自田的）相当少，详见表3-1。

---

① 陈翰笙：《广东的农村生产关系与生产力》，中山文化教育馆，1934年版，第5页。
② 陈太先：《成都平原租佃制度之研究》，载萧铮：《民国二十年代中国大陆土地问题资料》，台湾成文出版社，1977年版，第32455—32457页。
③ 欧学芳：《四川郫县实习调查日记（1937年）》，载萧铮：《民国二十年代中国大陆土地问题资料》，台湾成文出版社，1977年版，第61873—61874页。

第三章 租佃制度与农村经济

表 3-1 1938 年双流两个代表村村户构成

村户类别	绍兴寺（一、七、十二）户数	占比	淘家店 户数	占比	合计 户数	占比
纯粹地主	1	1.0%	5	4.9%	6	3.0%
纯粹自耕自田的	4	4.2%	0	0.0%	4	2.0%
自耕农佃农	12	12.5%	4	3.9%	16	8.1%
自耕农兼佃农	19	19.8%	9	8.8%	28	14.1%
自耕农兼地主兼佃农	5	5.2%	17	16.7%	22	11.1%
纯粹租种田地的	31	32.3%	45	44.1%	76	38.4%
雇农及其他	24	25.0%	22	21.6%	46	23.2%
总户数	96	100.0%	102	100.0%	198	100.0%

资料来源：陈太先：《成都平原租佃制度之研究》，载萧铮：《民国二十年代中国大陆土地问题资料》，台湾成文出版社，1977 年版，第 32452 页。

注：纯粹地主专门"靠租吃饭"，租耕田地数多于自有田者称为"自耕农佃农"，租耕田地少于自有耕地者称为"自耕农兼佃农"。

在双流这两个代表村，纯粹地主和纯粹自耕农的占比仅 5.0%，即使加上"雇农及其他"这一项，也只有 28.2%，不到总户数的三分之一。同样的情形在温江的何家碾也存在，详见表 3-2。

表 3-2 1938 年温江何家碾村户构成

类别	现在户数 户数	占比	五年前户数 户数	占比	户数增减	增减原因
纯粹地主	1	1.25%	1	1.20%	—	—
地主兼自耕农	3	3.75%	3	3.61%	—	—
纯粹自耕农	7	8.75%	12	14.46%	−5	失去土地，外出
自耕农兼佃农	1	1.25%	1	1.20%	—	—
纯粹佃农	36	45.00%	35	42.17%	+1	—
佃农兼雇农	6	7.50%	5	6.02%	+1	—
其他	26	32.50%	26	31.33%	—	—
总数	80	100%	83	100%	−3	

资料来源：陈太先：《成都平原租佃制度之研究》，载萧铮：《民国二十年代中国大陆土地问题资料》，台湾成文出版社，1977 年版，第 32454 页。

从表 3-1、表 3-2 可看出,纯粹的地主、自耕农或佃农并不是很多,但存在租佃关系的农户却不少。同时,有自耕农减少、佃农增加的趋势。温江何家碾 1938 年共有 80 户人家,其中纯粹地主只有 1 户,纯粹自耕农 7 户,而五年前有 83 户人家,其中纯粹地主 1 户,纯粹自耕农 12 户。纯粹地主的户数没变,而纯粹自耕农减少了 5 户,纯粹佃农和佃农兼雇农分别增加了 1 户。这说明纯粹自耕农的经营不太稳定。

根据张五常的佃农理论,佃农在经营自己的田地时会控制自己的田地规模,以保证获利。地主出租土地时也要考虑租给多少户佃农才能达到利益最大化①,于是就会出现一个佃户佃耕几个地主的田地或一个地主将田地租给若干个佃户耕种的情形,还会出现将自己的土地租出再佃其他人的土地耕种的情况,以及转租土地的情况。有关数据详见表 3-3、表 3-4。

表 3-3 成都平原各县佃农租佃土地来源统计

县别	佃户数	由几个地主租来							
		一	二	三	四	五	六	七	八
成都	208	202	6	—	—	—	—	—	—
双流	195	181	12	2					
金堂	231	186	27	15	3	—	—	—	—
大邑	200	96	65	39					
什邡	127	117	10	—	—				
灌县	171	147	18	5			1		
郫县	142	142	—						
彭县	235	214	21						
简阳	124	116	8	—	—				
温江	174	151	18	5					
新繁	76	63	5	6	2	—	—	—	—
崇宁	83	78	4	1					
广汉	256	248	8	—	—				
合计;占比	2222;100%	1941;87.35%	202;9.09%	73;3.29%	5;0.23%		1;0.05%	—	—

资料来源:郭汉鸣、孟光宇:《四川租佃问题》,商务印书馆,1944 年版,第 139—141 页。

注:原表部分数据有误,已更正。

---

① 张五常:《佃农理论——应用于亚洲的农业和台湾的土地改革》,商务印书馆,2000 年版。

表 3-4 四川分区域佃农租佃土地来源统计

区域	佃户数	由几个地主租来							
		一	二	三	四	五	六	七	八
成都平原区	2222	1941	202	73	5	—	1	—	—
川西南区	2502	2194	216	68	19	4	—	—	1
川西北区	1836	1624	162	50	—	—	—	—	—
川东区	1509	1409	82	15	2	1	—	—	—
合计；占比	8069；100%	7168；88.84%	662；8.20%	206；2.56%	26；0.32%	5；0.06%	1；0.01%		1；0.01%

资料来源：郭汉鸣、孟光宇：《四川租佃问题》，商务印书馆，1944 年版，第 139—141 页。

据表 3-3、表 3-4，在成都平原，一个佃农从一个地主手中租来田地者，占 87.35%，比四川省的平均水平低 1 个多百分点；从两个地主手中租来田地者，占 9.09%，比四川省平均水平多近 1 个百分点；从三个地主手中租来田地者，占 3.29%，比四川省平均水平高近 1 个百分点；从四个地主手中租来田地者占 0.23%，比省均水平略低。可见，成都平原的佃农大多数从一个地主处租来土地，从两个、三个地主处租来土地的占比比四川省平均水平略高，从四个地主处租来田地者的占比低于四川省平均水平。由此也可看出，成都平原的地权既有集中的一面，也有分散的一面。赵冈认为租佃制度是整合零星田地的重要办法，佃农将中小地主零星的土地租佃过来，组成一个农场，比土地所有者自己耕种和雇人耕种更加经济。[①]

成都平原佃农在农村人口中所占比重高于全国水平，并有逐年增长的趋势。1912 年，根据成都平原几个县的统计，佃农占农村人口的比重为 38.8%，1931 年达到 57%，1936 年为 57.8%，其中成都、华阳、新都、郫县、彭县等地，均达 60% 以上。1940 年，新都、成都等县的佃农占比高达 70% 以上，新津更是高达 80%，形成了一些佃农村。佃农占比高低与地理位置关系密切，在土地肥沃的城镇附近地区，佃农占比较高，而在稍偏远的地区，自耕农、半自耕农的占比增高，佃农占比降低。

成都平原租佃制度之所以发达且佃农占比高，除了生态原因，还有人口压力

---

① 赵冈、陈钟毅：《中国土地制度史》，台湾联经出版事业公司，1982 年版，第 396 页。

大、赋税沉重、农村小土地所有者负担过重、新兴军阀热衷于土地投资等原因。其中最重要的一个原因，则是地方军阀的横征暴敛迫使一些中小土地所有者出售土地成为佃农。民初军阀混战的20年，佃农占农村人口的比重增加最快。同时军阀大肆兼并土地，加速了成都平原土地的商品化，而土地的商品化是租佃制发展的前提，从而为租佃制的进一步发展奠定了基础。

第二节 地租形态

所谓地租，"是无耕地或耕地不足的人借用了他人的耕地，所给他人的一种报酬"①，马克思指出："地租是土地所有权在经济上的实现，即不同的人借以独占一定部分土地的法律虚构在经济上的实现"②，也就是说地租是土地所有者依据对土地的所有权而获得的经济报酬。根据马克思主义经典作家的观点，地租分为劳役地租、实物地租和货币地租三种形态，其发展大体按照劳役地租、实物地租、货币地租的顺序进行，实物地租又大都由分成租制向定额租制发展。

在成都平原，民国时期劳役地租已很少见了，只是有几种形式的帮工尚界于雇工和劳役地租之间。（1）地主劳动力缺乏，如地主是寡妇孤儿，因自家劳动力缺乏，连日用蔬菜也难得，所以请自家的佃户帮忙种两三块菜田，而在交租上给佃户一些优惠。这虽近似用劳动力充当地租，但无论如何也说不上是民国学人提及的劳役地租："佃农抽出一部分时间为地主作工，那种工作有强迫的性质，但无工资的报酬，所以抵补借用了地主耕地的代价"③。（2）有一种叫"长年"的雇工，由雇主提供田地若干亩，其以耕种收获作为工资。主家有事就来工作，无工作则回家，也有住在主家的。地主所给田地有限，至多不过壮年农夫一年能耕种的面积的50%。这种做法中两者的关系是租佃关系还是雇佣关系，尚待讨论。（3）佃户帮工，如在简阳，有佃户帮工的习惯："业主留有少量田地命佃户代为耕种，或业主别有他事需人使用时，可雇用佃户，业主除供给伙食外，并给以相当工资。"④这虽然是雇佣关系，但佃户有受雇的义务，也带有一定劳役地租的意味。此外，地主家有婚丧大事，虽然佃约上并没有强迫佃户服役的规定，但事实

---

① 陈正谟：《中国各省的地租》，商务印书馆，1936年版，第1页。
② 《马克思恩格斯全集（第25卷）》，人民出版社，2006年版，第715页。
③ 陈正谟：《中国各省的地租》，商务印书馆，1936年版，第1页。
④ 《简阳租佃制度调查》，《四川月报》1936年第8卷第1期，第101页。

上佃户为地主出工出力而不要工资却成为惯例。这主要是因为地主处于优越地位，佃户不敢要工资，地主也以不给工资为当然——这似乎有劳役地租的嫌疑。不过，考虑到主佃感情和礼仪习俗等因素（佃户如有婚丧大事、地主有送礼的义务），主佃之间的这种庆吊行为可视为帮忙性质，因此不能算作劳役地租。①

1940 年，中国地政研究所根据四川省地政局的调查统计资料列出了四川省一些县市的佃农需要承担的义务（地租除外，见表 3-5）。其中属于成都平原的有华阳、崇庆、郫县三县，这几县的佃农不负担正供粮税，政府临时摊派的捐款按誓约规定分担，没有给地主服役的义务，而平原边沿的简阳、金堂、彭山等县，则有在地主婚丧嫁娶等大事时到地主家帮忙的义务，但这些义务，也不能看作劳役地租，或可视为主佃之间礼尚往来、联络感情的一种表现。

表 3-5　四川省部分地区耕地小租杂役陋规

县别	小租杂役或其他陋规情形	县别	小租杂役或其他陋规情形
华阳	除正供粮税由地主负担外，佃户负责政府临时摊派之捐款	绵竹	有送副产物或义务服役者，年节送礼且有送新之陋规
崇庆	大地主之管事出外收租时，佃户私与周旋，竞租时馈送中资	大足	佃户馈送杂粮或果实
郫县	正附粮税归地主完纳，如有其他临时捐款，照誓约共同负担	江津	佃户对地主常效劳役或提供蔬菜豆果等
内江	附纳谷草、甘蔗、花生，近者义务挑水或帮工，地主仅飨以饮食	璧山	地主营造房屋、输送物品都由佃户帮忙，逢年节馈送礼物
资中	供给杂粮柴草，年终馈送礼物	铜梁	除完租外，有完纳红薯、玉麦者，但应于原约内先行注明
井研	缴纳少数山粮，如玉麦、黄豆、豌豆等	彭山	佃户与地主住相近者，则为其打扫、挑水并服役，有婚丧则帮忙
简阳	地主有婚丧等事，佃户例应做工送礼，此外如送新花生、桐油	洪雅	佃户所产副产物一小部分送予地主
仁寿	逢节送鸡卤粮酒等，农闲时为地主做工或跑路	犍为	正租外酌交副产，地主有事时多由佃户服役
荣县	正租之外，间亦有提工或副产品	金堂	逢春节佃户具备礼物叩年禧，婚丧事义务服役

资料来源：《各省租佃纠纷案件调查表》，档案号：103-143，中国第二历史档案馆。该档案根据四川省地政局 1940 年耕地租用状况调查材料编制，本表根据该档案整理而成。

---

① 参见《简阳租佃制度调查》，《四川月报》1936 年第 8 卷第 1 期，第 101 页。

成都平原最为通行的是定额实物地租,又称谷租,谷租又分为定租(定额交租)、预租(先交租后种田)和活租(按每年的具体情况商定地租)等形式,其中定租最为普遍,预租较少,活租主要集中在平原边沿、灌溉条件较差、产量不稳定的地区。定租和预租多为"铁板租",即无论年成丰歉都不减租。① 分租(即实物地租中的分成租制)与钱租虽占一定比重,但并不多。

根据四川省农业改进所1939年对全省130个县的调查,纳租方法以谷租最多,占60.9%,分租次之,占23.1%,钱租最少,占17.0%,② 谷租和分租都属物租,所以四川还是以物租占绝对的优势。四川各县中,资中、资阳、简阳、大足大半用钱租,南川、苍溪、达县、平武、宣汉、雅安、天全半数以上皆用分租;其余各县均以谷租为主,尤以温江、郫县为甚,比例几乎达到百分之百。③ 成都平原普遍通行实物地租,详见表3-6。④

---

① 参见四川省《郫县志》编纂委员会:《郫县志》,四川人民出版社,1989年版,第247页。
② 参见四川省农业改进所:《四川省农情报告》,1940年第3卷第1期。四川省自设立农情报告制度(1937年)起,每年开展农佃问题调查一次,供各方参考,笔者采用的是1939年的调查结果。
③ 四川省建设厅:《建设周讯》,1939年第4期,第28页。
④ 可以参考的资料还有很多,如四川省农业改进所编制的《四川省农情报告》第3卷第1期的文章《农佃问题调查》载有有关"田权分配及纳租方法"的表格,大略如下:

单位:%

县别	纳租方法			县别	纳租方法		
	钱租	谷租	分租		钱租	谷租	分租
全省平均	17.0	60.9	22.1	—	—	—	—
彭县	15.9	80.4	3.7	双流	13.6	84.6	1.8
广汉	19.0	77.4	3.6	华阳	26.0	62.6	11.4
金堂	44.6	47.4	8.0	简阳	72.0	24.3	3.7
新都	17.3	77.1	5.6	新津	9.4	84.3	6.3
新繁	22.5	77.5	—	彭山	12.8	77.2	10.0
成都	5.8	92.7	1.5	崇庆	3.6	90.0	6.4
崇宁	26.8	62.9	10.3	大邑	12.8	76.3	10.9
郫县	2.6	81.6	15.8	邛崃	5.7	76.2	18.1
温江	3.5	87.8	8.7	蒲江	15.9	65.0	19.1

表 3-6　1938 年成都平原地租形态结构调查

单位:%

县别	物租 谷租	物租 分租	钱租	县别	物租 谷租	物租 分租	钱租
温江	100	—	—	成都	98	—	2
双流	100	—	—	华阳	95	3	2
郫县	100	—	—	新都	95	3	2
新津	70	10	20	灌县	85	9	6
简阳	50	20	30	广汉	40	50	10

资料来源：陈太先：《成都平原租佃制度之研究》，载萧铮：《民国二十年代中国大陆土地问题资料》，台湾成文出版社，1977 年版，第 32468 页。

温江、双流、郫县全部采用谷租，成都、华阳、新都施行谷租的都不低于 95%，这几个县是平原最富庶的地方。在平原与山地的接合地带，采用谷租的减少、施行钱租的增多。总的来说，成都平原通行实物地租，而且大部分是预先决定租额，丰年不加，荒年不减，即前文提到的铁板租。采用固定租额大体是因成都平原的田地收获可靠，租额易于预先决定。

劣等田如山田、冬水田之类，土壤既不肥沃，灌溉和排水也有问题，收获既少又不可靠，所以大多实行分租制。至于货币地租（钱租），主要用于旱地。部分寺庙公产的水田，寺庙经理或首事为求手续方便也采用钱租。成都近郊的种菜用地、烧窑用地也采用钱租。整体来看，钱租在成都平原施行的规模相当小。如果不以县为考察单位而以地形来考察成都平原的地租形态，那么可以说，只是在旱地有少量钱租形式存在，总体上实物地租占绝对优势。质言之，实物地租几为成都平原唯一的地租形态。这与马克思关于地租形态的经典判断略有不同，马克思认为货币地租是商品经济发展的结果，实物地租在形态上落后于货币地租，[①] 这是普遍的经验，但在成都平原，由于农业收成稳定，实行实物地租的地区反而比实行货币地租的地区经济更为繁荣。[②]

实物地租所交物品随农田生产的东西而定。水田交纳谷子，旱田交谷子或杂

[①] 《马克思恩格斯全集（第 25 卷）》，人民出版社，2006 年版，第 911—932 页。

[②] 夏明方在研究华北平原地租问题时也有相似的体会，见夏明方：《民国时期自然灾害与乡村社会》，中华书局，2000 年版。

粮。如种烟叶、大麻等纯经济作物，则或交实物，或换算为钱币缴纳，笔者在1950年温江减租退押运动的资料中看到，还有将花生、麦子、豆子作为地租交给地主的，① 这由主佃双方当面议定。成都平原水田最多，所以一般都是缴纳谷物。

不过，成都平原还有一种叫"折租"的地租形式，即将谷租折成钱交给地主，这到底是实物地租还是货币地租？租佃契约上规定纳谷物，人们口中也是说撄谷②多少，然而实际撄谷的很少。晚清以来，在新都、成都、华阳就有这种趋势，温江、郫县曾规定一律撄谷，但真正撄谷的并不多。一般是居住在农村的收租地主为收来作口粮，或待市价上涨而自积储，才收实物谷米，"不在地主"收租通常依时价折钱收缴。之所以如此，皆因为地主收租往往不是为自己食用，自然不必收实物，况且土地较多的地主往往住在城市，更需要用钱，直接叫佃户折钱缴纳，更为方便。③ 他们往往是让佃户为其留下一部分租谷作为食米，其他部分则折成钱交给他们，将租谷变为租银。例如，吴虞的佃户就采取这种办法缴租，1917年11月28日，吴虞写到"吴四哥该租谷二十八石一斗九升四角，共该银八十四两五钱八分贰厘（价每石三两），合银一百十九元二角（食米未除）"④。吴虞的这段话，反映出以下信息：（1）吴虞所收佃户吴四哥的谷租已折为银两；（2）每石的价格是三两；（3）应除去吴虞一家的食米，此处未除。这是典型的折租。折租的方法，一般是按当时当地谷价来折算。如1917年4月23日，吴虞写到"龙桥谷价每石二两八钱已折定，诸佃均待时平即送银来"⑤，可见同年4月的折谷价格与11月的折谷价格不同，4月低于11月，4月收折租比11月收折租对地主更为有利，而佃户则在11月交折租更为有利。也就是说折租如何收取和折算，各地都有自己的习惯。

而在佃户方面，他们也愿意折钱缴租。因为成都平原大春收稻米，其中百分之八九十要拿来缴纳，佃农只能留下小春作物如胡豆、小麦之类，这并不能当作主要食粮，如不折钱缴租，一年的食粮仍有一部分要拿钱去换。这样他们就希望

---

① 《中共温江县委汇集的全县有关业主的出租田地租押调查登记统计表》，1950年11月，档案号：建西003-17，四川省档案馆。

② 撄（yīn），四川方言，有"测量"之义，撄谷在此代指用谷物交租。

③ 陈太先：《成都平原租佃制度之研究》，载萧铮：《民国二十年代中国大陆土地问题资料》，台湾成文出版社，1977年版，第32468页。

④ 吴虞：《吴虞日记》（上册），中国革命博物馆整理，荣孟源审校，四川人民出版社，1984年版，第357页。

⑤ 吴虞：《吴虞日记》（上册），中国革命博物馆整理，荣孟源审校，四川人民出版社，1984年版，第303页。

把缴给主家的稻米留下，另纳钱给地主。因此，有的佃农把小春收成卖钱付租，这样佃农的经营可以更灵活一些。

那么，这种"折租"到底应该算作实物地租还是货币地租？这是一个需要认真界定的问题，因为这涉及对成都平原地租形态的基本评价。如前所述，马克思主义经典作家认为货币地租是与资本主义生产方式联系在一起的，如果成都平原的"折租"被界定为"货币地租"，无疑说明该地区的资本主义生产方式有所发展，而若界定为实物定租，则具有相反的意义。根据笔者所看到的资料判断，"折租"应该是界于实物地租和货币地租之间的一种形式，它不同于货币地租，因为所有的租约都以"谷租"形式确定下来，而非银两或其他货币形式；它也不是完全的实物地租，它虽然按"石"或"斗"等谷租的计量单位计算，但交给地主的主要还是银两或其他货币。总的说来，"折租"还是更偏向实物地租，因为不管是订立租佃契约还是实际执行中，折钱的租额及折租施用时间都只占其中一部，大多数时候佃农还是向地主交租谷。1938年以后，由于抗战内迁，川内人口暴涨，粮食价格日日攀升，平原各县的折租风气使佃农得到了一些实惠。但随着物价上涨，政府改革赋税制度，将以前的交钱改为征实①，即征收实物——粮食，地主也随之改变收租方式，以前由谷租折钱的又改交实物。以后一直到1949年，成都平原佃户交租仍以交实物为主，这在1950年温江减租退押的资料中可以得到证实。②

总的来说，成都平原的田租形式主要有三种，即谷租、分租和钱租。而成都平原由于气候和土壤条件良好，农田的复种指数较高，一年有夏（大春）冬（小春）两季收获，地租主要采用定额谷租，从大春收成中收取，一般所说的地租率实际上计算的是地租额占大春收成的比例，小春收成则不计地租，全部归佃农所有。另外，在平原边沿的丘陵地带还实行"田包土"的计租方法，只对水田的大春收获物计租，不对旱地计租，旱地的收获物全归佃农所得。从清前期到民国，成都平原的地租额和地租率均有上涨的趋势，平均地租额从每亩2石谷左右（每亩产谷4石）上升到每亩3石谷（每亩产谷4.26石），地租率也从正产物的50%左右上升到80%左右，与全国其他地区相比，成都平原的地租率极高。但如将大春和小春收获物一起计算，则成都平原的平均地租率为52%左右，虽然仍高

---

① 详见彭雨新、陈友三、陈思德：《川省田赋征实负担研究》，商务印书馆，1943年版。本书第七章第三节有详细论述。

② 《中共温江县委汇集的全县有关业主的出租田地租押调查登记统计表》，1950年11月，档案号：建西003-17，四川省档案馆。

于同样是一年两熟的苏南地区,① 但差距已经缩小。总之,地租既是地主与佃农在特定的自然和社会条件下共同商议的结果,也是土地物权市场竞争的结果。成都平原实行的"折租"是介于实物地租与货币地租之间的一种地租形式,为成都平原租佃模式的一种特色,折钱与否、折钱多少都根据当时当地谷价由主佃双方商议决定,也可以随时事的变化而调整,故比"谷租"和"钱租"更为灵活。

第三节 押租

成都平原的佃户要租田耕种,一般必须向地主缴纳押租,即土地租赁的押金。通过押租,地主出让了土地的使用权,佃农获得土地的使用权。成都平原押租金分三种形式:一是银租,即使用银两或银圆缴付押租,一般用于水田区域;二是钱租,即使用除银以外的其他货币缴付押租②,一般用于旱地等劣地;三是物租,即佃户向地主缴纳实物作为押租。有学者认为只有在偏远的地方才存在用实物交押租的现象,但笔者从档案资料中发现,在成都平原也存在实物押租,实物绝大多数是米,也有其他东西。四川解放初,据人民政府的调查,可以作为押租的货币和实物种类繁多,主要有银圆、银两、铜圆、法币、金圆券、大米、谷子、烟、麦子、菜籽、花生等。③

押租从性质上可分为以下七种。(1)常押:"佃农所纳押租额与其年纳租额价值相等,或其上下相出入未达一倍以上"。(2)"重押轻租":"佃农所纳押租额超过年纳租值一倍以上或至数倍",然年纳租额较轻。(3)"轻押重租":"佃农所纳押租不及其应纳年租之额数",但年纳租额较重。(4)"大押"与"小押":采用重押轻租的佃户,"因资金不足或人力有限而另招小佃,收其押租,前者谓之大押,后者谓之小押"。(5)"嵌押":"地主缺款必须重押轻租,佃农缺款必须轻押重租,此种场合下,有第三者纳此押租额数而收此项押租利",让主佃双方都达到目的,故名"嵌押",又因为是第三者出款,故又名"客押"。实际上就是地主向

---

① 若将苏南佃农冬夏两季作物的产量合并计算,其平均地租约占年收获物的44%,若仅计夏季作物,则地租率超过50%,见曹辛穗:《旧中国苏南农家经济研究》,中央编译出版社,1996年版,第79页。

② 后期亦用银圆,与银租几无区别,1935年四川取消防区制后,通用法币。

③ 见《温江县住城关业主出租田地租押统计表》,1950年,档案号:建西003-47,四川省档案馆。

人借贷,由佃户担保,扣租谷作息。(6)"干押":又称"大押佃",佃户一次交若干银钱(或其他实物)给地主,地主以此生息作地租,不再另外取地租,到佃户退田时随即将押金退还佃户。(7)加押:地主急需用钱时,向佃户增收押租,利息从佃户年纳租额内扣除,但利率通常比客押低。这几种形式并非截然可分,往往是交替使用,并因主佃关系差异而有所不同。①

与四川其他地区相比,成都平原的押租较高,且存在逐年增加的趋势。不过,佃户纳押租是可以取得利息的,常通过扣除部分地租予以体现,称为押扣。有学者认为"押租全部为无息抵押"②,成都平原的押扣"不过是封建地主加重押租和地租剥削的一个花招"③,尚值得商榷。押扣制度是成都平原在特定的自然环境和社会环境中形成的一种制度,是成都平原租佃制度与其他地方有所不同的重要特色。

押扣制度起源于何时尚无人考证,不过就笔者所见的资料可以判定,清代已有押扣存在,清末民初,押扣制度在成都平原已是十分盛行。④

通过对四川省档案馆和成都各县相关档案资料的分析,特别是对新繁县繁江镇农地租约的研究,笔者发现押扣的形式很多,有扣田、扣米、扣谷、扣其他实物(除米、谷以外的农产物,如花生等)等。所谓扣田,就是扣几亩田的田租作为押租的利息;扣米,就是在交给地主的地租中扣除几斗或几石米作为押租的利息;扣谷、扣其他实物与扣米一样,在交给地主的地租中扣除一部分作为押租的利息。成都平原各县情况不同,成都主要流行扣米;华阳有扣田的,也有扣米的;新都和新繁主要是扣田,也有扣谷和扣米的;灌县、郫县、崇庆、双流、大邑、崇宁、新津、邛崃、彭县等县主要是扣田。也有不设押扣的,双流无押扣的佃农比其他县多,并流行捆租,即不单独计算每亩地的租额和押租的利息,只约定每年一共交给地主多少地租。押租多少,是否有押扣,押扣多少,都由主佃双方根据各地的习惯协商,在签定租佃契约时写明。⑤

从新繁县繁江镇农地租约中可以发现,押扣除了有扣田、扣谷等不同的形

---

① 郭汉鸣、孟光宇:《四川租佃问题》,商务印书馆,1944年版,第60页。
② 刘克祥:《近代四川的押租制与地租剥削》,《中国经济史研究》2005年第1期,第26页。
③ 刘克祥:《近代四川的押租制与地租剥削》,《中国经济史研究》2005年第1期,第26页。
④ 详见李德英:《民国时期成都平原的押租与押扣——兼与刘克祥先生商榷》,《近代史研究》2007年第1期,第101页。
⑤ 《温江县业主出租田地属温江专区租押调查表(1950—1951年)》,档案号:建西003-47,四川省档案馆。

式，还有年扣、对年扣和共扣等种类。所谓年扣，就是佃农每年都从地租中扣除利谷（即押扣）；对年扣，就是两年扣一次利谷；共扣，就是在立约时确定押扣总额，分几年扣完，扣完后就不再扣利谷。①

关于押扣成数的约定，成都平原各县情况不一，不同的村、不同的户都会不一样，主要是根据押租的多少、主佃感情和当地习惯，由双方商议而定。陈太先认为一般押扣成数为三扣五至四扣，双流和新津高达五扣，即每押租银一百两，每年可扣租谷五石。一般认为，民国时期，押扣有减少的趋势。但笔者根据吴虞日记、新繁县繁江镇农地租约和新中国初期成都平原的土改资料等，发现押扣也有增加的现象，如华阳县仁义乡六保二甲的佃户，其押扣就达到六扣，最少的也是五扣。据统计，成都平原押租利率平均为年利2.69%，即二分六厘九，而普通借贷的利率为一分五至二分之间，押租的利率比各地的普通借贷利率略高。②

民国年间，押租制度一直受到社会精英的猛烈抨击，认为押租的收取增加了佃农的负担，降低了佃农的生活水平和投资土地的热情，是以民国政府也颁布《土地法》，禁止押租。但押租制度是民间多年形成的习惯，不是政府法律所能完全禁止的。

佃农交给地主的押租主要是自有的还是借贷而来的？在新中国成立前的出版材料中有两种意见，占主要地位的是吕平登的观点，他认为绝大多数是借贷而来，③ 持另一种意见的孟光宇、郭汉鸣认为成都平原佃户的押租金主要由佃农自己积累而来，而非借贷而来④。笔者通过对其他资料的考察，认为后一种观点比较符合实际。由于成都平原的押租是比较多样化的，佃农并不一定非要以现金作为押租，押租有无及其多寡并不是决定租佃契约是否成立的主要因素。而且事实上，佃农借贷并不容易，由于没有作为抵押物的资产，他们很难借到款。据1940年四川省农民银行对11县216家农户的调查，田权不同，农民的负债额度有很大不同。佃农的负债率在与自耕农、半自耕农的比较中为最低。同时，佃农在借贷中由于没有物权做信用保证，往往不得不接受较为苛刻的利息条件，所以佃农不到万不得已决不愿借贷。有资料证明，即使佃农能够借到款，也主要是用于购买

---

① 《新繁县繁江镇公所民国卅八年农地租约》，1949年10月，档案号：28-8，新都区档案馆。
② 参见陈太先：《成都平原租佃制度之研究》，载萧铮：《民国二十年代中国大陆土地问题资料》，台湾成文出版社，1977年版，第32549页；李铮虹：《四川农业金融与地权异动之关系》，载萧铮：《民国二十年代中国大陆土地问题资料》，台湾成文出版社，1977年版，第47243页。
③ 吕平登：《四川农村经济》，商务印书馆，1936年版，第200页。
④ 孟光宇、郭汉鸣：《四川租佃问题》，商务印书馆，1940年版，第75—76页。

粮食和家庭急用，而不是用于交押租。

在成都平原，人们已经认可押租是一种获得佃权的代价，由于竞佃激烈，地主有更多的主动权选择经济能力较强的农民来租种土地，真正贫困的农民很难佃到一定数量的田地，经过竞争佃到土地的农民多数为乡村中劳动力较强者。

押租对地主和佃农都有着十分重要的意义，对地主而言，押租是其田地收入的保障，遇到佃户拖欠租金或租谷，地主可借此扣除，当佃户退佃之时，如有损坏房屋、竹木、用具等，地主也可以由此勒扣。同时，地主可以借押租选择佃农，限制贫困农民争佃。此外，押租作为地主收入的一种，数额往往较大，可用于经商或其他事务，有的地主会将其用于投资城市的手工业或工业。对佃农而言，押租是获取佃权的代价，是维护佃权的凭证，押租制度的出现与发展在某种程度上给佃户提供了抗租据庄、提高社会经济地位的物质基础。换言之，押租从另一个层面为主佃关系的松弛开辟了道路。[①]

第四节　土地的转佃与经营

成都平原佃农的经营比较灵活，地主很少干预佃农的生产。土地转租是佃农经营的模式之一。成都平原的转佃主要有以下几种形式。（1）分佃：拥有大批土地的"不在地主"（多为军人）如将田地零星分租给许多佃户，在管理上就会存在困难，所以乐意有人整庄租佃，这些人往往会将土地分租给其他需要土地耕作的人。（2）公产学田佃户转租：民国时期，各县公产学田的租佃关系往往成立在百年以前，佃户传授数代后自然有分割，久而久之，已分佃到无法稽考的程度，一些有权势、有关系的人凭借财势和地位包佃一批田地，然后转租给佃户耕种。（3）"大佃制"：这是成都平原特有的一种转佃形式，在中国其他地方很少见到。所谓的"大佃制"即"大押佃"，佃户以高出一般押租数倍的押租租佃田地，此后不再缴纳地租，这实际上相当于土地的典当。"大押佃"因此成了转移土地的一种方式，为兼并土地、逃避租税开了方便之门。在这样的租佃关系中，所谓"佃户"只是徒有其名，实际上大都会将田亩转佃出去，据田收租，取地主而代之。地主则借此获得了自己急需的资金。以上几种情形无论是哪一种，转佃的

[①] 详见李德英：《从成都平原租佃纠纷个案论押租制的双重意义》，《历史档案》2005年第1期，第97—102页。

人（第一佃户）其目的都是在地主和实际耕作者之间赚取一些利益，即使他自己耕作一点，也仍然有取利的方法。通常有如下几种：（1）赚押扣成数；（2）取得无押耕地；（3）加押和加租。

土地的转租由于牵涉地主、大佃农、小佃农及国家税收等多方面的利益，历来都被政府法律和民间契约所禁止，但在现实中，法律所起的作用似乎并不大，转佃现象普遍存在，尽管各种因转佃引起的租佃纠纷层出不穷，但转佃之风并未因此得到扼制。首先，人口压力与生态环境的矛盾是租佃制和转佃现象存在的重要原因。其次，国家法律与民间习惯同时存在冲突与补充，转佃是国家不愿认可的行为，但民间的习惯却为解决转佃问题提供了实际的办法。由于种种自然、人文和历史的原因，民国时期国家对农村社会的控制并不严密，通过宣传和普及等方式自上而下灌输给农人的国家法令，并未内化为农人自己的认知，成为他们解决问题的行为指南。最后，地主和佃农双方为了追求更大的利益而选择经营模式和规模，是一种经济行为，转佃也符合某种经济需求，同时也是民间互助的一种方式。①

对大多数佃农而言，租佃而来的田地由家庭成员共同经营；由于大都实行定额租制，佃农家庭的生产积极性较高。成都平原乡村的家庭副业相当发达，农家经营多是农副业并重。佃农在生产经营中对土地的利用达到了较高的程度，他们几乎在田间的所有地头都种上了作物。佃户从事的其他副业主要有：家庭手工业、家禽饲养、做小商贩、到城市或集镇做工等。对成都平原佃农与自耕农农场土地、劳力、资本这三大基本要素的分析比较表明，佃农农场的经营并不逊于自耕农农场的经营，相反，佃农能更大限度地利用土地，采用多种经营的办法，投入更多劳动，增加家庭收入。但他们要负担高额的地租，是以利润微薄，一般仅能维持较低的生活水平。②

小　　结

通过对成都平原佃农构成、地租形态、押租制度、转佃与经营等问题的探

---

① 关于土地转租问题，详见李德英：《民国时期成都平原土地转租问题探讨》，《史林》2006年第3期。

② 参见李德英：《民国时期成都平原佃农经营：以温江为例》，载蔡继明、邝梅：《论中国土地制度改革：中国土地制度改革国际研讨会论文集》，中国财政经济出版社，2009年版，第529—549页。

讨，可以知道成都平原的租佃制度是民间自然形成的一种农村社会经济关系，是当地生态环境与社会环境共同作用下的产物，有着自己独特的规律。它与华北、江南、华南、西北不同，不像华北有那么多的自耕农和经营地主，不像江南有"田面权"和"田底权"之分，不像华南有大规模经营佃户，更不像西北"无租佃"。成都平原的租佃制度，是中国农村经济史上一个独特的模式，其主要特点为：(1) 地主和佃户都有大小之分，不同层次的地主或佃农，其生活状况迥然不同；(2) 从清代到民国，佃农比例逐年增加，民初增加最快；(3) 作物一年两熟，地租只按大春收成计算，小春收获及旱地收获全归佃农所有；(4) 押租盛行，但计算利息，缴纳押租后佃农可从地租中扣回一部分作为利息；(5) 大佃农和小佃农的经营有差异，转佃是大佃农的经营方式之一，而小佃农大都兼营副业，佃农经营并不比一般的自耕农差。

第四章

国家政策与制度改良

第一节 民国时期佃农地位与民国政府的佃农政策

民国时期佃农的地位如何，是一个仁者见仁、智者见智的问题，在民国法律中，佃农与地主并没有身份上的不平等，在乡村社会，主佃之间的关系也不是一直处于紧张状态，各地都有一些平衡主佃关系的习惯和办法。对于四川地区，当今学者一般认为，民初地方军阀混战不休，对农村的榨取加大，乡村社会压力因此增大，及至抗战时期国家税赋进一步增加，土地所有者的负担越加沉重，为了转移压力，地主只有提高租额，加重押租，从而使主佃矛盾进一步激化，使主佃关系更趋紧张。

民国社会精英则有另外的看法，1942年吴文晖在《中国佃农的地位》一文中，将中国佃农与英国、美国、日本、印度等国家的佃农做了比较，认为：各国经济发展的情形不一，佃农的地位也就颇有不同。地位最高的佃农是租佃企业家（Tenant Entrepreneur），以英国佃农为代表，其次是有机会升入较高阶层的佃农，以美国佃农为代表。中国的佃农，很少有像英国那样的租佃企业家，他们较难升迁，上升机会比美国佃农少，每每几代都是佃农。吴文晖还根据豫鄂皖赣四省经济调查的结果，计算了雇农升入较高阶层的概率，结论是雇农升为佃农还有7.0的可能性，升为半自耕农的便只有1.6%，再升为自耕农的就只有0.6%。中国佃农提升阶层的困难可见一斑。概言之，中国佃农与英国、美国的不同，但与东南欧各国以及墨西哥、日本、印度、伊朗等国的相似，并不是农业资本家，而是不易提升阶层的贫困小农。[①]

与自耕农相比，中国佃农的经济、社会地位也较低：农场面积较小，资本较少，农具较劣，家畜家禽较少，多半入不敷出，负债较多，且生活水平较低，住

---

① 吴文晖：《中国佃农的地位》，《中农月刊》1942第3卷第1期，第54页。

房较劣,受教育者较少,结婚年龄较高,已婚率较低,男多于女的程度较大。"总之,我国佃农之经济的社会的地位甚低,而佃农和半佃农却占全体农民的一半以上,所以解决农民问题,必须从改善佃农的地位入手。"①

吴文晖关于中国佃农的经济、社会地位低的结论,实际上是民国精英人士对佃农地位的共同认知。从1920年代开始,国共两党都非常关注中国农村土地问题,关注佃农的状况。1924年11月,孙中山在北上前夕提出了保护佃农利益的"二五减租"主张,并签署了一项命令——"减少农民现纳租税——从百分之五十减少百分之二十五",但这项命令由于种种原因未能下达执行。② 1926年10月在广州召开的国民党中央及各省区代表联席会议,讨论并通过了有关保护佃农的决议。1927年5月9日,武汉国民政府颁布了《佃农保护法》;1930年6月30日,国民政府公布的《土地法》第二篇内有种种保障佃农权益的规定。除此之外,1932年11月国民政府颁布了《租佃暂行条例》,从法律制度上对土地租佃涉及的相关内容进行了规定,这是中央政府对民间租佃行为做出的最为详尽的规定。国民政府制定《租佃暂行条例》的过程,体现了民间习惯对国家法律的影响。民间因长期实践自然形成有不成文的"租佃法",任何政府在制定法律时,都不得不对其中的民间习惯表示尊重。但对一些"不良习惯",当局并不迁就。例如,对包佃、预租、押金等,尽管许多省根据具体情况提出应予以通融,如江苏省主张在招徕大帮农户开垦荒地时,应通融准收押金及预租,湖南省认为押金制盛行全省,难以禁止,河北省则认为预租为河北各地的习惯,应予通融,但制定者认为"租佃条例的作用,正是在救济中国佃耕制度的不良习惯,如果因为少数地方的不良习惯,而完全变更了租佃条例的条文,则租佃条例的拟制,便失去了他的意义",因此一定要在条例中规定"包佃、包租制及预收地租、收取押租制,应即废止"。③

国民政府推出的《租佃暂行条例》的内容主要涉及以下几个方面。

(1)关于缴租物品的规定。《租佃暂行条例》第二条规定"课租以征收当年

---

① 吴文晖:《中国佃农的地位》,《中农月刊》1942第3卷第1期,第58页。
② 关于谁是"二五减租"的首倡者,学界曾普遍流行"二五减租"是中国共产党在1926年7月率先提出来的说法,但金德群在《"二五减租"发轫初探》一文中证明,"二五减租"是孙中山在1924年11月北上前夕提出的,并对为什么命令没能下达执行、中国共产党对于中国土地问题的认识过程都作了详细的分析,见金德群:《民国时期农村土地问题》,红旗出版社,1994年版,第137—147页。
③ 郑震宇:《中国之佃耕制度与佃农保障(续)》,《地政月刊》1933年第1卷第4期,第488—494页。

当地之生产物为原则，但业佃间订有给付他物或变价之特约时，从其特约。缴租物之价格，依约定缴纳时当时市价折算"。

（2）关于地租率的规定。《租佃暂行条例》第二条第二项规定"缴租最高限度应不得超过当年正产物收获总额千分之三百七十五""正租以外，不得再有小租、杂役及一切陋规"。

（3）关于副产物不缴租的规定。《租佃暂行条例》第三条第二项规定"副产品概归佃农所有""前项正产物主要指农作物之目的生产品"。

（4）关于禁止包佃、预租、押金的规定。《租佃暂行条例》第七条规定"包佃、包租制及预收地租、收取押租制，应即废止"。

（5）关于保障佃权的规定。《租佃暂行条例》第九条规定"业主对于佃农，仅得于下列情形之一时，解约撤佃：（一）承佃人自愿解约时。（二）承佃人死亡而无法定继承人时。（三）业主为生活必要收回自耕时。（四）承租地依法变更其使用时。（五）承佃人因伤病残废，且无人代行耕种时。（六）承佃人受刑事处分无人代耕时。（七）承佃人故意荒芜地亩或妨害业主产权，经证明确实时。（八）承佃人将土地转租他人时。（九）土地所有权转移于自耕农时。（十）地租积欠达二年之总额时；但荒年及遇不可抗力者，不在此限"。该条例第十一条规定"业主典当或出卖土地时，佃农依同样条件有优先承典或承买权。土地所有权转移时，除转移于自耕农外，佃农有继续承租权。佃农依地方特殊习惯有偿或无偿取得永佃权者，得依习惯办理"。

（6）关于荒歉减免的规定。《租佃暂行条例》第八条规定"凶年灾歉及其他不可抗力，致收获减少或全无者，应按歉收程度比例减少，或免除租额"。

（7）关于佃农身份平等的规定。《租佃暂行条例》第六条规定"业主与佃农身份平等，业主绝对不得强课佃农以力役或供应"。

（8）关于改良土地取偿的规定。《租佃暂行条例》第十二条规定"依第九条第三项第九款之规定，解约撤佃时，业主应于一年前通知佃农。如佃农对于租地确有特别改良，尚未完全享有其报酬者，业主应偿还其损失"。

（9）关于业佃纠纷处理机关的规定。《租佃暂行条例》第十五条规定"业佃间因租佃关系发生纠纷时，应报由乡村自治机关调解处理之。不服者仍得向法院起诉"。[①]

[①] 郑震宇：《中国之佃耕制度与佃农保障（续）》，《地政月刊》1933年第1卷第4期，第488—494页。

这九个方面的规定，从缴租物品、地租率、身份、权利和纠纷处置等各个方面对佃农进行保护。

国民政府还将保障佃农权益作为土地行政的重要内容之一。1946年4月，时任行政院地政署署长郑震宇在总结土地行政工作时将其概括为三项：一是地籍整理，二是保护佃农，三是扶持自耕农。郑氏提出的保护佃农的办法除了限制地租率（不许地主收过多租额）和保障佃权（不许地主任意撤佃）两大手段，还有其他一些办法：（1）取缔一些民间惯例，如包租、转租、收取押租和预租——尽管这些行为法律早已禁止，但民间仍然存在并盛行；（2）提高佃农地位，禁止地主任意侮辱佃农或役使佃农，使佃农与地主处于完全平等的地位；（3）在缴租方法上，不强制实行钱租。尽管根据经济学理论，钱租比物租更为先进，但中国物租制度盛行，若改纳钱租，佃农在商品交换过程中难免受到损失，所以应尊重各地民间缴租习惯，不必强制实行钱租。①

在总结一年来的具体工作时，郑氏写道："至于保障佃农方面，各省亦经依照《土地法》耕地租用节之规定，积极实施，已具有成效者，有广西、湖北、广东、江西等省，惟此项农地政策之执行，直接减少地主之收益，致推行时阻力较多，同时此种政策重在普遍执行，有需于下级政府的努力较上级政府为多，不仅需省、县政府之努力，而尤重在县以下乡镇保甲有健全之组织与进步的信念，方能坚持执行。"②

上述内容大致反映了相关方面对待佃农的态度。从国民政府的相关法律、政策中，可以看出国民政府对佃农的保护，这种保护有两重意思：一者是佃农地位低，生活水平不高，在租佃关系中处于不利地位，因此需要保护；另一者是精英人士认为佃农的地位低，生活差，需要自上而下对其进行保护，而孙中山三民主义之民生主义的中心内容是"平均地权"，强调对佃农的保护，与前者体现了同样的旨趣，即民国精英人士对民生的关注。换言之，从国民政府对佃农的种种保护政策中可以看到，精英人士认为中国佃农的地位很低，必须加以改善，民国时期的一些报刊强烈地反映出这样的意识。如果我们仅仅采用这些报刊资料来研究民国的农村经济和租佃制度，就会自然而然地得出这样的结论：中国农村经济凋敝，农民生活困难，佃农地位低下，在租佃关系中处于极端不利的地位等。但也有另一些资料，如调查资料、档案资料和中外学者的研究表明，在实际中存在着

---

① 郑震宇：《一年来之土地行政》，《中农月刊》1946年第6卷第4期，第17—21页。
② 郑震宇：《一年来之土地行政》，《中农月刊》1946年第6卷第4期，第20页。

第四章　国家政策与制度改良

与精英意识完全不同的事实：在司法和契约关系上，佃农和地主的身份是平等的；在具体利益的分配和处理上，各地也有一些平衡主佃双方利益的办法。而主佃关系的不平等，更多是地主或佃农谁掌握着更多的经济资源和社会资源而造成的，并不是地主和佃农不同的身份造成的。开明的地主都了解，往长远看，善待佃户对自己有利。清代的张英就再三强调良田不如良佃的道理。① 当然主佃关系也有黑暗的一面，紧张的主佃关系对双方都是打击。②

基于精英人士对中国佃农地位的认识，民国以来，为了实行民生主义，最终实现"平均地权""耕者有其田"的社会理想，国民政府发动了一场自上而下的社会改良运动"二五减租"，其目的是保障佃农利益，提高佃农的生产积极性，恢复农村经济。国民党中央及各地党部推行"二五减租"的决心不可谓不坚决，但由于减租涉及土地所有者的根本利益，涉及地方政府的税收，涉及佃农的佃权等实质性问题，不同阶层的反应完全不同，实施推行的力度层层减弱，国民党希望通过改良的手段实行土地改革，很难行得通。而共产党领导的根据地的情况则完全不同，共产党依靠的是广大的农民群众，发动群众实行土地改革采取的是革命的方式，通过红色革命政权及人民的力量，迫使地主接受佃农减租的要求，强大的政权力量与人民群众的支持是社会变革成功的重要保障。下一节主要探讨国统区（主要是成都平原）"二五减租"在基层的实施情况，寻找"二五减租"和农地减租运动不能达到预期目的的原因。

---

①　见张英：《恒产琐言》。转引自赵冈、陈钟毅：《中国土地制度史》，台湾联经出版事业公司，1982年版，第395页。

②　黄道炫在分析20世纪20—40年代的东南地区土地问题时对主佃关系的论述，笔者十分赞同。他认为："在传统中国，农民对土地的渴望在常态下往往通过阶层的提升得到某种程度的满足，中国传统社会结构确实也提供了这种可能。"在传统中国有这样的民谣："穷人不是穷到底，富人不是生啥根，百年风水轮流转，十年田地换三村。"（钱静人：《江苏南部歌谣简论》，江苏人民出版社，1953年版，第126页）从1930年代农民离村原因调查看，因灾害、贫穷、农村经济破产而被迫离村谋生的占大多数，而因捐税重、租佃率高离村的分别只占1.6%、0.5%（章有义：《中国近代农业史资料·第3辑·1927—1937》，生活·读书·新知三联书店，1957年版，第892页），农民与地主的关系在相当一部分地区尚在可以忍受的范围内。其实，中国农村大地主无论是地理距离还是心理距离都和普通农民拉开较大，对佃农的压榨程度往往相对较轻，恰恰是中、小地主在与佃农的密切接触中易产生利益冲突。在20世纪上半叶农村经济衰落和国家政权加大榨取农村的过程中，受害者不仅仅是普通农民，地主、富农也深受其害，作为农村拥有较多支配权和主动权的阶层，地主、富农面对困境时趋利避害的做法往往是设法将负担转嫁到佃农和普通农民身上，从而导致双方冲突加剧。详见黄道炫：《一九二〇——一九四〇年代中国东南地区的土地占有》，《历史研究》2005年第1期。

第二节 租佃制度改良:"二五减租"与农地减租

通过前面几章的分析讨论,可以了解成都平原租佃制度的一些基本情况,如地租额和地租率偏高,佃农生活困难等。而国民政府为了改善农村经济状况,改善佃农生活,陆续推出了系列土地相关政策,其中以"二五减租"政策对地主佃农影响最大。该政策于1925年在全国范围内逐渐试行,但冲突不断、效果不佳。四川省的"二五减租"起步非常晚,开始于1948年,尽管其力度与1920年代相比,已有所减弱,但在执行过程中仍然面临重重困难,难以达到预期效果。

一、"二五减租"在全国范围内实施的情况

"平均地权"是中华民国的缔造者孙中山先生的三民主义(民族、民权、民生)的重要内容,"耕者有其田"是社会改良者的理想目标。1926年国民党公布了《最低限度农民政纲》,其具体方案有四:其一,"减轻佃农租率百分之二五";其二,"遇饥荒免付田租";其三,"禁止上期收租";其四,"禁止包佃制"。① 这是国民党中央决定实行"二五减租"的开始。

所谓"二五减租",就是假定地主与佃农对于收获物的分配以彼此各半为平均标准,即应在地主所得中减去25%,以增加佃农所得。1930年颁布的《土地法》第一七七条规定:"地租不得超过耕地正产物收获总额千分之三百七十五,约定地租超过千分之三百七十五者,应减为千分之三百七十五,不及千分之三百七十五者,依其约定。出租人不得预收地租,并不得收取押租"②。这里的"千分之三百七十五",即"二五减租"后的地租率。如有田五十亩,年产稻谷一百石。假定地主与佃农对收获物的分配以彼此对半为标准,即各得稻谷五十石,那么在实行"二五减租"后,佃农所得除假定标准的五十石外,还可另得谷十二石五斗,此即"二五减租"免去的份额(地主所得五十石之百分二十五),此时地主所得则为五十石减去十二石五斗,即三十七石五斗。为便于计算,《土地法》将地租率定为千

---

① 刘仲癏:《什么叫"二五减租"?》(手写稿),1946年10月,档案号:156-72,四川省档案馆。
② 中国第二历史档案馆:《中华民国史档案资料汇编·第5辑·第1编·财政经济》(一),江苏古籍出版社,1994年版,第152—154页。

分之三百七十五。① 国民党中央执行委员会决定实行"二五减租"后，南方各省纷起响应，但随后又纷纷否定了这一做法。

（1）湖南省政府于1927年7月率先决议实行"二五减租"，但"分共"后即行取消。（2）湖北省政府于1927年8月仿照湖南的减租条例通过有关"二五减租"的议案，省农民协会申请实施，后来桂系军阀占领武汉，于1928年2月16日通令各县长取消"二五减租"相关条例，其理由如下："各地主如不得相当之权利，即不能负担租税；关于地主之权利，应保护之以免影响于税收。……凡从前之'二五减租'条例，即行废止，应以佃农与地主间之自由意志而定之佃约为标准。"②（3）广西省政府也曾颁布"二五减租"条例，但在桂系军阀的控制下未能全部切实执行，只是在少数几个大县中有所落实，在其他各县，等同空文，徒增业佃之纠纷。1928年3月，国民党广西省党部曾派员巡视各地，其报告称广西平乐、荔浦等县的一些地主，拒绝实行"二五减租"，纷纷将土地收回自行耕种。可见也是有名无实。（4）广东省也在桂系军阀的控制之下，省农工厅以如实行"二五减租"，田地将成废田，农民将成游民，地主不能缴纳护沙军费、民团军费、沙捐更夫费、自治费等捐税为理由，拒绝实行"二五减租"。（5）江苏省政府于1927年12月通过减租条例，内容与湖南、湖北有一定区别，两湖几乎是照搬中央的"二五减租"，江苏则以正产收获的三分之一为标准，超过这个标准的才减租百分之二十。与中央的"二五减租"相比，这个办法的减租力度已有所减弱，但实行不到一年，仍告取消了。1928年11月22日，江苏省政府公布"省政府委员会第一〇六次会议的佃租纳付条例，规定佃租底最高限度不得超过正产收获总额底百分之三十五，在不超过这限度的场合，佃农不得要求减低。这与'二五减租'底原则相差很远了"。（6）浙江省政府于1927年11月4日公布佃农纳付佃租实施条例，又于同年12月17日公布租佃纠纷处置条例，以正产收获的百分之三十七点五为佃租的最高限度，实施一年多。1929年4月15日，省政府主席在省政府会议中提议取消"二五减租"，得到通过，但省党部坚决反对。两派势同水火，中央政府只好派戴季陶前往调解，最后以继续实行"二五减租"告终。但1932年以后，浙江的"二五减租"也逐渐偃旗息鼓。③

---

① 刘仲癯：《什么叫"二五减租"？》（手写稿），1946年10月，档案号：156-72，四川省档案馆。

② 〔日〕田中忠夫：《中国农业经济研究》，汪馥泉译，大东书局，1934年版，第222页。

③ 〔日〕田中忠夫：《中国农业经济研究》，汪馥泉译，大东书局，1934年版，第221—224页。

以上是"二五减租"在部分省份实施的情况，可以看出，尽管"二五减租"是国民党中央的重要农村政策，也曾受到南方各省欢迎，但真正执行并坚持下去的省份不多，只有浙江一省曾执行较长时间，但浙江的"二五减租"在实施过程中也是矛盾重重，冲突不断，后来还是不得不停止。

浙江的"二五减租"开始于1927年北伐战争时期，当时，国民革命军的势力正盛，地主不敢有太多抵抗，所以能顺利推行。但后来国民党将共产党人士排挤出国民革命军队伍后，情况有所改变，如果佃农坚持减租就会被扣上共产党的"帽子"，遭受打击，地主通过种种手段干扰减租，租佃纠纷日益增加。"时值国民革命军初定浙江，革命空气正浓，党员尽力于农民运动，而在党权高于政权之情势下，党部之意志，亦殊坚决而有锋芒。例如处理佃业纠纷决议案中有云：'浙江省本年佃农缴租实施条例，绝对不含妥协性，在份量上亦不许增减。'第一条'申令各县长、各地军警有拥护执行解释浙江省本年佃农缴租实施条例之责'，第三条'凡属佃业纠纷之案件，均由佃业纠纷仲裁机关处理，行政或司法机关不得受理'，第五条'土豪劣绅恶田主及农人中之地棍流氓，仍其本来面目，而有挟制压迫他人之行为者，治以反革命罪'……因此地主往往不敢抗争，缴租悉凭农民协会之决定，而佃农则一时颇为嚣张。惟因宣传不甚普遍，且系初次实行，阻碍殊多。地主遇农民坚持减租时，或指为共党以陷害之，时值国民党清共之后，或借口自种撤佃，甚至组织产权联合会以谋反对，而农民之真能理解条例，照数缴租者，亦不多见，结果全省实行者，仅十余县中之若干地方而已，而条例之粗疏，如大小租之分别，撤佃之限制等，俱无适当规定，尤为增加纠纷之原因。"①

1929年，"二五减租"在浙江一些地方实行一年多后，浙江省党政之间为是否暂停实施"二五减租"产生了严重分歧，政府主张暂停，党部主张继续，并希望加大力度。"十八年四月，省政府以注重建设，省款无着，拟借征田赋一年，而'二五减租'岁耗佃业理事局经费数十万元，且影响业主之完纳田赋，乃于二一七次省府会议由主席提议，将《二五减租办法》自十八年份起，暂行取消，当即议决通过，且批评'二五减租'云：（1）政府税收逐年短少，尤以田赋为甚。（2）佃农于减租后，并无利益可言，盖因自有减租名目以后，地痞流氓即相率把持农运，或诱胁佃农缴纳会费亩捐，或勒索佃农缴纳其他特别费用，以致佃农所得利益，大半皆入是等地痞流氓之手。（3）浙省佃农缴租惯例，与'二五减租'原则互相对勘；向例为佃六业四及佃七业三，间有视此稍增减者，其例极少，若取

---

① 万国鼎：《二五减租述评》，《中农月刊》1946年第7卷第2期，第14页。

'二五减租'所定缴租原则，佃农得百分之六十二点五，业主得百分之三十七点五，与之相较，实属不相上下，即就中央所订佃农保护法规定，不得超过百分之四十之原则较之，亦复无大出入，是则佃农因'二五减租'而获得之利益，已可想见。"①

国民党中央执行委员会对浙江省的答复是："（1）浙江省政府此次取消'二五减租'暂行办法一案，中央可以核准，惟其原提案书，本系为目前实行上之困难，暂行停止其办法，而并非取消'二五减租'之原则，应令浙江省政府修正文字，以除误解。（2）已经实行之地方，田主田（佃）户之租额，已经实行减却而无纠纷者，不得因此次省政府停止暂行办法之故，再将租额复旧，以免再起业佃两方之纠纷，而召来日人民生活之不安，（3）浙江省政府应赶速于此后满两年间，将乡村自治机关组织完全，土地调查办理清楚，并将'二五减租'之办法，规定详密，以便施行。"② 这实际上是同意浙江不再实施"二五减租"。

但国民党浙江省党部知道省政府议决取消"二五减租"后，极不赞同，是以"函请复议，省府不允，又复函省府，不承认该决议，同时对中央训令，也呈请解释文字上之疑义，党政双方成对立之局，中央派中央委员戴季陶前往调解之"③。最后国民党浙江省党部获得胜利，浙江继续实行"二五减租"。

然浙江省党政双方的对立之局一直存在。1932年，浙江省颁布了新的"二五减租"办法，省党部认为力度不够，应加强实施，而地方行政长官则仍有主张取消"二五减租"者。例如1934年浙江省举行生产会议时，嵊县县长提议暂停实行"二五减租"，以发展农村经济，其理由为："本县自施行'二五减租'以来，奸猾佃农有所借口，相率不缴租谷，田主竟有四五年收不到租者。他方面捐赋加重，中产之家，有田数十亩，在昔全持田租收入，以维一家生活者，现在甚至无力完纳田赋，田价因而大跌，且有无人承买之势，政府田赋之收入，亦一年不如一年，中产阶级已陷于贫窭，比较殷富者，因佃农之抗租，收入毫无把握，惟有延欠田赋，保守现金，以作消极之抵制，市民受其影响，佃农反觉告贷无门，困苦愈甚……"另外第二、第六区行政督察专员何浩然、黄人望两人也认为："（1）农民中自耕农雇农各占三分之一，佃农亦仅三分之一，减租仅佃农有利，然减租之结果，往往为主持者所剥削。（2）浙省无大地主，多系小地主，今小资产小地

---

① 万国鼎：《二五减租述评》，《中农月刊》1946年第7卷第2期，第17页。
② 万国鼎：《二五减租述评》，《中农月刊》1946年第7卷第2期，第17页。
③ 万国鼎：《二五减租述评》，《中农月刊》1946年第7卷第2期，第17页。

主打倒以后，形成农村衰落。(3) 减租结果使田价低落。(4) 借减租为阶级斗争之宣传。(5) 各地包耕农，虽应取缔，而仍然存在。(6) 农田与水利，关系甚切，往昔水旱之预防，其经费来源，恒由业方负责，今因'二五减租'，业佃双方，失其互助之效能，使水利不修，视同陌路"。①

浙江省党部欲加强其实施，浙江省政府则主张彻底取消。党政双方的立场完全对立。

有学者对浙江的"二五减租"进行了总结，认为1927年"二五减租"之所以能在浙江实行，并取得卓著成效，是因为北伐战争余威犹存，以及1928年专门设置的"佃业管理局"的积极推行。1929年省政府与省党部之间为是否暂停"二五减租"发生争执，经调解后未使该运动停止，但气势已不如从前。1932年以后，佃业纠纷改归法院处理，"二五减租"办法虽未废，但其势已如强弩之末，再没有多少人注意了："民十六初行时，虽成绩有限，而一鼓作气，其势甚张，十七年特设佃业管理局，岁縻经济数十万元，以专责成，显见推行之积极。十八年，省政府突有取消'二五减租'之议，经党部之力争，中央之调解，卒未取消，而大势所趋，殆已再鼓而衰，二十一年以后，佃业争议改归法院办理，佃业智短力弱，不易与业主对簿公堂，继有不平，什九隐忍，于是数年巨波，著已平息。虽《二五减租办法》未废，其行施则如强弩之末矣，故说者谓：'考浙江二五减租运动，可分为三时期，十六七年为兴盛时期，十八年以后为衰退时期，至二十一年以后，则为没落时期。时至今日，减租问题几无复有关切注意之者。'"②

1932年秋，浙江省党部编辑出版了《"二五减租"法案及其他》一书，篇末附有《"二五减租"为什么不能普遍实施》一文，称："本省实施'二五减租'，虽有五六年之历史，然就各地实在情形而加以统计，则减租之利惠，似尚未普及全省，一县内仅一二区实行者有之，一区内仅一二乡村实行者有之，甚至一县内完全未实行'二五减租'者亦有之。此种原因，由于国民革命之势力未能深入整个下层，残余之封建份子依然具有若干统治农村之权威，减租运动在受其积极的或消极的摧残或阻碍者半；由于缴租、计算、订约种种手续过于繁琐，非一般农人所能了解，而因循不行者半"。③

同时由于减租危及地主利益，地主必然反对，所以减租是否顺利推行，还要

---

① 洪瑞坚：《浙江之二五减租》，正中书局，1935年版，第48页。
② 万国鼎：《二五减租述评》，《中农月刊》1946年第7卷第2期，第27页。
③ 《"二五减租"为什么不能普遍实施》，转引自万国鼎：《二五减租述评》，《中农月刊》1946年第7卷第2期，第27页。

看主佃双方的力量对比:"夫减租所以惠佃农而减削业主之既得利益,业主自必反对。其能否实行,与业佃双方之强弱大有关系。若佃方团集所生之力普遍胜于业方,则减租不难遍行。今业佃相处情形,随地随人而异,或感情融洽,或欺凌佃人,亦有佃农强横,租不可得者。惟就大体言之,可谓业强佃弱,农人之智识、财力及社会地位等,平均远逊地主。租额多寡,将一视地方习俗、供求关系及物价上落等而定。且往往趋向最高限度,尤以在乡而力能自耕之中小地主所有地为然。故欲望佃农自动组织,向业主提出联合要求,几不可能。有之,将如明正统中邓茂七之乱,率众暴动,而和平集体交涉者,可谓绝无。"①

从全国范围看,"二五减租"并未能真正实行,即使在浙江推行的时间稍长一点,但范围也并不大,成果也不显著。抗战时期中国国民经济受到了极大的破坏,抗战胜利以后,为了恢复国民经济,国民政府决定在全国范围内实行免赋减租,主要依靠的就是浙江经验。尽管有很多学者都告诫当局,"二五减租"虽是加惠于民的政策,"办得好,不但可以减轻农民负担,改善农民生活,并且可促进扶持自耕农工作的实现",但若"办得不好,要使整个农村社会骚动",② 国民政府为了获得民心,恢复农村经济,执意在一些省份实行免赋并进行"二五减租"。③

二、成都平原的"二五减租"

抗战胜利后,为了恢复农村经济,减轻农民负担,国民政府决定实行与民休息的政策,使"农工有喘息之机"④,规定曾经沦陷的各省豁免 1945 年度的田赋,后方各省豁免 1948 年度的田赋。"在抗战期中,农民出钱出力,贡献最大而生活最苦,乃自廿三年公布《土地法》、廿五年公布《施行法》。迄今已及十年,后未见诸实施,此时不容再缓"⑤,此处提及的《土地法》与《〈土地法〉施行法》,就是保障农民权益、提高农民地位的详细典章,也就是"二五减租"政策的法律依据。国民党第六次全国代表大会通过进行减租的决议后,蒋介石批文责

---

① 万国鼎:《二五减租述评》,《中农月刊》1946 年第 7 卷第 2 期,第 27—28 页。
② 洪瑞坚:《二五减租问题》,重庆《大公报》,1945 年 10 月 17 日。
③ 因为中国共产党在根据地进行的土地改革运动已取得成效,受到民众欢迎。
④ 1945 年 9 月 3 日蒋介石在抗战胜利典礼上的讲话,转引自刘仲癏:《什么叫"二五减租"?》(手写稿),1946 年 10 月,档案号:156-72,四川省档案馆。
⑤ 1945 年 9 月 3 日蒋介石在抗战胜利典礼上的讲话,转引自刘仲癏:《什么叫"二五减租"?》(手写稿),1946 年 10 月,档案号:156-72,四川省档案馆。

成主管机关和地方政府依照"二五减租"的原则,参照地方实际情况,拟制减租办法,报请中央核准执行。

四川省的"二五减租"起步较晚,开始于 1948 年。与 1920 年代实行的"二五减租"相比,这个时期的"二五减租"虽然在基本内容上无大的差异,但力度已有所减弱,原来是规定在政策颁布当年即减去原租额的 25%,此时决定分两年实行,即在 1948 年至 1949 年期间,每年分别减去原租额的 12.5%,两年共减去原租额的 25%:"惟本省推行便利,特提经本省参议会决议:自三十七年度至三十八年度止,分两年实施,每年各减租百分之十二点五,即八分之一"①。四川省政府颁布了《四川省农地减租实施办法》《四川农地租约登记及换订租约办法》《四川省县(市)佃租委员会组织规程》《四川省乡镇佃租委员会组织章程》等法令法规,要求各地根据本地情况,拟制"二五减租"实施办法,推动各乡镇完成换约登记。

由于"二五减租"是四川省 1948—1949 年最为重要的农村经济工作,所以四川省政府十分重视,几乎调动了所有的政府机关和民众团体的资源。

四川省政府成立了农地减租委员会,负责农地减租政策法令的拟制,总领全省的农地减租运动。

各县(市)政府拟制"二五减租"办法,设置县(市)佃租委员会,吸纳以下成员:县长或市长;民众代表三人,其中至少一人为佃农代表;法律代表一人;县(市)社会农林地政田赋主管人员或机关代表各一人;县(市)参议会代表一人。县(市)租佃委员会以县(市)长为主任委员,主要掌管如下事项:农地佃租纠纷之调查审议、县(市)政府关于佃租纠纷之咨询。有关条例还规定县(市)佃租委员会所需办事人员从县(市)政府职员中调派,县(市)佃租委员会决议的事项,由县(市)政府负责执行。②

各乡(镇)负责农地减租的具体实施,组织成立乡(镇)佃租委员会:乡(镇)长一人,乡(镇)民代表会代表一人,乡(镇)农会代表或地方公正人士一人,地主、佃农、自耕农代表各二人;以乡(镇)长为主任委员。乡(镇)佃租委员会的主要职责是:协助乡(镇)推行农地减租;调解农地佃租纠纷;供乡

---

① 四川省政府:《四川省二五减租推行办法须知》,1948 年 9 月,档案号:156-72,四川省档案馆。
② 四川省政府:《四川省二五减租推行办法须知》,1948 年 9 月,档案号:156-72,四川省档案馆。

(镇）公所咨询有关农地减租的各类事项。①

除此之外，四川省政府还要求各县（市）政府联合党团及民意机关组织督导委员会，编组督导队，分乡巡回督导。要求督导人员熟悉法律政令，指导各级承办人员依法行事，并考察减租实施是否公平；还要求督导人员深入农村进行督导，不得久居一地，以耳代目听取各方消息，搪塞报告；督导人员还要按旬填具报告表，呈递有关部门，以备查考；各级政府的督导人员要随时保持联系，要有系统有计划地进行督导。

四川省政府要求各地农会将推行"二五减租"列入1948年度和1949年度的中心工作，政府主管机关以此作为主要考核标准，其负责人推行不力者，予以调整；同时农会要依照规定派员参加当佃租委员会，协助推行"二五减租"工作，省政府要求各地农会帮助所属会员落实"二五减租"，随时深入农村直接指导工作，遇有纠纷可就地调解。

由于"二五减租"是一项自上而下的社会改良运动，又涉及基层农民的切身利益，政策的宣传和解释工作非常重要。四川省农地减租委员会为此编发了一些小册子（如《四川省二五减租推行办法须知》），用通俗易懂的语言宣传"二五减租"，报纸、杂志也加强了对农地减租的宣传，语重心长地告诉农民"要明白二五减租的意义"②，村镇的空墙上贴满了关于"二五减租"的标语、口号："实行二五减租，与民休养生息""地主要体会中央德意，实行减租""佃农要接受减租泽惠，努力生产"。③ 一时间，"二五减租"运动似乎轰轰烈烈地开展起来了。

以上种种，或是政府颁布的政策，或是政府成立的机构，或是政府为减租运动所做的宣传，其中那些政策实施的情况及民间的反应是笔者比较关心的问题，因为过去的研究比较着重于政府的制度、法规法令本身，而限于资料，对政府制度、法规等在民间的执行情况关注不够，政策法令的执行往往比政策的拟制更为艰难，更能反映社会经济政策与民间的互动情况，对认识历史、了解真相更为重要。幸运的是，四川省档案馆"农地减租委员会"案卷收集了不少基层士绅、官吏、中小地主、佃农等不同阶层人士的呈文，通过这些资料，可以了解不同阶层的人们对这一运动的态度以及由此而选择的行为，从而得以多层次地观察国家

---

① 《四川省乡镇佃租委员会组织规程》，档案号：156-72，四川省档案馆。
② 王君律：《农民要明白"二五减租"的意义》，《川西农民》1945年第1卷第3—4期合刊，第4页。
③ 《四川省农地减租委员会》，档案号：156-72，四川省档案馆。

法令与民间习惯、利益之间的冲突与融合。

三、"二五减租"运动中相关各阶层的反应

"二五减租"或农地减租运动①中的相关阶层大致可分为以下六个。

第一，国民党中央及中央政府。他们竭力推行"二五减租"，其理想目标是通过减租减轻农民负担，迫使中小地主出让田地，实现孙中山"耕者有其田"的社会改良理想，现实目的是与中国共产党抗衡，尽量获取下层民众的民心。是以国民党中央对于"二五减租"工作非常重视，行政院连续颁布法令，如1945年的《二五减租办法》《市县佃租委员会组织规程》，1946年的《〈二五减租办法〉补充规定》，以及对1930年颁布的《土地法》的解释等法律法规，对各省的"二五减租"运动进行组织、督导和监管，他们是这次运动的发起者。

第二，各省政府、省党部。行政院要求各省根据自己的实际情况制定"二五减租"办法，各省政府和省党部在"二五减租"问题上的态度上差别很大。省党部一般比较积极，而省政府的态度是有限度的积极，他们不得不执行行政院的命令，但也知道执行起来不容易，特别是政府税收会减少、农村租佃纠纷会增多、减租办法不能统一等具体问题，使省政府对减租政策不能倾力执行。如前所述，浙江就出现过省党部与省政府就是否取消"二五减租"而争执不下的对立局面。但在民国后期，由于情况特殊，就四川省而言，省政府是极力推行"二五减租"和农地减租运动的，其主要职责是拟制本省的农地减租实施办法和监督、协调各县（市）进行农地减租工作。

第三，各县（市）级政府。这一层次是实行"二五减租"的重要环节，"二五减租"的具体办法由他们拟制，他们的态度决定着整个减租运动的成败。虽然各县（市）情况不同，对于减租的态度也不同，但大多数县（市）在表示愿意执行"二五减租"或农地减租时，往往强调本县的情况特殊，希望酌情变通，也提

---

① 因为各地在推行"二五减租"的过程中均遇到不少阻力，很难按"二五减租"的原则执行，所以1949年8月四川也停办"二五减租"，改而实行农地减租。"民国三十八年国民政府崩溃前夕，西南军政长官公署特令颁发《辖区三十八年度农地减租实施纲要》，规定自民国三十八年起，农地减租一律照主佃双方原约定租额或习惯减去四分之一，以后不得增加；农地如因灾害歉收，应以减定后的租额为准，由主佃双方依约或习惯按收程度议定应纳租额；严禁预租或增加押租；严禁业主借故非法退佃及佃农拖欠应纳地租。同年8月，四川省政府根据纲要的规定，训令各级推行农地减租，同时停办'二五减租'。"参见四川省《温江县志》编纂委员会：《温江县志》，四川人民出版社，1990年版，第385页。

出许多办法，主要是想平衡主佃关系，不让地主受的损失太大。

如 1948 年 9 月 25 日，新津县参议会召开会议讨论本县"二五减租"实施方案，收到杨君怀、顾义权等 93 人的请愿书共 27 件。这些请愿书都是反映"二五减租"问题的，声称希望按照本县的实际情况，拟制对中小地主和佃农都较为公平的减租政策。县参议会通过了三个办法，提请新津县政府实行，但该县县长刘景源知道兹事体大，便呈文向四川省政府主席请示。

其呈文综合了 27 件请愿书的问题，如下：（1）该县交纳地租的习惯并非对佃农不利。因该县田地有一年两熟和一年一熟的区别，一年两熟的田地，"在丰收年主佃各半"，而冬季收成全归佃农。若田地只收一季，一般缴租一石的田地，可以收获二石四五斗，若遇灾难，还可与地主商量减租。（2）若以佃农大春、小春两季收获计算，佃农所得的收获已占收入的三分之二，同时佃农没有田赋杂捐等负担，而地主的赋税负担很重。（3）中小地主生活困苦，若再行减租，恐生活难以维系："合并计算，佃农所得已在三分之二以上，尚无丝毫税款，地主只有三分之一，每收租谷一石，须负担粮杂各款三斗五升，所获甚微，可以想见，现今农村凋敝，其症结之点，主要在农地分配问题，不专系租额多寡，如五口人家，种三亩之田，年收租米不过四石五斗，无论纳租与否，均属不敷口食，若耕十亩之田，除纳租外，佃农两季收获可折白米十石左右，供给五口生活，自无问题。反观十亩地主，收租谷七石，除去田杂各款二石五斗外，余数折米不足三石。五口之家，无法维生，主佃相形，优劣自判。以此观之，在农地减租以后，中小地主最低生活，实难维系。"①

该呈文还记录了县参议会提出的三个办法：

（1）田地收回自耕："凡中小地主在生活不能维持时，根据《四川省农地减租推行须知》第乙款第七条第七项，租约期满，业主欲收回自耕时，应依《土地法施行法》第七条之规定，以收足供给一家十口生活所需之田地为限，参考四川省土地局所拟限田办法及斟酌本县地方实际情形，一家十口生活所必须之田地为上田五十亩、中田七十亩或下田一百亩。"

（2）佃农负担"粮杂各款"："《新新新闻》报本年九月二日报载王主席出席省参议会报告云云，佃农既收减租四分之一，以权利义务对等而言，亦应负担粮杂各款，如主佃双方有协议者，不受限制。"

---

① 《新津县县长刘景源给四川省政府王主席的呈文》，1949 年 9 月，档案号：156-50，四川省档案馆。

(3) 地主收取冬季收成的五分之一："农地减租后，中小地主生活不能维持时，佃农应在冬季作物收益项下交纳五分之一，以资弥补。"①

从上述资料中可以明显感觉到，新津县参议会力图保护该县地主的利益。首先，关于地租率的问题，前文已有论述，新津的平均地租率为正产物的78%，那么"在丰收年主佃各半"的说法显然不符合历史事实；其次，关于田赋负担，中小地主确实较重，特别是在军阀混战及抗日战争时期，但国民政府在宣布实行"二五减租"时，已先行宣布免赋一年，赋税在该年应不是问题；最后，参议会通过的三条办法处处是对过去租佃习惯和政府法令的破坏。"收回自耕"一条无疑是釜底抽薪，使佃农失去耕作的田地，失去生活的依靠，过去地主要撤佃必须寻找一个理由，或是增租，或是加押，让佃农无法承受，以达到撤佃的目的。而新津县参议会却借"二五减租"运动给了地主随意撤佃的理由，尽管中央行政院和四川省政府颁布的规章条例对地主收回自耕有所限制，如"收回自耕之土地面积应依土地法实施法第七条之规定以其纯收益足供一家十口之生活所必需者为限"②，但这一限制被其量化为"上田五十亩、中田七十亩或下田一百亩"，这个数字显然不符合实际，且已超出了中小地主能拥有的土地数量，郭汉明、孟广宇曾云：有田三十亩者，川人称之为"绅粮"，而小于此数者比比皆是，甚至有的佃户须从六个地主手中租得田地，才能满足其全家的经营，而成都平原佃田不足十亩的小佃农并不在少数。③ 若都依这个标准收回自耕，将有多少佃农会失去土地？第二个办法，佃农负担"粮杂各款"显然违背"赋从田出"的习惯，无端增加了佃农的负担。第三个办法，地主收取冬季收成的五分之一作为生活补充，也是对成都平原几百年来"小春不交租"习惯的破坏。概言之，县参议会提出的三个办法并不公允，对佃农极为不利，使其增加了更多的负担，易引发更多的租佃冲突。

当然，也有情形特殊者——国家免赋政策没有实行到位，名义上减免了田赋，事实上并未减赋。根据中央政府实行的田赋新规则，地亩荒山都要交赋，旱地每两亩折算水田一亩，荒山按旱地的比例交赋。而在双流牧马山一带，一般租佃关系成立时地主会将旱地荒山作为"附带田亩"提供给佃户耕种，不收取地租。"牧山区租佃情形较之坝区租佃情形完全两样，一般佃农大都田地两耕，但向地主承租时，均系以田为主，地亩全作附带品，所以租约所订租谷，素系以田为对

---

① 《新津县县长刘景源给四川省政府王主席的呈文》，1949年9月，档案号：156-50，四川省档案馆。
② 《四川省农地减租实施办法》，1946年，档案号：156-72，四川省档案馆。
③ 详见本书第三章"租佃制度与农村经济"。

第四章　国家政策与制度改良　　79

象，关于附带地亩，从未收租。自田赋改订新规则后，地亩荒山普遍配赋，牧山区赋额骤增一倍有余（有案可稽）。一般地主收益仅限于田亩，而负担则兼及于熟地与荒山，揆诸人情已欠合理，今照农地减租法令，不问情形如何一律照原约所订租额减去四分之一，则地主方面权利义务尤觉失平。后查国家法令，原有因地制宜之先例。今我县山区既有上项特殊情形，则此项法令似有变通适应之必要。"① 针对上述问题，双流县一参议员提出以下办法：

（1）田谷依法减租后，得由主佃双方另议租谷。

（2）牧山区地亩配赋既系以二亩折一亩计算，则今后如地亩另议之租不足上粮者，应由佃户折算不足完粮之数，其余者仍应由佃户向地主上纳。②

双流牧马山一带确实是水旱地杂处，民间习惯是只向水田收租，旱地由佃农自理自收。民国中后期，为了增加田赋，整理地籍，各县都重新丈量土地，并针对旱地、荒山征赋，这样无疑增加了地主的负担，特别是依靠田租为生的中小地主。因此，在这一带推行"二五减租"遭受的阻力自然很大。此外，该地区部分中小地主日子并不比佃农好过："牧山佃农历年收入每与业主相等，并一切负担很少，故近年来佃农之优裕者，居十之六七，变产者纯系中小产之业主，置产者均系佃农。"③

这个提案经1948年10月13日双流县参议会举行的会议讨论通过，并由双流县政府签署意见"转请省府核示办理"。

新津、双流两县的情况并非特例，而是四川省施行"二五减租"的两个缩影，从中可以窥见县级政府对"二五减租"的态度：尽量强调本地区的特殊性，对"二五减租"进行变通，用"因地制宜"的借口，改变《土地法》和上级政府的要求，以保护中小地主的利益为理由，改变民间多年形成的佃租习惯，为地主撤佃、转移赋税负担、增收冬季收成提供依据。本应作为"二五减租"积极推行者的县级政府对参议会的决议并不驳回，反而循其旨意，上报省府，希望得到支持，使本县的所谓"特殊情况"得到承认，从而削弱减租力度。

其在向上级汇报时则又有虚夸、谎报的现象，比如夸大"二五减租"的成果。

---

① 《双流县政府转呈县参议会转维新乡赵参议员提案及建议书》，档案号：156-50，四川省档案馆。

② 《双流县政府转呈县参议会转维新乡赵参议员提案及建议书》，档案号：156-50，四川省档案馆。

③ 《双流县政府转呈县参议会转维新乡赵参议员提案及建议书》，档案号：156-50，四川省档案馆。

下面这段文字出自《温江县志》，其对该县"二五减租"和农地减租的总结，可以反映减租运动的一些情况：

> 民国三十七年，温江县政府根据国民政府行政院和省政府颁布的有关"二五减租"法令，公布了《温江县二五减租实施办法》。规定自民国三十七年起，凡佃农佃耕田地，不论定期或不定期，一律以佃约所载的租额，遵照法令分两年各减免八分之一，所减地租于每年秋收交租时扣除；业主不得以任何名义额外加租，也不得因减租而取佃；如有典当转佃田地的，其减租应以典当人为对象。同时规定重押轻租（即无租田亩）超过四分之一以上的不在减租之例，责令各乡、保宣传执行。由于地方豪强势力的抵制，加之县乡各级又从中弄虚作假，徇私舞弊，因此只有少数中、小地主实行了部分减租，多数则采取加租加押、夺田退租等恶劣手段，迫使佃农先加后减，或明减暗不减，致使"二五减租"流产。次年元月县政府在上报"二五减租"成果时，竟谎报实行减租的占佃农总数的75%，减租额达12.5%。[①]

这段材料反映出：1948年温江县颁布了"二五减租"的法令，拟制了本县"二五减租"的实施办法，但由于大地主的抵制，县乡各级官吏的搪塞、拖延，以及其采取的各种手段，"二五减租"未能取得预期的成果，但县政府却欺上瞒下，向上级政府谎报减租成果。

县级政府是实施"二五减租"的重要力量，负有政策拟制、解释、实施的责任，是国家和地方、中央与民间的重要纽带，中央的政策法规需要县级政府去执行，民间的实情需要通过县级政府向上汇报，所以历朝历代的中央政府都特别重视县级官吏的任用，民国时的官僚体制也是以县作为基层，形成中央—省—县（市）三级行政体系。县级政府是中央政策和民间利益的重要结合点。对民间而言，县级政府代表着国家，对国家而言，其又代表民间。其在国家发动的自上而下的改良运动中，既不能违背上级指令，使自己失去靠山，又不能过于损害民间利益，使自己失去基础。在"二五减租"运动中，中央行政院和四川省政府颁布的实施办法中都强调根据"本地实际情况，制订减租办法"，给县级政府留有相当大的余地，因此即便中央规定了减租的幅度，但在具体实施过程中，各地往往都

---

① 四川省《温江县志》编纂委员会：《温江县志》，四川人民出版社，1990年版，第384—385页。

第四章 国家政策与制度改良

会依据自己的"特殊性"进行一定程度的变通。

第四,以乡镇官吏、保甲人员为代表的农村基层管理者。其中一些人自己就是地主,不愿意减租,又不好不执行,所以采取拖延、造谣、降低减租额度等办法,进行抵制。

下面这一段材料,是崇庆县廖家乡一群佃农联合写给四川省政府的呈文,具体描述了作为大地主的该乡乡长等人抵制"二五减租"的种种做法:尽管乡里召开了减租动员大会,但受邀参加的代表绝大多数是地主,佃农仅占十分之一,大会最后通过了只减十分之一租额的决定,对佃农不利;乡长公然威胁佃农,声称如果真的按照"二五减租"的要求减租,就会撤佃、另佃,并表示乡公所不受理因此而引起的租佃纠纷;曾在军队任过团长的杨某也扬言,如果真要减租,佃农的小春收入就要作为地租上交给地主。

三十八年度起实行二五减租,种种文告,遍贴通衢。一般佃农及爱国份子,莫不额手称庆,喜形于色。报章所载,各县莫不顺利推行,日前本区专员冯及督导员刘,莅县召开扩大会议,对农地减租意义及法令阐述甚详,并盼与会诸公,仰体时艰,牺牲小我,成全大我,率先倡导完成此伟大工作。会毕后,吾乡乡长周烈臣返所,乃于九月十七日在乡公所内礼堂召开扩大会议,到会者计全体乡民代表、正副保长、学校校长、地方绅耆及各机关法团首长等八十余人,席间宣布此次到县开会经过,继后提出农地减租工作如何推行。而到会者地主约占十分之六七,自耕农约占十分之三四,佃农约占十分之一,当时发言有谓他乡他县如何,我们便如何者,有谓减十分之一者,有谓主佃协议者,议论纷纷,莫衷一是,大都为私人美衣美食打算,全未顾及劳苦一生不得温饱之佃农着想。其原因:发言者纯系地主及有势力者,该乡长周烈臣拥有良田二百余亩,系大地主之一,应首先倡导作为模范然为理也,竟敢综合各人意见,并引用什么去年县参议会决议案及参照地方自治促进会公函,减十分之一,由主佃双方协议。蒙上欺下,等于串演双簧,令在会人等起立表决,纵有一二人坚持异议,终归无效。试问当时情形,谁又敢不赞成呢?二五减租如此就通过了,该乡长继又说如果佃户一定要照二五扣除,则田非收回自耕或另佃不可,即使佃农到本所请求调解,本所决不受理,抑或碰死,我也有法应付等语。呜呼,地主该生,佃农该死,堂皇布告,法令森严,政府之如此改善佃农生活,果如是耶,是时佃农等在隔壁道士客堂里听着,如有一句虚语或捏造,以迷信而论,我可天诛地灭，子孙永不昌达。窃思此次政府下此最大决心硬性规定，全川动员人数及耗费银钱，详细计算一定惊人，政府消耗大量金钱，而佃农未得实惠，诚为可惜。该乡长对此中心工作之中心工作，竟敢阳奉阴违，而佃农等岂有不受"共匪"地下工作之利用者乎？不知政府对此有无严厉之制裁否？当列席中，有杨伟勋者，过去曾任团长，不数年购有良田约三百亩，竟强调谓省政府布告第三条指明系一季农产物计算，而本地系大小春两季，若是两季佃农所收，小春地主可得而平均分之，此种强词夺理，曲解法令，真使人发指。意在佃农若二五减租，则你们小春亦须与地主缴纳，若是无知佃农岂不受其欺矣。①

在该呈文的"附记"中这些佃农还写道："该乡长所收租谷全未照'二五减租'给佃农，并还有丝毫未扣者……县府派督办员及登记员尽都因循敷衍，搁平了事，畏势不敢奉行；应请立即派妥员或化装来乡秘密调查佃农等陈述是否属实"。省府的批示是：由该县派员调查，如情况属实，则"严令该乡长等先行登记换约减租，以示倡导"②。佃农对这些基层管理者既恨又怕，可见这些人的势力之大，想要通过这些人来推行减租，无疑是让他们革自己的命，所以可以想象那些人员要如何阻挠"二五减租"运动。

第五，地主。地主分大地主和中小地主，他们普遍不愿减租，即使有的开明大地主表示愿意减租，但其管事或代理人总是采取种种办法阻挠；中小地主多采取收回自耕的办法，或乘换约之机暗升租额，以抵制减租。

地主是"二五减租"和农地减租的主要对象，农地减租是通过行政而不是经济的方式将他们的利益分出一部分给佃农，所以无论是大地主还是中小地主都不愿意减租，只有少数名望地位较高的大地主，为表示拥护中央政策，表一表态，多数大地主都在观望。1949年10月16日（农地减租施行办法在四川推行一年后），崇庆县政府召开"农地减租工作检讨会议"，其在总结农地减租工作进展缓慢的原因时就提到了地主的态度和行为。如"大地主凭借地位，有所观望……明达之大地主，均拥护减租政策，而其管事则从中作祟"，这是将责任推到了管事身上。中小地主的办法则是"减租后业主迫令退佃，佃户不敢申请换约""减租

---

① 《崇庆县廖家乡佃农"以藐视减租法令危害佃农恳请依法惩处"的呈文》，档案号：156-50，四川省档案馆。
② 《崇庆县廖家乡佃农"以藐视减租法令危害佃农恳请依法惩处"的呈文》，档案号：156-50，四川省档案馆。

工作未开始前，业主即将租谷携走"①。

崇庆县政府官员在向上级汇报时，也承认该县农地减租未能彻底执行，其原因有三：一是乡镇管理人员阳奉阴违，不认真执行；二是地主反对，坚持只能减十分之一；三是地主采取各种手段要挟佃农，使佃农不敢换约，使减租运动无法进行下去。"县府方面与县督导员皆以此间环境特殊，封建势力极大，无可奈何。"②

第六，佃农阶层。有一定知识文化的大佃农拥护减租并积极参与，希望地方尽快落实；但中小佃农则诚惶诚恐，唯恐地主撤佃自耕，使其失去生计，又担心押租不能退回，还担心原来按习俗全部归佃户所有的小春收成也要缴租，所以对政府的政策不仅不支持，反而埋怨政府多事，使他们生活更为艰难。

一些有文化的大佃农很注意研究政府的法律法规，对官员的舞弊行为进行揭露，对减租中的一些具体问题也很关心。例如，农地减租中押扣如何扣除，是减租前扣还是减租后扣，这里面就大有文章。如前所述，押扣是四川省特别是成都平原特有的押租计息的做法，押扣与租额的关系甚大，交押租多的佃农可以通过押扣每年扣除一些租额，那么"二五减租"或农地减租运动中，押扣怎样处理？《四川省农地减租实施办法》第七条对此作出了规定："出租人原约定收取押租者，不得增加押租，承租人对于前项押租，依约定或习惯于每年应纳地租数额中扣除利息者，于减租后仍照原扣除额扣除利息。"③也就是先减租，后扣息。

彭县一位佃农向西南军政长官、四川省政府主席呈文，状告本县农地减租督导员吕兴中不按农地减租办法行事，实际采取了先扣后减的办法（按规定应先减去该减租额，再扣减押租利息，即先减后扣），使佃农减租额度大大减少，受到损失："本县省派农地减租督导员吕兴中，到县以后，即被地方土劣包围，竟敢蔑弃法令，剥削农民，违反《四川省农地减租实施办法》第七条'承租人对于前项押租，依约定或习惯于每年应纳地租数额中扣除利息者，于减租后仍照原扣除额扣除利息'之规定，谕令各区督办员及各乡镇登记员：先扣除押租利息，然后再计算减租，例如每年租额为一百石，依法减去四分之一为七十五石，佃户本身扣除押租利息二十石，下余五十五石，即为减后佃户每年应缴租额，此为先减后扣，《四川省农地减租实施办法》第七条明确规定，而吕兴中意在剥削佃农，颠倒

---

① 《崇庆县农地减租工作检讨会议记录》，档案号：156-50，四川省档案馆。
② 《崇庆县县长给省政府的呈文》，1949年10月26日，档案号：156-50，四川省档案馆。
③ 《四川省农地减租实施办法》，档案号：156-72，四川省档案馆。

使用。规定先扣后减,仍以一百石租为例,佃户本身扣除利息二十石,下余八十石,减去四分之一为六十石,亦为减后佃户每年应缴租额,此为吕兴中擅改法令,剥削佃农之比较证明。况彭县地方情形,一般农地均皆有押,佃农等实不堪受此重大剥削。再查吕兴中曾受省府训练,不会不理解条令,请省政府速加制止,并予以严惩。"① 从中可知,由于"先减后扣"与"先扣后减"的不同,一百石租额,减租后佃农所交租额会相差五石,这涉及佃农的根本利益,所以他们非常关心,并要求严惩舞弊者。

此外,《四川省农地减租实施办法》中有一条规定,地主在收入不敷己出时可以撤佃自耕,"以其纯收益足供一家十口之生活所必须"② 为限。但这个标准实际上很模糊,"一家十口之生活所必须"没有具体标准来衡量,各地在将其量化时纷纷夸大所需,成都平原各县定的标准一般是"上田五十亩、中田七十亩或下田一百亩",远超实际情况。成都平原尽管存在一定数量的大佃农,但大多数是耕田不足二十亩的中小佃农③。若按这个标准任地主收回自耕,将有不少佃农面临失去生计的危险。

另外,依成都平原各县的习惯,租额主要依水田大春收成计算,虽然地租率较高,但小春收成和旱地收成不缴租,佃农辛苦一年的指望就是小春收成;同时佃农不用向国家缴纳田赋和杂税,除缴租外,赋税很少。这是许多人愿意做佃农的重要原因。

在推行"二五减租"的过程中,一些地方乡镇官吏、保甲人员或地主,为了抵制减租,往往利用佃农文化不高、容易轻信于人的特点,散布谣言,增加佃农的恐慌,使佃农误解减租的意义。如崇庆县怀远镇农民向县政府呈文,揭露当地镇长和社会知名人士,不仅不按上级规定开展"二五减租",反而制造谣言,扰乱视听。

> 近来,政府推行农地减租,告示所及,已经月余,本镇之公职人员镇长左文光,镇民代表姚屏山,参议员林茂然及有关各界之袍哥领袖(即镇民代表与参议员二人——引者注)吴梓愚、杨华森等,何不召集各士绅如林文蔚、胡仁安、张子良……等大粮户开会实行?近又接得省政府主席告民众书,亦

---

① 《彭县佃农代表王庆陆给重庆西南军政府和成都四川省政府的呈文》,档案号:156-50,四川省档案馆。
② 《四川省农地减租实施办法》,档案号:156-72,四川省档案馆。
③ 详见第三章"租佃制度与农村经济"。

依然不理（盖一般俱是广大田地者，减租则有损于己故也），反而布散种种流言（如佃户上粮，公家要提小春，要兴征苗税，县长提若干，乡长提若干，合作社提若干……，以激起无知之农民不愿减租，反怨政府多事，苛刻农民也。更有直接宣告各佃农，或让租谷少许，或完全不让，并说明将来各项（即流言所说）由地主自行负担，不与你佃农相涉，惟求将谷如数收清，而一般农民，智识简单，受其愚弄，反以为美云。①

推行"二五减租"的过程中，地主撤佃，佃农失去田地后沦为游民的事情时有发生："农地减租以来，一般中小地主因减租后收入骤少，有自耕能力者纷作收回自耕之议，佃农不免大部失业，引起纠纷。"② 下面就是一个农地减租背景下地主撤佃造成佃农失去土地、房屋而生计无依的例子。

郫县永定乡佃农邱荣昌佃得同村地主陈明裕水田十亩，1948 年底到期，时逢农地减租办法颁布，地主不愿减租，便强行撤佃，该佃户不愿意，并提出自己的法律依据："农地减租办法"第十一条规定"租约有年限如在本年届满，承租人甘愿继续耕作，出租人不得违法撤佃"。邱荣昌很相信政府法令的力量，所以积极响应"二五减租"，坚决要求按规定扣除应减地租，不想却被地主告到郫县地方法院。法院判邱荣昌输③，要求其将未交地租付清，并交出土地搬走。邱荣昌在租期内开垦的荒地、自己修建的房子一并被收回。邱由此失去一切，不由痛呼："中华大地，惨民何处栖身？"④ 而该地主自己耕种了四十多亩水田，生活富足，收回十亩田对他的影响并不大，但对邱荣昌而言，十亩田则是其全部的生计。实行减租时，许多地主违法撤佃，有司却为虎为伥，断绝佃者生路。

这样的例子还有很多，起初主佃之间因为减租而发生的纠纷例由 1948 年成立的县乡两级佃租委员会解决，后来纠纷益多且难以调解，只能移交法院处理。下面这个例子即其中典型。

新都县佃农廖氏，其祖先从清乾隆时开始租佃吴家的 26 亩水田，后来吴家陆续收回一部分，到 1948 年廖氏只佃 16.25 亩水田耕种。这一年，新都县被列为

---

① 《崇庆县怀远镇农民给省政府的呈文》，档案号：156-50，四川省档案馆。该农民怕当地当权者报复，不敢留名。
② 《双流县给省政府的呈文》，1949 年 10 月，档案号：156-50，四川省档案馆。
③ 地主有"收回自耕"的法律依据（见《土地法》和《四川省农地减租实施办法》），而且地主收回的只有十亩，并未违反相关规定。
④ 《郫县佃农邱荣昌给四川省政府的呈文》，档案号：156-50，四川省档案馆。

"二五减租"实验区,实行"二五减租",佃户廖氏非常高兴,与地主吴氏商量减租事宜,吴氏不允,廖氏于是自行按比例留下应减去的租额,向地主少交七石租谷,地主非常震怒,坚决要求收回几亩田自己耕种,廖氏不答应,引起纠纷,双方到乡佃租委员会进行调解。调解不成功,地主吴氏便将廖氏告到法院,要求终止租佃契约,收回田地、房屋,最终新都县地方法院民事庭判决:允许吴氏收回田地自耕,驳回吴氏其他的诉讼请求。但地主吴氏又另案起诉佃户廖氏,追讨廖氏因"二五减租"扣下的租额,法院将廖氏根据政策而少交的租谷判为欠租,要求廖氏将其交还地主。廖氏不得不申诉,表明扣减七石租谷为政策所允,请求法院重判。新都法院将佃户的答辩状、上诉书一起呈交上级法院处理。①

这个案例让我们知道,尽管佃农拥护减租政策并积极实行,但由于政府执行不力,且未对佃农施以有效支持与救济,最后承受苦果的还是佃农。

"二五减租"本来是政府扶助佃农的一项重要政策,但实际执行下来确实困难重重,造成了越来越多的租佃纠纷,最后佃农不仅不能得到真正的实惠,反而落得流离失所,无家可归。佃农对于这场减租运动的态度可想而知,"惶恐与不安",应是描述他们心情的恰当词汇。

小　　结

通过以上的分析我们可以了解,四川的"二五减租"也和其他地方一样,并不顺利,没能达到发动者预期的目的。1949年8月,四川省政府下令停办"二五减租",转而实行农地减租,由于国民政府在此后不久即告崩溃,所以农地减租也未能真正实施。

"二五减租"运动是国民政府对农村租佃制度进行改良的重要举措,为什么遭遇如此结局,原因是多方面的。

首先,这是一场从中央到地方的、自上而下的社会改良运动,触及的是民间最基本的利益,所以发动者的力量及深入基层的能力至关重要,有学者在总结浙江"二五减租"运动时写道:"浙江之'二五减租'运动,亦发动于省党政当局,而非出佃农自动。故其能否遍行,将视党政领导之力,能否深入各地农村,持久胜于业方而定。民十六年借革命军北伐余威,故能雷厉风行,然尤局于

---

① 《高院及本院关于民事上诉:为返还租赁物(1949年1月—11月)》,档案号:23-13,新都区档案馆。

宣传所及及农民运动比较有成绩之少数地方。其后时局渐定，政府迁就现实，于是有取消'二五减租'之议，虽赖省党部尚抱理想，坚持其事，卒能继续不废，然推动之力，则已减削过半。况下级政府不健全，地方人材缺乏，而地痞流氓反得借名渔利，推动力原已不厚耶！"① 四川的情况不如浙江，没有强大的北伐军做后盾，主要依靠各县级政府、乡镇的力量，而减租却损害了这些人的利益，所以他们的态度并不坚决。尽管省级和县级政府都设置了督导委员会，派督导员到各乡镇督导减租，但督导员的素质参差不齐，其督导作用也要受当地社会环境的影响。这场自上而下的运动，没能得到广大佃农的支持，是其不能切实执行的重要原因。

其次，租佃制度是几千年形成的民间契约制度，各地气候、土壤、工商业等方面的情况千差万别，国民政府推行"二五减租"时，要求全国各地都以浙江经验为指导，使复杂的问题简单化，又使简单的问题复杂化。"中国幅员之广，气候之差，土地肥力的高低，工商条件的优劣，都不是一部仅随在浙江实行'二五减租'失败以后草批出来的《土地法》所能适应，并以各地租佃习惯的根深蒂固，租佃制度是几千年的传统，要是急转直弯，不顾现实环境，一味硬性施行，其后果恐反而愈坏！"②

最后，《土地法》和《二五减租办法》的一些条款和规定，多有歧义，执行起来自相矛盾。如关于"正产物"的规定，《土地法》的解释就不够清楚。什么是正产物？不同的生态环境有不同的情况。"以所能缴纳正产物而论，一般人尚不识正产物究竟何指？《土地法》起草人吴尚鹰先生于其注释中就略而不提，有谓大春为正产物，小春为副产物，有谓稻子为正产物，稻草为副产物，麦子为正产物，麦草为副产物，然则一年一熟二熟三熟的地方又将以何者为正，何者为副，那两年一熟或三年两熟的又将以何缴纳，这些都是极细微精深的又不易解决的问题。"③ 另外，关于"收回自耕"的规定，造成了佃农的失业，若为佃农考虑，就不应允许地主"收回自耕"，但《土地法》和《二五减租办法》为了显示公允，规定业主可以"收回自耕"，但应"以其纯收益足供一家十口之生活所必须者"为限，可这条规定太过含糊，留下的解释空间足以让地主通过各种手段收

---

① 万国鼎：《二五减租述评》，《中农月刊》1946 年第 7 卷第 2 期，第 28 页。
② 刘仲癯：《什么叫"二五减租"？》（手写稿），1946 年 10 月，档案号：156-72，四川省档案馆。
③ 刘仲癯：《什么叫"二五减租"？》（手写稿），1946 年 10 月，档案号：156-72，四川省档案馆。

回土地，给佃农带来灭顶之灾。早有学者提醒当局："业主的撤佃自耕"，是"对付佃农减租最厉害的武器"，在推行"二五减租"的最初一两年内，应不准地主援用《土地法》"收回自耕"之规定，同时还应该规定收回自耕的，必须有自我耕作的能力，而且在若干期内不得再行出佃。① 但各地并未这样做，所以"收回自耕"成了地主撤佃堂而皇之的理由。

其实，早在国民政府决定实行"二五减租"之前，一些学者就表示过担心与忧虑。一方面认为"二五减租"是改良租佃制度、惠及农民的好事，另一方面又认为"二五减租"的办法不完善，难以执行，最后可能造成农村社会的不稳定。② 结果果真如此，"二五减租"成为国民政府"一厢情愿""无人喝彩"的一场社会改良运动，最后只能无疾而终。

国民政府试图通过"二五减租"或"农地减租"运动来改良租佃关系。这是由中央政府发动的一次社会改良运动，是自上而下进行而不是佃农或民间自发实行的运动，因此从国家到基层社会的推行力度至关重要，而从中央法规颁布到地方执行要经历的层次可谓繁多，首先是省，其次是市县，再次是乡镇，最后才是地主与佃农，这期间中央政府的意图不断被曲解与改变，最后的结果与发动者的本意相去甚远。

恩格斯说地租是自然条件与竞争关系结合的产物，"地租是土地的单位面积产量即自然方面（这方面又包括自然属性和人的加工，即改良土壤所耗费的劳动）和人的方面即竞争之间的相互关系"③，地租率和地租额是主佃双方根据自然环境和社会环境通过共同商议而决定的，非经济力量的干预有时不仅不能解决问题，反而会使情况更糟，使不幸的一方更为不幸。国民党统治地区的"二五减租"就是希望通过行政手段解决本应由经济和市场手段来解决的农村土地分配不均带来的农村财富分配不均的问题，但结果事与愿违，不仅未能减轻佃农负担、改善租佃关系，反而使其陷入更不幸的境地，使农村社会陷入不稳定的状态之中。

---

① 参见洪瑞坚：《二五减租问题》，《大公报》（重庆），1945年10月17日。
② 参见《二五减租与保护佃农政策》，《商务日报》（重庆），1945年10月4日。
③ 《马克思恩格斯全集（第1卷）》，人民出版社，2006年版，第608页。

第五章
市场结构与农民生活

　　乡村市场，是指与农村经济密切、遍布农村各地的集市，在四川称为"场"。关于集市，王笛有过这样的解释："所谓集市，实际上在传统社会中主要指农村市场，它是以地方定期交易为核心的经济流通机构。在传统社会中，集市总的经济意义主要由三个因素决定：1. 它向其经济区提供商品与劳务的作用；2. 它在连接经济中心地的销售渠道结构中的地位；3. 它在运输网络中的位置。"① 集市（包括市、集、场等）是沟通各地经济的主要渠道，这些农村集市是农民之间以及农民和商贩之间进行交易的立足点，是一种初级市场。集市作为小生产者交换和调剂产品的场所，赶场者借以出售其多余或结剩的产品，换回自己不能生产或缺少的生活和生产用品，有时赶集的农人甚至面对面地进行以物易物。这种原始形式的市场既是产品供应的起点，亦为销售的终点，往往没有居间和转手的过程。清代以后，由于商品经济的发展，集市成为农副产品的集散地。它依赖高一级市场销售其聚集的产出，又将高一级市场运来的商品出售给农民，从而起着承上启下的作用，成为商品流通中一个最基本的环节。

　　随着农村商品经济的发展，各地出现了着重聚集本地出产的某种产品的专门性集市。在成都平原，双流县簇桥场的蚕丝交易极为兴盛，郫县盛产粮油作物，其集市多以粮油销售为主，郫县的犀浦场也是重要的粮油市场。这些专门性集市建立在农民小商品生产的基础上，充分适应农村家庭手工业者与小商小贩之间进行商业活动的需要，在一定程度上反映了较大范围的商品供求。它们与综合性集市一样，具有调剂农民经济生活和组织农村小商品生产运销的职能。

　　成都平原早在公元前三世纪就修筑了都江堰，克服了岷江水患，因此它在生态上是一个高度稳定的地区。成都平原的农民可以选择最便于田间耕作的地点建房，形成了分散的居住模式，即一个耕作区域内散布着许多分离的农户。分散化

---

① 王笛：《跨出封闭的世界——长江上游区域社会研究（1644—1911）》，中华书局，2001年版，第232页。

和商品化程度较高的成都平原乡村,乡民关系比较松散,乡际关系却比较密切,①各乡农民均需要借基层市场进行交换,以弥补一家一户独居生活上乃至心理上的欠缺。

几十年来,美国学者关于中国城乡关系的理论一直在沿用施坚雅的基层市场社区理论。而施坚雅的这一理论正是他对成都平原一个乡镇进行社会调查而得到的结论。施氏的理论对本书的研究仍具有重要意义。

第一节　施坚雅的基层市场社区理论

美国著名人类学家施坚雅于 1949 年末至 1950 年初,曾在成都平原的高店子(当时属华阳县)做了三个月的社会调查,写出了几篇关于"中国农村的市场与社会结构"的论文,提出了"基层市场社区"理论。

按照施坚雅的理论,集镇(Town,或译为市镇)范畴内彼此相连的经济中心地包括:基层市场(Standard Market,或译为标准市场)、中间市场(Intermediate Market)、中心市场(Central Market)。

基层市场:"它是农产品和手工业品向上流动进入市场体系中较高范围的起点,也是供农民消费的输入品向下流动的终点"。中间市场:"它在商品和劳务向上下两方的垂直流动中都处于中间地位"。中心市场:与基层市场和中间市场相比,中心市场"通常在流通网络中处于战略性地位,有重要的批发职能。它的设施,一方面,是为了接受输入商品并将其分散到它的下属区域去;另一方面,为了收集地方产品并将其输往其他中心市场或更高一级的都市中心"②。这三种经济中心地的居民点,可分别称之为"基层集镇"(或称"标准集镇")、"中间集镇"、"中心集镇"。在理想状态下,每个基层集镇周遭都有 18 个自然村分内外两个正六边形圈层将其环绕(其中,内层由 6 个村庄构成,外层由 12 个村庄构成,参见图 5-1)。

该模型基于一个重要的前提:"所讨论的背景是一个同纬度的平原,各种资源

---

① 王笛:《跨出封闭的世界——长江上游区域社会研究(1644—1911)》,中华书局,2001年版,第 234 页。

② 〔美〕施坚雅:《中国农村的市场和社会结构》,史建云、徐秀丽译,中国社会科学出版社,1998 年版,第 6—7 页。

在这个平原上均匀分布"。在此基础上,施坚雅假定:(1)"大量的集镇正好有6个相邻的集镇,因而有一个六边形的市场区域,尽管这个市场区域受到地形地貌的扭曲";(2)"村庄与基层的或高层次的市场之比,在中国任何相当大的区域内,其平均值都接近于18"。①

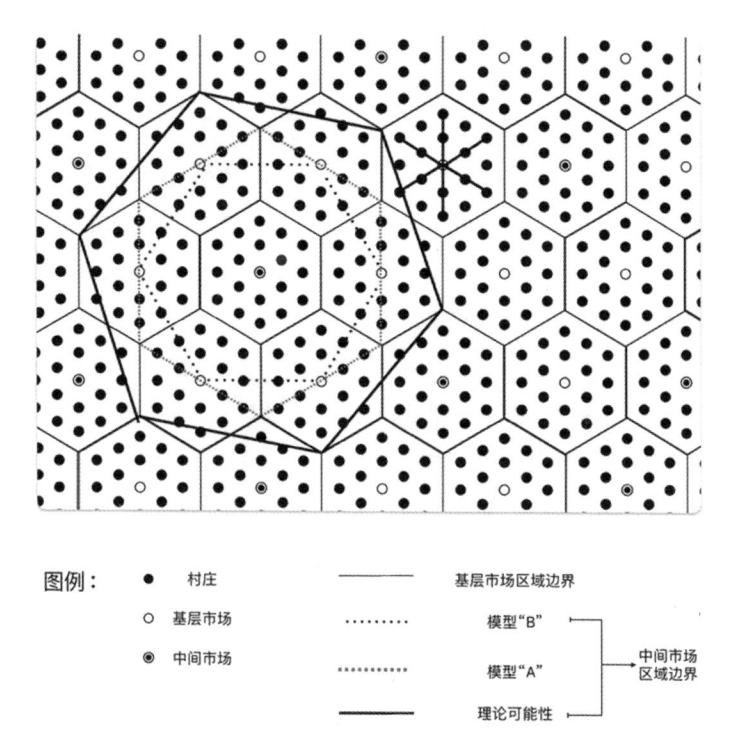

图例:
● 村庄 ── 基层市场区域边界
○ 基层市场 .... 模型"B"
◉ 中间市场 ············ 模型"A" ⎫ 中间市场
── 理论可能性 ⎭ 区域边界

图 5-1 基层市场区域模型与中间市场区域的可能模型
(资料来源:据施坚雅《中国农村的市场和社会结构》相关插图改绘。)

如图 5-1 所示,该模型揭示了以下五方面的内容。(1)集镇位于中央,其外环绕有一个内环和一个外环,内环由 6 个村庄组成,外环由 12 个村庄组成。集镇向外辐射出 6 条小路,组成这个"经济体系的动脉和静脉",位于集镇的核心市场则是"这一体系的心脏"。"在每个集日的清晨的几个小时中,生活在各个下属村庄中的成年人每 5 个人中至少有 1 人会经过这些小路",到集镇去赶集。② (2)一

---

① 〔美〕施坚雅:《中国农村的市场和社会结构》,史建云、徐秀丽译,中国社会科学出版社,1998 年版,第 21—23 页。
② 〔美〕施坚雅:《中国农村的市场和社会结构》,史建云、徐秀丽译,中国社会科学出版社,1998 年版,第 23 页。

个基层市场常常同时归属于两个或三个中间市场，而不是只属于某个特定的中间市场。(3) 基层市场集期设立的原则是尽量不与相邻的中间市场发生冲突，但不一定考虑相邻基层市场的情况。(4) 一个中间市场的作用"不仅是这个较大的中间市场体系的中心，而且也是一个较小的基层市场社区的中心"①。换言之，中间市场具有二元地位。(5) 农民的日常需求一般通过基层市场得到满足，地主、士绅等地方上层人物的需求一般由中间市场满足。

在该模型中，包含8个等级的"中心地模式"（即普通集市、中型集市、中心集市、地方城市、较大城市、区域城市、区域都会、中心都会）将城市与乡村结合起来，这种模式最核心的内容是"市场"，强调人们通过经济的关系进行社会交往，从而形成一个社会网络，人们的活动都是在这个网络中进行的。这个网络最重要的一个概念是"基层市场社区"。

基层市场是地方市场系统的三个等级中最低的一级，是该级市场区域内农户交换商品的场所，是能满足农户所有基本贸易需要的农村集市。从地方市场系统构成来看，基层市场既是农产品和手工业品上流到更高级市场的起点，也是供应小农消费的货物下流的终点。基层市场社区是亲戚、宗族组织、秘密社会、宗教组织、方言乃至"小传统"的载体。②

施坚雅提出"基层市场社区"理论的学术目的是证明农民的社会活动区域是由市场区域所决定的："研究中国社会的人类学著作，由于几乎把注意力完全集中于村庄，除了很少的例外，都歪曲了农村社会结构的实际。如果可以说农民是生活在一个自给自足的社会中，那么这个社会不是村庄而是基层市场社区。我要论证的是，农民的实际社会区域的边界不是由他所住村庄的狭窄的范围决定，而是由他的基层市场区域的边界决定。"③

基层市场社区的特点是：基层市场社区的大小与人口密度呈负相关。在人口稀疏分布的地区，市场区域必须大一点，以便有足够的需求来维持这一市场，在人口密集的地区它们则比较小。

施坚雅以高店子（1949—1950年，约有2500户人家）为例分析了基层市场的

---

① 〔美〕施坚雅：《中国农村的市场和社会结构》，史建云、徐秀丽译，中国社会科学出版社，1998年版，第31页。
② 〔美〕施坚雅：《中国农村的市场和社会结构》，史建云、徐秀丽译，中国社会科学出版社，1998年版，第40页。
③ 〔美〕施坚雅：《中国农村的市场与社会结构》，史建云、徐秀丽译，中国社会科学出版社，1998年版，第40页。

经济功能和社会功能。

经济功能集中在以下方面。(1) 基层市场的首要职能是满足农民的需求，即供其交换产品与购买服务。农民不仅需要一些日用品、手工业品，还需要磨工具者、阉割牲口的人、医生、牙匠、算命人、跳大神的、理发匠、代写书信的人及各种娱乐。这些都可以在基层市场获得。(2) 基层市场中还有一些审慎的金融活动。镇上的店铺允许老顾客赊欠。在集日，有些店铺老板或土地所有者在集市上把钱借给农民。农民的互助会一般也在赶集日于茶馆中进行活动，参加者仅限于本基层市场社区内的村民。另外，有些地主还在镇上设立一些向佃农收租的机构。(3) 基层市场还为区域内的农民提供出售劳动力的机会。村庄中的无地农民会在集日受雇于人做运输苦力。这些人常常沿着市场周遭的小路运送货物，成为作为空间经济体系的基层市场中的重要一环。

社会功能集中体现在以下方面。(1) 社会交往：农民通过赶集与其他村庄的人们认识并交往，进而对基层市场社区的社会状况形成充分的了解。(2) 劳动服务：农民需要的服务者，如接生婆、裁缝、雇工等，都能在基层市场内找到，并形成一个由"老主顾与受雇用者结成的关系网"。(3) 婚姻：基层市场社区中有一种农民阶层内部通婚的趋向。(4) 宗族联系：位于同一基层市场社区内的宗族比分散在不同基层市场社区中的宗族更为团结。(5) 秘密社会：以哥老会为例，基层市场社区是哥老会组织活动的重要空间单位，因为哥老会的分会的势力范围往往就由一个基层市场社区组成。(6) 宗教活动：宗教信徒以基层市场为中心组成祈祷团体参加宗教庆典活动。(7) 娱乐活动：基层市场与农民的娱乐活动息息相关。基层市场和较高层次的市场是专业说书人、戏班子、卖唱盲人、摆赌摊的、卖艺的、练杂技的、卖膏药丸药的以及魔术师等人物的舞台。(8) 语言：不同基层市场社区之间，往往存在语言差异。(9) 阶层互动：不同阶层的人士，如地主或他们的代理人在集镇与佃农打交道；作为农民与官宦上层之间缓冲器的地方上层人物、作为农民与大商人之间媒介的小商人，都在集镇活动。[①]

总之，施坚雅认为过去对于中国传统社会结构的分析，太注重行政体系。而施氏的研究致力于取得一种共识：传统中国社会中处于中间地位的社会结构，既是行政体系和市场体系这两个各具特色的等级体系的派生物，又纠缠在这两个体系之中。

---

① 〔美〕施坚雅：《中国农村的市场与社会结构》，史建云、徐秀丽译，中国社会科学出版社，1998年版，第40—55页。

从理论上讲，对乡村社会的研究必须对农民行为方式、特点以及乡村社会的基本结构等问题做出诠释。施坚雅关于农民行为特点的理论假设，就是农民的行为符合理性选择原则，农民也是具有经济理性的人。了解中国农民，不仅要着眼于村落生活，而且应该看到农民生活在一个"基层市场社区"之中。既然农民已介入市场体系，他们的行为必然受到市场规律的影响，必须为获利而思考和选择。在这一点上，施坚雅所揭示的是农民行为之间的互动关系及其所构成的超越于农民个体行为的大系统，这比其他一些人类学家的观点显得更为宏观。

在讨论中国农村的市场与社会结构的关系时，施氏强调市场在社会结构中的整合功能。他着重从两个方面对问题作了分析：一是作为"空间和经济系统的市场结构"（marketing structures as spatial and economic systems）；二是"作为社会系统的市场结构"（marketing structures as social system）。在施氏看来，前者是后者的基础，也是"基层市场社区"理论的基础。

这一理论有两个重要前提：其一，每个农户只同一个基层市场相联系；其二，农户在赶集时与来自基层市场社区内其他村庄的农户进行社会、经济交往，并彼此相熟。这两个前提备受学界批评。一些学者认为，施氏的理论太过理想，农户不可能只跟一个市场产生联系，有的会跟两个甚至更多的基层市场联系。黄宗智通过对华北平原的调查，费孝通通过对江南开弦弓村的调查，得出与施氏不一样的结论，他们都认为基层市场社区理论并不适用于中国所有的地区，市场并不是社会群体整合的唯一法则。即使在同一区域体系内，社会的组织模式也会有很大的不同。孔飞力（Philip Kuhn）提出中国社会组织的两个模式："游方小贩"模式（Tinker Peddler Mode）和"一套同心圆"模式（Nested Concentric Mode）。在"一套同心圆"模式下，乡村人们的"移动和相互关系，是沿着从农村到面向它们的集市中心、再到更高级的中心的道路和河流进行和发生的。那些最适应这种生态环境的人与交换、学术、祭祀仪式和社会管理的长期性机构和制度相互影响。它们的形式有：等级市场体系的货物集散地；教育、吸收官僚和尊孔的一套官方制度；佛庙和民间其他宗教的庙观；县衙门中负责诉讼和岁入的机构。可以这么说，这种形式与制度的关系是'密切的'：一切按部就班，有长期的居所，等级分明"。在"游方小贩"模式之下，人们从一个村庄到另一个村庄，水平往来于居住区之间而不是垂直地流动于各级市场系统之中，它没有固定的日程、地点，等级特点不明显。①

针对汉学界的批评，施坚雅对自己的理论不断作出修正。1971年，他提出一个以村庄（而不是以集市）为中心单位的分析模式。施氏在这个以村庄为主要社会单位的模式中提出，一个自然村庄不断经历"开放"和"关闭"的过程。在一个新朝代兴起时，社会秩序重新建立，商业化随之而来，在行政和商业方面显现出较多的"上向流动"。这是一个村庄由"政治"到"经济"再到"社会"的开放过程。当朝代开始没落，"向上流动"的机会减少，骚乱增加，贸易体系受到破坏，村庄也因匪盗丛生及叛乱达到高潮而必须设立看青②和自卫组织，最终产生武装内向社团，也就形成了最为封闭的共同体。显然，"关闭"的过程按照"社会—经济—政治"的顺序进行。在1977年的一篇文章中，他进一步表示：

> 村以上的地方组织是个极为复杂的课程。据过去十年中所发表的著作来看，基层市场系统的内在结构显然比我《中国农村的集市和社会结构》一文中所开始提示的情况丰富多彩和有趣得多。基层市场社区下面的村外地方系统，是按照较高级的宗族、灌溉团体、政治礼仪的"同盟"（在各种名义下，包括约、社、厢等），以及某个神祇及庙宇的管辖区组织起来的；即便不是大多数，那么其中至少是表明它们并不是只有一条组织原则的单一目的的团体。看来至少在一些情况下，这些地方系统——莫里斯·弗里德曼（Maurice Freedman）对此提议冠之以"相邻区"这个名词——并不完全囿于市场体系之中，相反它们延续了等级叠加那种相互重叠的模式，我业已证明这种互相叠加是"自然"经济等级的特征。然而，基层市场社区为非官方政治系统的通常意义，一般为新的研究所证实。③

在此，施氏已经承认市场贸易只是地方系统诸多组织中的一种而不是唯一的原则了。自从1964年《中国农村的集市和社会结构》发表以来，施氏的理论很快风靡美国汉学界，从而为新一代汉学研究确立了新的范式。20年后，当黄宗智回顾施氏的影响时，就曾指出："施氏原意，不过是要矫正人类学家只着眼于小团体

---

① 详见〔美〕孔飞力：《中华帝国晚期的叛乱及其敌人：1796—1864年的军事化与社会结构》，谢亮生等译，中国社会科学出版社，1990年版，平装本序言第5-6页。

② 看青，即看守未成熟的庄稼，防止被破坏。

③ 〔美〕施坚雅：《中国农村的市场和社会结构》，史建云、徐秀丽译，中国社会科学出版社1998年版，第24页。

的倾向，但结果几乎完全消灭了他的对手（我们由此可以看到他在美国学术界影响之大）。一整代的美国史学家，都以为中国的村庄在经济上和社会上高度结合于大的贸易体系。因此，未注意到村庄这个单位。"① 至于国内，它在1980年代传入中国以来，对中国社会经济史的研究也产生了极大的影响。从彭泽益主编的《中国社会经济变迁》这一大部头中可以看到，书中所收的陈家泽的《清末四川区域市场研究（1891—1911）》、王福明的《近代云南区域市场研究（1875—1911）》与范祥德的《近代烟台经济区的兴起和演变（1862—1998）》等长篇论文不仅在选题上明显受到施氏的影响，而且在概念使用和研究方法上亦隐约可见施氏理论的痕迹。

比起"基层市场社区"理论，施氏的"宏观区域"理论在历史学界的影响更大。施氏对宏观区域的划分方法改变了1920年代以来中国城市史研究通行的韦伯（Max Weber）模式。韦伯及其追随者都强调，同西方城市相比，中国传统城市的封建色彩浓厚，仅仅作为行政中心和军事驻地，封建官僚机构统治着城市政治生活，商业活动亦受到重农抑商政策的钳制。韦伯曾指出："中国城市的繁荣不是依靠企业家的本领或城市公民政治上的魄力和干劲，而是依靠皇帝的行政管理机构……中国城市是行政管理机构经过规划而后产生的"②。这显然没有注意到单纯因工商业而发展起来的城市如景德镇、佛山、汉口等。韦伯实际上把中国城市与乡村在经济上的紧密联系割裂开来。而施氏的划分方法能让人认识到每个区域都拥有自身内在的等级空间体系，城乡之间交流频繁，相互调剂和融合并非特例，大城市与中小城市乃至乡村之间存在着有机的经济、社会、文化联系。

施坚雅对成都平原乡村市场的研究，揭示了分散居住的乡村民众交往及活动的基本规律和场景，强调了乡村基层市场的重要性。笔者通过阅读民国时期的地方档案资料，认为施氏的"基层市场社区"理论的基本结论符合成都平原的历史事实，但其提出的六边形模型则太过理想和牵强。其实，在施坚雅之前已有不少学者对成都平原的集镇进行了不少调查研究，例如燕京大学社会学系学生曾对华阳、温江、郫县等地的集镇做过调查，其中有不少人以成都平原乡村居民或集镇居民日常生活为题，写出调查报告和毕业论文——现已成为我们研究成都平原乡村市场结构变迁的重要资料。

---

① 黄宗智：《华北的小农经济与社会变迁》，中华书局，2000年版，第23页。
② 〔德〕马克斯·韦伯：《文明的历史脚步：韦伯文集》，黄宪起、张晓玲译，上海三联书店，1988年版，第62—63页。

第二节　基层市场与农民生活

成都平原租佃制度非常发达，居住在农村的居民绝大多数是佃农，有资料显示，这些居民95%以上都是纯粹的佃农，而余下不足5%的部分则为佃农兼自耕农、佃农兼地主或佃农兼商人等身份，可以说成都平原乡村居民几乎都不能摆脱租佃关系。① 因此本章姑且以佃农为对象来考察成都平原乡村市场与农民的关系。

佃农的经济收入绝大部分来源于他们耕种的土地（田场），但按成都平原多年的习俗，佃农大春收入的绝大部分作为地租交给地主，小春收入及副业收入全部归自己所有，佃农为了增加收入，往往投入很大精力从事副业生产。

乡村副业中，佃农的家庭副业往往占有较大比重。抗战期间，农家副业产品价格上涨，佃农倘专心于田间工作，往往不得温饱，若兼事副业则可获得较多收入，家庭日用品如柴米油盐等皆不致缺乏。因此，"一般佃农皆乐于从事副业，副业在佃农的经济生活中亦占有重要的地位"②。

成都平原乡村常见的副业可分为以下几类。

（1）家庭手工业。成都地区的农家妇女除农忙时参与田场的劳动以外，往往还根据市场需要，从事打草鞋、打草帽、纺麻纱、纺麻线等手工业，几乎家家都借此增加收入。如佃户杨治维家，其母亲和妻子打草帽每月收入4元，编草鞋每月收入3元；李文奂家，其妻子打草鞋每月收入7.2元；薛青山家，其妻子编草帽每月收入1.8元。③ 成都平原乡村还有专门从事手工业的家庭作坊，作坊经营者以手工业为主业，但也租种土地。1940年代石羊场的杜二嫂家就是以织绸为主业的乡村机房，她也租了几亩地来种。"杜二嫂不顾蚀本，今年依旧租了两块地来种，一块九分，一块四分，大春种包（苞）谷，小春种麦，家里没人下田，还得请人来做，谷租一个是一石，一个是四斗，去年就蚀本的，杜二嫂说：'本来不想

---

① 详见李德英：《20世纪30年代成都平原佃农地主结构分析》，《中国经济史研究》2007年第4期。
② 谢放：《抗战时期四川小农经济与社会变迁》，载《庆祝抗战胜利五十周年两岸学术研讨会论文集》，台湾联经出版事业公司，1995年，第795页。
③ 四川省农改所：《温江县农家田场经营调查表》（1937年—1938年），档案号：148-1407，四川省档案馆。

写①，看人家还是写了。'周大娘说：'自己种些才不用买，这些娃娃都是要吃的，再嘛，尿水可携地，又可以拾些柴草烧。'"这反映了农民对土地的重视，土地除了是生产的资本，还代表着社会地位。②同时，也反映出成都平原乡村家庭手工业与租佃农业相结合的模式。

（2）饲养家禽。"各农家均喜养猪，一则以为家庭支出之补偿，再则为肥料之用，且猪肉为通常之食品，四川猪素有名，毛黑身大，长成后，每只约值十八元……养鸡亦为农家副业之一，常见各农家至少有三只，多则有十八只者，但未见专以此为业……在成都平原附近……尚有甚多之农家以养鸭为副业。"③布朗的调查显示，在佃农的实际收入中，饲养家禽的收入占了比较大的比重，而1937—1938年四川农改所在温江的调查也表明，家禽饲养是佃农重要的收入来源之一，如"杨治维：水牛一头；猪，大6只，售4只，获84元，小4只；鸡，5只，售3只，3元；鸡蛋售305个，单价500文，6元，自用50个。李文奂：水牛1头，三家合用；猪，大3只，售2只，得44元；鸡，大3只，售2只，得1元，小5只；鸭，大2只，小2只；鸡蛋，售200个，得4元，自用50个，1元；鸭蛋，售100个，得1.8元，自用40个，0.72元。宋吴氏：水牛1头，66元；猪，大2只，小1只；鸡，大4只；鸭，大2只；鸽，2只；鸡蛋，280个，5.6元，自用40个，0.8元；鸽蛋，28个，0.34元。薛青山：水牛1头，年初42元，年底38元；猪，2只，16元；鸡，大3只，0.6元每只，1.8元，小3只；鸡蛋，100个，500文每个，2元，家用70个，1.8元"。④每个佃户家都养了猪、鸡、鸭，有的还养牛、鸽，养牛主要是为了生产，而养其他家禽则是为了增加收入和改善生活。

民国时期的《四川经济季刊》记录了崇庆县三江镇元通场20户农家从事的副业种类及收入占比，详见表5-1。

---

① 写，四川方言，可以理解为"租"。
② 杨树因：《一个农村手工业的家庭——石羊场杜家实地研究报告》，燕京大学学士学位论文，1944年，第15页。
③ 马学芳：《成都平原之土地利用》，载萧铮：《民国二十年代中国大陆土地问题资料》，台湾成文出版社，1977年版，第22508页。
④ 四川省农改所：《温江县农家田场经营调查表》（1937年—1938年），档案号：148-1407，四川省档案馆。

表 5-1　崇庆县三江镇元通场 20 户农家副业收入占比

单位:%

副业种类	收入占比	副业种类	收入占比
养鸡	20.0	织线	5.5
养猪	8.5	打麻线	9.5
养蚕	4.5	编席	8.0
养蜂	4.0	编篷	5.0
织布	6.0	荒地种菜	10.0
编草鞋	7.5	其他	2.0
织麻布	9.5		

资料来源：曹茂良：《崇庆县的租佃情形》，《四川经济季刊》1943 年第 1 卷第 1 期。

家庭手工业的产出和所饲养的家禽都通过"赶场"的形式消化，佃农用所得资金在集镇上购买生产和生活用品。随着农产品商品化的加快，佃农的家庭副业与集镇的商品需求建立了密切的关系，一般农家妇女多从事打麻线、编织等副业，但"郫邑女工，多以麦草编成笠帽卖之，赤贫之家妇女多以此为生计"[1]，成都近郊的佃农多种植蔬菜、水果或烧制薪炭等供应城市需求，以增加家庭所得。[2]

（3）到集镇出卖劳动力或做小商贩。成都农家每年以三到五月、七到九月为农忙季节，冬季则放牛、喂猪、砍柴、烧炭，春季则割草，三、四月犁田，之后是播种、施肥，到九月谷子成熟时即需及时收割。犁田、下种和收割时，最需要人力。除了这几个农忙时节，大多数农民在其余时间会到集镇上出卖劳动力，形式很多，有的外出打工，到镇上推鸡公车[3]、推柴，而灌县一些乡的农民则以抬滑竿为农闲时的工作，其他地方也大同小异，农闲时做养牲畜、家禽和编篾框等工作。如温江佃户任鸿兴的儿子就在镇上为别人推柴，[4] 而很多佃户是逢赶集时到镇上推车；也有给人做雇工的，成都平原与华北和江南等地区不同，专门的雇工很少，大多数的情况是佃农在主家需要和农忙时充当雇工，工作完成后回到自己家

---

[1] 同治《郫县志》卷 40，清同治九年刻本，第 39 页。

[2] 参见陈祥云：《农业商品化与社会变迁：以四川盆地为中心（1861—1937）》，台湾政治大学博士学位论文，1998 年，第 247—252 页。

[3] 即独轮车，是民国时期成都平原盛行的一种交通工具，俗称"鸡公车"，可载人载物。

[4] 四川省农改所：《温江县农家田场经营调查表》（1937 年—1938 年），档案号：148-1407，四川省档案馆。

里,"主要靠替人种田为活的农家很少很少"①;还有蹬三轮车、抬滑竿、做苦力的②。

表5-2反映了1937—1938年温江佃农到集镇从事经营活动或出卖劳动力的情况。

表5-2 1937—1938年温江佃农集镇活动情况

编号	姓名	性别	租佃土地/亩	经营场所	经营活动	时间	收入	其他
1	杨治维	男	25.0	隆兴镇	推车	7个月	不详	自用
2	李文奂	男	25.0	文家场	推车	2个月	不详	自用
3	康仲永	男	27.0	隆兴镇	盖屋匠、推车	5个月	6元	纳入家庭收入
4	张场主	男	27.0	苏坡镇	推车	2月	36元	纳入家庭收入
5	杨先云	男	41.0	公平镇	推车	120天	28元	—
6	周自安	男	45.0	文家场	行医	1年	72元	—
7	张泽之	男	60.0	文家场	推车	60天	7.2元	—
8	陈朝丰	男	72.0	温江	经商(贩猪)	4个月	60元	土地转租收入
9	周廷玉	男	28.0	公平镇	推车	3个月	不详	自用
10	周洪兵	男	28.2	隆兴镇	推车	—	—	—
11	雷福轩	男	28.7	板桥镇、苏坡桥	插秧、推车	6个月	16元	—
12	杨清如	男	30.0	公平镇	推车	3个月	不详	土地转租收入
13	白顺清	男	30.0	公平镇	推车	3个月	不详	—
14	李鸿兴	男	30.0	苏坡镇	推车	3个月	不详	—
15	刘文长	男	31.0	隆兴镇	推车	3个月	不详	—
16	宋天玉	男	32.0	公平镇	泥水匠	120天	36元	—
17	王国珍	男	34.0	马家场	经商(贩猪)	11个月	240元	—

资料来源:《温江县农家田场经营调查表(1937—1938年)》,档案号:148-572,四川省档案馆。

注:康仲永对自己的收入显然有所隐瞒,与其他人对比就能看出。

表5-2根据四川省档案馆相关调查表整理而成,该调查表共调查了30户农

---

① 陈太先:《成都平原租佃制度之研究》,载萧铮:《民国二十年代中国大陆土地问题资料》,台湾成文出版社,1977年版,第32456页。

② 欧学芳在郫县作土地陈报工作调查时,为其拉车的就是一位佃农,"他佃耕了11亩田,于农闲借拉车以弥补家用"。见欧学芳:《四川郫县实习调查日记(1937年)》,载萧铮:《民国二十年代中国大陆土地问题资料》,台湾成文出版社,1977年版,第64833页。

家,其中 28 户为佃农,田场男主人需要到周围的集镇从事经营活动的有 17 家:绝大多数是到集镇出卖劳动力——推车,17 家中有 13 家的男人到集镇推车;经商者(贩猪),两家,收入相对较高;手艺人(泥水匠、盖屋匠),两家;行医者,一家,收入高。(其中一家兼事推车、盖屋。)

从表 5-2 可以看出,佃农除到集镇出卖劳动力外,有的也做小商贩,有的佃户于农闲时也到集镇做点小买卖,贴补家用。如唐德顺佃有 20 亩水田,农闲时在场上做麻绳生意。① 还有做手艺的,也有去做江湖郎中的。他们都是农忙时在家务农,农闲时则在赶集时到集镇经商或做手工活。正如陈祥云博士所说:"四川农业生产力的商品化,刺激了雇佣市场的出现,不仅调节了农村人力的支配,同时改变了农家的生活周期。"②

郭汉鸣和孟光宇通过对 49 个县、200 多个乡的调查,认为"佃有大小,境遇不一,但无论大佃小佃,纯依佃耕之收入,大都不能维持其全家最低之生活。尤以小佃为甚。而所以能勉强维系之者,全恃因佃得房地一份,以为居住耕作之所,再利用农暇操种之副业。如成都平原之靠烟麻菜籽,榨油碾米,资、内一带靠蔗糖工业是。其他各地佃农之养猪、鸡、鸭、种菜,卖柴,作工,小贩,抬滑竿,土木工,石匠,采金,划船,等。凡操以上任何一种副业,均须有一住所及'猪栏''牛圈''碾磨'等设备。故忍受租额押租之高重,俾获取地主此项供给,以操其可能劳作与必须糊口之副业。"③

仅靠田场的收获而没有其他副业的经营,绝大多数农户都无法维持基本生活。而农家副业则离不开集镇,离开了集镇就失去了市场,佃农的副业就无法经营下去。

农户的日常生活也与基层市场息息相关。佃农的生活水平是衡量租佃制度好坏的重要标准:"佃户对于同地主的交易中的公平的看法可能直接反映了佃户的生活水平。这样,能让农民过上相对的好日子的租佃制度,一般会被看做是较为宽厚温和的制度;而几乎不能保障佃户的最低限度生活需要的租佃制度,就会被视

---

① 四川省农改所:《温江县农家田场经营调查表》(1937 年—1938 年),档案号:148-1407,四川省档案馆。
② 陈祥云:《农业商品化与社会变迁:以四川盆地为中心(1861—1937)》,台湾政治大学博士学位论文,1998 年,第 247 页。
③ 郭汉鸣、孟光宇:《四川租佃问题》,商务印书馆,1944 年版,第 132 页。

为剥削制度。"① 在《20世纪30年代成都平原佃农地主结构分析》一文中，笔者分析了佃农经营的差距，佃农有大小之分，其经营状况、生活水平和社会地位都有很大的差别，佃农的生活水平问题非常复杂，② 多年来争论不断，笔者将另文论述，这里仅就佃农与乡村集镇的关系举一例分析。

在成都北郊有一个乡村集镇望镇③，这里几乎看不见真正的地主，可谓是大佃户及小佃农的聚居地。一般而言，袍哥首领差不多都是地方上有钱有势、有田有地的人士，但这个镇的袍哥首领雷明远则是一位佃农，他佃有成都市内尤家的四十亩田，以佃户的职业养活家小，同时以大爷④的身份在镇上闲耍。为了耕种田地，家里请有一个长工，每年给付两石米和相应的工钱，还经常请四个短工，他们的工资以日计，袍哥的弟兄在农忙时都会来雷明远的农场免费帮忙，这为雷家节省了一笔开支。⑤

施坚雅认为："在四川，民国初期，以哥老会为共称的秘密社会在农村社会的所有层次都行使最高权力，基层市场社区也不例外。事实上，基层市场社区是一个最重要的单位，因为哥老会的分会由一个基层市场社区组成。"⑥ 雷明远作为望镇的袍哥大爷，就是这个社区秘密社会组织的最高首领，我们不知道雷大爷的势力范围是否超出了基层市场社区，但雷大爷作为这个镇的袍哥首领跟其他镇的袍哥之间有着种种的恩怨情仇，却也互相迎来送往，以便扮演好村民保护者的角色。⑦

这是一位佃农的生活情况，租40亩田，请长工一人耕种，农忙时有袍哥兄弟帮忙，自己长期住在集镇上充当袍哥大爷。这样的佃农当然不是多数，但望镇这样的佃农村或佃农镇则确实存在，而且不在少数，成都平原由于土地肥沃，旱涝保收，土地多被军阀、官僚等购买，他们多为住在城里的"不在地主"，在农村居

---

① 〔美〕詹姆斯·C.斯科特：《农民的道义经济学：东南亚的反叛与生存》，程立显、刘建译，译林出版社，2013年版，第206页。
② 李德英：《20世纪30年代成都平原佃农地主结构分析》，《中国经济史研究》2007年第4期。
③ 据王笛考证，望镇即崇义桥，在今成都市新都区大丰镇。参见王笛：《袍哥：1940年代川西乡村的暴力与秩序》，北京大学出版社，2018年版，第214—229页。
④ 袍哥中的舵把子，称为"大爷"。
⑤ 沈宝媛：《一个农村社团家庭》，燕京大学学士学位论文，1946年。王笛根据该项社会调查和其他相关资料写成了《袍哥：1940年代川西乡村的暴力与秩序》（北京大学出版社，2018年版）一书，深受读者欢迎。
⑥ 〔美〕施坚雅：《中国农村的市场与社会结构》，史建云、徐秀丽译，中国社会科学出版社，1998年版，第47页。
⑦ 沈宝媛：《一个农村社团家庭》，燕京大学学士学位论文，1946年。

住的农民绝大多数为佃农。

对绝大多数佃农而言，集镇是出售农副产品的重要场所，根据马学芳的调查，"农家收入大部分为农产品出售所得，而其支出，则以消耗于普通商品方面者，居其多数。但农产品之与普通商品，在市场上难做对等之竞争。"① 马学芳的结论，很恰当地反映了成都平原农家与市场的关系。白锦娟的论文对此也有所论述。

> 赶场和傅家发生了密切的关系，每逢农历一、四、七日子赶场，长盛跟着母亲姐姐或张师拿东西。场上摆摊子的他都认识，摊子上的东西，他都记得烂熟。他家因不多种菜，有时候要买些蔬菜、豆油、菜油、水烟及零用之物。②

> 在他九岁的那年，听场上官学堂传出来日本鬼子打中国了。于是中国抗战起来。这些话他听了都模糊得很。十二岁那年听说美国人帮中国人打日本了，接着又听说许多下江人来四川了，这种局势的变化，对于邈隔山川的大后方乡村生长的小孩虽然没有什么兴趣注意，但是中日抗战，人口内迁，造成中国历史上可纪念的人口混合与移动的现象，就是小小的九里桥乡村也受到了影响而起了变化。③

值得一提的是，成都平原农民的日常娱乐主要是在集镇上进行的。

根据1938年金陵大学农经系同学的调查，农村的娱乐方式分为以下几种：茶馆消费、听戏、玩灯、杂耍小唱。温江县的一份调查表显示，29户佃农有茶馆消费，最高金额为20元，最少为1.8元，2户佃农有听戏消费，均为2元，这2户也都有茶馆消费。④ 可见，坐茶馆是农民最为普遍的娱乐方式。而乡村茶馆主要分布在集镇上，茶馆成为农民了解信息、进行社会交往的重要场所。"高店子市场社区的农民，到50岁时，到他的基层市场上已经去过了不止3000次。平均至少有

---

① 马学芳：《成都平原之土地利用》，载萧铮：《民国二十年代中国大陆土地问题资料》，台湾成文出版社，1977年版，第22556页。
② 白锦娟：《九里桥的农家教育》，燕京大学学士学位论文，1946年，第35页。
③ 白锦娟：《九里桥的农家教育》，燕京大学学士学位论文，1946年，第35页。
④ 四川省农改所：《温江县农家田场经营调查表》（1937年—1938年），档案号：148-1407，四川省档案馆。

1000 次,他和社区内各个家庭的男户主拥挤在一条街上的一小块地盘内。他从住在集镇周围的农民手中购买他们贩卖的东西,更重要的是,他在茶馆中与从离他住处很远的村社来的农民同桌交谈。这个农民不是唯一这样做的人,在高店子有一种对所有人开放的茶馆,很少有人来赶集而不在一个或两个茶馆里泡上个把小时。殷勤和善的态度会把任何一个踏进茶馆大门的社区成员很快引到一张桌子边,成为某人的客人。在茶馆中消磨的一个小时,肯定会使一个人的熟人圈子扩大,并使他加深对于社区其他部分的了解。"[1] 这与费孝通在江南的调查有相似之处,农闲或是赶集之日男人们在茶馆里消遣。"茶馆在镇里。它聚集了从各村来的人。在茶馆里谈生意,商议婚姻大事,调解纠纷等等。但茶馆基本上是男人的俱乐部。偶尔有少数妇女和她们的男人一起在茶馆露面。"[2]

通过以上几方面的探讨,我们可以了解到乡村集镇在佃农生活中的重要作用,不管这些集镇是否具备施坚雅提出的"基层市场社区"的元素而成为农村市场体系中最基本的环节,对以租佃土地为生的佃农而言,乡村集镇是其农副产品出售的重要场所,是增加收入、改善生活的重要经济来源地,同时也是他们了解外部社会、获取信息的重要空间。

第三节 乡村生活的固守与变迁

一、专门性集市的出现

随着农产品商品化加快和商品性农业的发展,成都平原各地出现了不少专门性集市,即专做某种或某几种商品交易的集市。这类集市着重聚集本地出产的某种产品,即为满足专门生产某一种产品的小生产者销售其产品而设置。如双流县的簇桥场就是一个以蚕丝交易为主的市场,它甚至起着集散的作用,其丝有的来自温江、简阳等地;郫县为粮油作物产地,因此县境内各集市多以粮油销售为主,如县城"其市则米为大宗,菜子及油次之"[3]。郫县的犀浦场也是以"米、

---

[1] 〔美〕施坚雅:《中国农村的市场与社会结构》,史建云、徐秀丽译,中国社会科学出版社,1998 年版,第 45 页。
[2] 费孝通:《江村经济》,上海人民出版社,2007 年版,第 103 页。
[3] 民国《郫县志》(卷 1),民国三十七年铅印本,第 56 页。

麦、菜子及油为大宗"①。这些专门性的集市建立在农民小商品生产的基础上，比较活跃，是自然经济的一种必要补充。它们适应农村家庭手工业者与小商小贩之间进行商业活动的需要，在一定程度上反映了较大范围的商品供求。它们与综合性集市一样，具有调剂农民经济生活和组织农村小商品生产运销的职能。而且，专门性市场一般也不排斥其他商品的交易。

晚清民国时期，成都平原最大的生丝市场在双流县的簇桥场，全面抗战爆发以后，由于城市机关大量疏散到成都周边地区，那里迅速地繁荣起来。石羊场南方十二里的白家场是另一个较小的集市。城里虽也有生丝卖，但价钱比较高，因此机房的老板们情愿辛苦些，自己去乡村市场收贱价的丝。生绸市场在成都南门，石羊场的手工机户杜二嫂经常过着赶场与进城的生活，两年前她轮流赶这两个场，没有一次错过。簇桥场的场期是阴历逢二五八的日子，白家场设在逢一四七的日子，正与石羊场的场期相交错。②

什么是赶场？费孝通在《禄村农田》中说："街子是买者与卖者定期集合发生贸易行为的场所。"③ 艾西由在他的《石羊社区的赶场制度》中说："赶场是人类经济生活——原始交易中为市的遗留"。在农业社会中，地域的分工是不存在的，同时商业也不发达，于是造成小社区经济自足的现象。社区中的人民有着简陋的分工，他们之间没有商人做交易的媒介，而自己不能随时随地地做买卖；于是便有了定期与定点的交易机制，那就是赶场制度。在这里，生产者与消费者直接从事交易活动，场的势力范围大约是在方圆12里以内，因为12里路的往返正相当于普通人一日内徒步的行程。

场设在街上，那里平时开着商店，工商业的影响在这些小小的农业社区中蔓延。但是社区经济的自足性依然没被破坏，每逢场期，社区的人口便向场上集中。街上的铺户清早就在门前陈设起货摊，接着年轻的汉子、龙钟的老太婆、半大的姑娘、拖着鼻涕的孩子陆陆续续地来到。他们有的挑着筐子，有的提着竹篮，里面装着待售的产品，这些临时的商人，得到钱后便买些自己所需要的物品回家去。

十点到下午两点是齐场的时间，短短的街上霎时成了一条人流，货品有

---

① 民国《郫县志》（卷1），民国三十七年铅印本，第56页。
② 杨树因：《一个农村手工业的家庭——石羊场杜家实地研究报告》，燕京大学学士学位论文，1944年，第23页。
③ 费孝通：《禄村农田》，商务印书馆，1943年版，第49页。

些是按着类别固定在一个地点出售,像米市、菜市、杂粮市等,其他货摊成为三列摆在街两旁人家的阶前与街的中央,这里有熟食、有肉类、有柴米油盐,有布、有文具、有工艺品、有烟、有酒,有烧水化蛋的巫婆,有走江湖卖药的郎中,大家或是用钱换货,或是用货调钱,更有人用交易的手段不要本钱的从中取利。

收丝与卖丝是许多交易中的一种,向人家租一张桌子摆在街上,就算柜台。收丝的人坐在小凳子上,等候卖丝的人前来。后者多半是妇女。当一把丝来到丝摊上觅主顾时,先由买主用秤称过,双方再讲价钱。当双方都满意于一个价钱时,买卖便成交了。像一切机房的老板一样,杜二嫂也曾摆着摊子,在那里她老练的做着生意,近两年场上的丝价比城里低不了多少,又加上自己对于赶场的厌倦,她已经不在场上收丝了。

生绸市场在成都南门酒市巷子的茶馆里,城里绸行在这儿收货,机房的老板在这儿卖货。茶馆在社会中是一种重要的社交机构,借着一杯清茶,人与人之间发生着种种的关系。买卖的成交,纠纷的调解,政治的角逐,秘密社会的集会……有人说"A cup of tea is a cup of humanity"(一杯茶,一份人情),实在不错。在这生绸市场的茶馆里,经过行副①做中介,货与钱便在买卖双方之间交换着。绸行买了生绸,还要经炼制与着色的手续,再将熟绸批发到各商店去,每逢机房出了两三个货,杜二嫂便带到这里出卖。她清早进城,在茶馆里一边喝茶,一边做生意。价钱若好当天便可卖掉,否则还可以将绸寄在行副处,等待着善价。近两年,因为在城里买丝,她与丝贩子也有着往来。②

专业市场的出现为杜二嫂这样的乡村集镇手工机户提供了接触高一级市场的机会,也将乡村手工业与更大的市场结合起来,使其受到市场规律的控制与协调。对一个乡村手工业生产者来说,很难评判这样的结合是福是祸,但这是必然的,越来越强大的市场会给他们带来更多的机会让他们进入这个体系之中。

---

① 行副:即生绸买卖的中间人。
② 杨树因:《一个农村手工业的家庭——石羊场杜家实地研究报告》,燕京大学学士学位论文,1944年,第24页。

二、集镇生活方式改变对乡村的影响

四川农村的居住模式与华北平原的集中居住有很大的不同,四川的农家民居都分散在田中,即使有聚集在一起的也仅三五家而已,耕种者的田地仍围绕在住处周边。在这种居住模式下,人们之间的交往和互动需要一定的空间和媒介,"所以幺店子的设立是人与人接触的媒所"①。另外,成都平原乡村秘密社会活动频繁,民国时期燕京大学学生白锦娟的一篇论文记录了相关情况。"哥老会在公私生活上有绝对的势力,这是四川农村普遍的现象,九里桥并不例外,实际上这种不公开的组织已经不秘密了,它早已控制了一切社会的活动,这种势力在九里桥是这样,县的最高长官就是舵把子,是哥老会的头目。所有行政人员分两种情形:一种是政府方面的,另一种是哥老会方面的,实际的握权者是舵把子社长,管事的及二管事的,一切政治命令、税收及罪罚偷盗、争讼及鸦片都在他们控制之下。社会治安归他们维持,假如没有他们的命令,政府任何命令不能通行"②。此外,大众宗教很发达,"与别的乡村一样,庙宇、菩萨、碑铭到处可以看到,一方面是以前的遗迹,另一方面可见农民对这些仍旧信奉,所以能仍旧保存。佛道孔三教,农民都信奉,秘密会社及高地位的农家,供奉孔明、关公及二郎神,因为这些代表官权、阶级及水利"。在白锦娟的论文中,我们还可以看到城市消费要求对农村生产的影响:各地的主要生产品不一样,离成都市近的区域,农民选择种植蔬菜,供应城里的消费,而且是离城越近种得越多,"蔬菜的种植地在南部,换言之,愈接近城市,愈多种植。这充分的表明城乡区位的生产特色"。而且,根据与成都市的距离,人们的着装倾向和识字率也呈现不同的趋势,离城越近的地方,"妇女装饰的都市化及识字人的比例较纯粹乡村的大,以及靠小手工业及商业为生的人很多"③。白锦娟的调查和观察,反映出成都平原农村的基本社会样态,当然,这样的生活状况随着政治局势的变化也发生了一些变化。

1940年代中期,美国人类学家玛丽·博斯沃斯·特德雷(Mary Bosworth Treudley)对成都平原华阳县的中和场进行了非常详细的调查,并于1947年春写成非常翔实的调查报告 The Men and Women of Chung Ho Ch'ang(《中和场的男人与

---

① 白锦娟:《九里桥的农家教育》,燕京大学学士学位论文,1946年,第13—14页。
② 白锦娟:《九里桥的农家教育》,燕京大学学士学位论文,1946年,第13页。
③ 白锦娟:《九里桥的农家教育》,燕京大学学士学位论文,1946年,第13—14页。

女人》)。该报告对该镇的商业结构、社会结构、家庭经济、婚姻关系、健康与卫生、正式与非正式的教育、社区宗教、文化与社会变迁等问题，都有深入的研究，反映了集镇生活的变化及其对乡村生活产生的影响。①

这样的集镇往往具有较强的传统文化的外壳，人们安于现状，满足于既有的生活，对新的事物缺乏安全感，有一些排斥心理。在"文化与社会变革"一章中，特德雷有这样的记载：

> 中和场的农民和生意人都很喜欢所居住的家乡，都不愿意离开这里，也不愿意看到这里有任何变化。哦！他们更需要的是风调雨顺，农民才会有钱买清油和香蜡、纸钱，能在赶集后回家前喝上一点点高粱酒。他们不敢妄想勇敢的新世界来临，怪异的新事物总使他们目瞪口呆、惊恐万分。大部分的小人物都觉得要能生活下去，就得按照既定的惯例、风俗行事。农民满足于用镰刀割水稻、高粱，那是新石器时代的人们更新的工具，两千多年来一成不变。长期运用的方法肯定是成功的方法，父辈们对此很清楚，祖辈们对此更清楚，祖规不可违哩。时间越长久，留传下来的知识就越显得是千真万确的吧！
>
> 这个镇不欢迎外乡人，高墙后的村民甚至会放狗出来吓唬陌生人。就像房屋和财产一样，友谊也可以一代一代传下去，个人之间和家庭之间的亲属关系，是由过去早已记不清的年代的男人和女人的行为定型下来的。四川人认为下江的夫妇很不知羞耻，他们竟敢在大街市上肩并肩地走，还一边谈论、一边调笑。农家妇女是在母亲的膝旁学会交谈的，如果她们试图运用新观点、新词汇，倒会弄得自己尴尬为难，止不住"咯咯"傻笑。古老的谚语在长长的岁月里为人们运用、润饰，在社交中往往很有成效。
>
> 对突发事件，小镇上的人也有心理准备，甚至确切地知道该怎样去对付，因为祖辈告诉了他们应对之策，而祖父辈的应对之策又是由其父母亲传授的；即使有疑虑，只要同算命先生或巫师们商量一下，就很容易消除。道士负责处理生与死的重大事情，同时在连接生死两种不同生活的过渡仪式上也少不了他们。干旱、洪灾、瘟疫多少年来一直困扰着人们，他们没有办法

---

① Mary Bosworth Treudley. *The Men and Women of Chung Ho Ch'ang*. The Orient Cultural Service, 1974. 该调查报告后由张天文、邹海霞翻译出版，即中国文联出版社 2011 年出版的《中和场的男人和女人》。

第五章　市场结构与农民生活　　109

救助自己，唯一的路是死。路旁成堆的尸体又冷又硬，正等待被运送到坟山上去埋葬。即便是死，仍有一些奇特的情况发生，也需要得到与传统习俗不同的建议。幸运的是道士能警告人们留心天上掉下来的炸弹，注意隐蔽：瞧呀，瞧呀，瞧！一个33英寸的鸡蛋落下来了，男人们尖叫着跑开了、孩子们尖叫着跑开了，跑开的人安全了，呆着的人会死掉，小心呀！小心呀！小心呀！①

特德雷描绘了中和场顽固的传统之后，也为我们展示了20世纪以来，这个农村基层集镇发生的变化及其对该区域内农民生活方式的影响。她称之为"效仿时尚"：

中和场正在慢慢地发生变化，在集日拥挤的街道上，肩膀上扛着的人头仍在相互挤来拥去，而头上的发式则已经发生了改变。作祖父的人还清楚地记得，就在这个世纪初，正街上的男人还留着长辫子……现在，有钱人家的男子在成都理发，而在农民云集的鸡市场上，招揽生意的街边剃头匠都知道远方城市或海外理发师的技艺。从过去年代走过来的老年妇女，总觉得年轻少女的头，看上去十分奇怪。一个金陵大学二十来岁的学生写道：由理发师剪头发，并不意味着一定会有不道德的事情发生。中国妇女的头发又长又黑又亮，用清油把它们服服贴贴地梳下来。但今天，用李纪梦（音译）的话来说，妇女的头发变短了，变卷了，年轻的新娘在成婚前一定要赶往成都去烫发。

同样卷曲的还有人们的时尚观念，都市人的谈话方式渗入了中和场。木匠们慢慢地也从成都买回当地市场无人经营的工具，做起了新式家具；舌尖上翻卷着城里听来的新鲜词儿，这些都是他们在成都做活，午饭后在茶馆里听来的；而那个张姓木匠竟说不知道学来的词是什么意思。玉琴在听他谈论"社会化"时，总忍不住发笑。要知道，对这个四川木匠而言，从社会科学教材里摘取的这些词语对他有什么作用呢？

府河沿岸的土地上，男人都吸烟，但对香烟的意义是什么，却不知道。一个农民竟请玉琴抽叶子烟，并感叹地说：烟，好烟，上界下界，天上地下

---

① 〔美〕玛丽·博斯沃斯·特德雷：《中和场的男人与女人》，张天文、邹海霞译，中国文联出版社，2011年版，第132—133页。

的人都能享用，它才是公正民主的东西。人们在口吐烟雾时，也许在向上天询问，目前食用之物的分布是否合理？食物可是劳苦大众从中国土里挖刨出来的呀！①

烫卷发和吸香烟，是当时城市里女人和男人的新时尚，通过中和场这样的小镇中转之后，生活在乡下的农民也跟上了时尚的潮流。其实，在民国时期的其他社会调查中，我们也看到了类似的记载："每年清明节前后，叶家最热闹，城中的人带着香烛供品祭物来上坟，傅家的孩子们整日在叶家，看烫弯了头发的女人及穿着洋服的男子。"② 城里人的穿着打扮，使乡下的孩子感到稀奇，同时也对他们的审美情趣产生潜移默化的影响。

集镇也是农民了解外部世界的渠道之一，这里每天都有来自成都这个"大都会"的各种消息：

每月商人至多有20天时间徒步穿梭于成都与中和场之间。如果在回来的路上，有朋友相伴，互谈一天见闻，那更是件乐事。对一个外国人而言，成都较之仁寿或中和场，也就差不多算个较大的城市而已。但对一个村民或商贩来说，它可就是充满了各种高级、雅致、精美物品的中心城市了。因为害羞，他们几乎不能与城里人正常交谈。而下江人则能轻而易举地发现城里人头发上的干草屑，从而认定他也是个乡巴佬。镇上的人总是在学一些新东西，好回到家里去摆谈夸耀，而这种夸耀又总在酒店里猜拳行令，喝得半醉后变得喋喋不休。李哥获知湖南、江西前线正在发生激战，外国战斗人员在同中国的士兵肩并肩作战。这些外国兵要么在缅甸丛林里同中国人并肩作战，要么高飞于四川灰蒙蒙的天幕下打击共同的敌人。玉琴的这位中国兄弟并不识字，但他可以听到这些谈论，这种谈论往往在看过报的人之间进行。玉琴并不清楚李哥究竟在什么时候，开始爱上了中国这个国家，并急于了解她的命运。而李哥带着满脑子的问题找到她，就足以显示他对战争的清醒认识，他意识到战争给国家带来的是灾难。

---

① 〔美〕玛丽·博斯沃斯·特德雷：《中和场的男人与女人》，张天文、邹海霞译，中国文联出版社，2011年版，第133—134页。

② 白锦娟：《九里桥的农家教育》，燕京大学学士学位论文，1946年，第29页。

第五章　市场结构与农民生活

在中和场，至少有一辆自行车，骑车的是当地报童。每天早上，他从成都来的汽车上取下报纸，挨家挨户送给 50 户订阅者。这些报纸用汉字印刷，这 50 份报纸所包容的知识足以波动全集镇。集镇好比一口池塘，偶有石子落下，激起的波浪便向四周扩散出去。成都的报纸当然不是纽约的《时代周刊》，它也不是巫师对宇宙万物的阐述，更不是算命先生对未来的预言，那是实实在在发生的事情。即便是成都出版社①的订阅者，也很喜欢听听道士的话，我不敢肯定，道士是如何获知其传播信息的，并且预先让人们感受到战争的恐惧。只知道他告诉听众：战争正在逼近，小心呀，小心呀，小心！做个好人吧，做好人就会有和平，做恶人就会遭天灾。这样的时机快到了，你将看到死尸如山，血流成河。有时，道士们还鼓动造当权者的反，这至少可以在他的谜语般的话语中瞧出点端倪的：拔掉你木鞋中的钉子，钉子自然会坏损、破烂、毁灭，钉子拔了，鞋也自然烂掉了，那就重新换一双新鞋了。②

关于中和场，作者最后这样说："这个场镇正在经历着变化，但对于现代社会而言，这些变化显得十分缓慢。""中国人已准备着突变，田地正等待着农民去耕耘，农民正在奔走相告这样的好消息：和平即将到来，以后不会再有动荡。闲散的店铺开始渴望有忙碌的人们光顾，欢快的语言和不再惧怕强权的心理也在不断充实。"③ 作为国际友人的特德雷女士对中和场的调查研究以及对这里的人们生活的希望和态度，对我们现在的研究也很有价值。过去，关于抗战对四川农村生活的影响，学术界从多个层面有所展示，但从人类学的角度对日常生活做详细描述的则不多见。

白锦娟的论文也记录了抗战给成都平原乡村带来的变化：

民国三十年下，日美太平洋战争爆发，内移的人日多，大后方的物价随着日子的增加上飞，刺激着每个穷苦人的生活。但是最痛苦、最悲惨的是敌机的轰炸，这永远深刻在人们的记忆与经验中，由于物价飞涨，粮食的重压，自耕农变成了佃农，大佃户变成了小佃户，小佃户流为游民。遍地的饥

---

① 译为"报社"更准确。
② 〔美〕玛丽·博斯沃斯·特德雷：《中和场的男人与女人》，张天文、邹海霞译，中国文联出版社，2011 年版，第 134—135 页。
③ 〔美〕玛丽·博斯沃斯·特德雷：《中和场的男人和女人》，张天文、邹海霞译，中国文联出版社，2011 年版，第 136 页。

寒乞丐。由于敌机的轰炸，城中有钱的人家在外盖别墅，既安全又欣赏了大自然的景色，没有钱的只好挨炸弹，因为逃走也要饿死。①

第一件影响是疏散到九里桥的城中人，动摇了保守而固定的乡村风俗，使整个社会失去平衡而求适应，最显著的一件事就是妇女烫发的普遍。傅家的四姐就烫了发，再有就是官学的迁来与入官学的本地人加多，打破了不知多少不肯上官学的农家心理。长盛和亭菊都入了场上的中心学校，要卖羊子供儿子上私塾的叶二嫂，晓得官学没有多大的花费，也送水哥入了场上的中心学校。②

第二件事就是傅家家庭的矛盾与改变。父亲死后，大哥与袍哥混熟，并且加入里面卖去了自家的田，家中不知道他卖的钱都哪里去了，接着他又吸食鸦片，家中的生计，勉强靠小春及养猪维持。

第三件事情是本乡的四姐的婚事，四姐不顾母亲的阻止，上了场上的官学，穿上竹布褂、青裙，又进城烫了发，看来又活泼又好看，与傅家认识的新繁杨家大儿子来九里桥看见了四姐，喜爱不已，给四姐连写了好几封信，四姐接了信不知怎样好，又怕家人和街坊们知道，所以藏着信不敢回答。杨家大儿不见四姐反应，于是直接托人和傅大哥说要娶四姐，问四姐愿意不愿意？大哥告诉了母亲，母亲先很觉得杨的举动有失傅家体面，但是后来听说杨在城内大学念书，他的家又是傅家知根知底的庄稼人，所以才答应下来了这件婚事。四姐这才和杨通信，并且不时的相见。于是这件事情街坊四邻们都以奇怪的眼光窥视，并且当做了谈话的资料。后来四姐官学毕了业，又考上了两年城中迁来的中学，才和杨结婚。四姐是傅家孩子第一个先上官学的，后来考入中学也是打破了傅家以往的记录，就是在本乡一个佃户让女儿上中学也很少见。四姐的读书及以后的婚姻对傅家影响很大，一方面是傅家亲戚范围扩大，另一方面是姑爷与姑娘带来了城市中学校中的新知识与新习俗，使素来守旧的傅家，慢慢的在开展改变。最显著的是二姐剪短了头发及长盛、亭菊都没受家中任何人反对的入了四姐上过的官学——中心学校。③

---

① 白锦娟：《九里桥的农家教育》，燕京大学学士学位论文，1946年，第35—36页。
② 白锦娟：《九里桥的农家教育》，燕京大学学士学位论文，1946年，第36页。
③ 白锦娟：《九里桥的农家教育》，燕京大学学士学位论文，1946年，第38页。

第四件事情是拉壮丁,这件家家惊魂动魄的事情发生在长盛十五岁时的春季。壮年人常常的失踪,种地的农夫、贩东西的小商人、推车的劳工,不知道走在哪里便被捆起来拉走。街上稀疏疏的没人敢行走,农人们实在没法,于是几十个人接队带着武器出街去办事。傅大哥是袍哥的,没有点上壮丁,也没有遭遇被拉的危险。不幸的叶忠诚在推鸡公车时失了踪,急坏了叶二嫂,跑了三四天,求了坟地的主人家,拜托了当地袍哥大爷,幸喜张罗的快,叶忠诚被拉后还没有上了名,所以被放了出来。到家见到妻儿掉下了泪……①

社会方面及家中内部的种种人事变化,刺激着正在发育的兄妹的心中,他们在开始索探人生,没有人给他们讲人生观,中心学校的书本虽比私塾的好懂,上课时间虽间隔变化,先生们的样子虽也没有私塾老夫子的可怕,但是他们一套固定的讲说及按着功课表,念书写算唱歌运动,仿佛应付差事的领导学生在完成程序,使长盛兄妹感觉着单调起来。这样子消磨日子,还不如在田野间工作,找点活路,多点进项,换得一家生计,而使母亲宽解,"父亲生时家中多么宽裕!"从母亲及张师的赞叹中深印在已经懂事的长盛及亭菊脑中。长盛回到田庄去耕种,妹妹也回到家中做点手工找活路了。②

抗战时期,从城里逃到乡下的人给乡村带来了新的生活方式,同时也带来了思想观念和教育观念的改变。

现在十七岁的长盛在母亲眼中成了大人,可以依靠他办理事务,在张师的眼中成了负责能干的小主人,可以共同耕作。在工作的经验中,长盛知道耕种的合作道理,他求邻家帮忙,同时他当邻家需要时也帮忙人家。在对外交际方面,他已能去佃主家办理交涉,已能到场上办理买卖。他发现人与人间事事物物的相关相连,互波动互影响的道理。③

他的妹妹亭菊已经是十五岁的朴实勤快的姑娘了,她和母亲学会了烧饭、

---

① 白锦娟:《九里桥的农家教育》,燕京大学学士学位论文,1946年,第38—39页。
② 白锦娟:《九里桥的农家教育》,燕京大学学士学位论文,1946年,第39—40页。
③ 白锦娟:《九里桥的农家教育》,燕京大学学士学位论文,1946年,第39页。

缝纫、洗衣，和姐姐们学会了刺绣、织络子，和学校同学学会了编织毛线，傅太婆街坊亲戚们渐渐地谈到她和她哥哥长盛的婚事了。

夏天稻子长了一尺多高，望去一遍无涯的绿色的时候，城内来了几个大学生，就住在九里桥河弯的旁边房子里，他们办了农民补习班，常办联欢会，不时到他们家中来拜望。他们的外方口音，听不懂的言词，不同的服装及不同的生活习惯，使长盛感到和他们隔了层墙一般，但是他们虔诚和蔼的态度使长盛发生了好感，尤其长盛和妹妹亭菊喜欢听他们唱歌，和加入了他们的游戏团体，渐渐的长盛、亭菊和他们熟悉来往了，也听懂了他们的言谈，和他们打成一片，并且觉得他们所说的正是农人们感受到的，但是农人们自己说不出来。①

通过与大学生的接触，长盛这个青年农民不仅知识有所拓展，而且对自己及家庭的处境、农村社会的状况，都有很多与过去完全不同的认识，因而在思想观念上发生了一些新的变化：

最引长盛深思注意的是农村问题，他明白不仅仅是他家中在难满人意的状态中——大哥的堕落，二姐的隐痛及家中生计的难苦，人与人间的冲突与矛盾——就是全乡几乎家家都是重重的问题，如叶家水哥已被父母送到场上做学徒，原因是一家人整日的劳苦耕作，仍旧维持不了生活，不能不使叶家另谋出路。

他接收了农村生产方面应该改良的思想，也感觉了农民自己应该组织团结起来解决他们的问题，达到他们需要的生活。这唯一的出路，就是他们都能觉醒，那就是需要教育的力量了。私塾早已不合实用，而场上的中心学校及分散在各处的保国民学校及城中迁来的学校教育，也都和他们的生活隔离着，所以另需要一种配合他们的生活，适应他们的需要，发展他们的能力及建设他们生活的教育，这是长盛盼望实现的事情。如今这个青年的脑中所想的不仅仅是傅家达到满意富裕的生活，并且还希望着叶家以及整个乡村改善的合理的生活的实现。②

---

① 白锦娟：《九里桥的农家教育》，燕京大学学士学位论文，1946年，第40页。
② 白锦娟：《九里桥的农家教育》，燕京大学学士学位论文，1946年，第41页。

小　结

通过上述人类学工作者的田野调查报告和著作，我们可以看到民国时期乡村社会生活是如何慢慢发生改变的，这样的改变来源于城市的影响，而城市则是通过集镇来影响乡村的。抗战时期，人员流动加剧，城市对集镇和乡村的影响也更为突出，乡村民众对城市生活的效仿，逐渐蚕食着传统的生活方式。为什么用"蚕食"一词而不用"改变"，是因为这样的变化尚不剧烈，并不构成对传统生活方式的完全颠覆，传统生活方式仍然占主导地位。

第六章

乡村女性与家庭手工业

多年来，女性在农村经济中的贡献和地位问题一直受到学界关注，李伯重、黄宗智、彭慕兰（Kenneth Pomeranz）、曼素恩（Susan Mann）、白馥兰（Francesa Bray）等中外学者对此有过不少论述和争论。[①] 最近，有学者指出"从晚清到毛泽东时代甚至全球资本主义化的今天，妇女对中国农村经济的贡献被低估了"，而"帮忙"一词带有（父系）霸权的色彩，掩盖了农村妇女对家庭生计和社会经济的贡献。[②] 该文重新激发了学界"关于中国农村妇女经济贡献是否被遮蔽和边缘化"的讨论兴趣。本章不拟全面回应农村妇女经济贡献是否被"遮蔽"的问题，只是希望通过对1940年代到1950年代成都平原农村女性及其市场活动的考察，为对此问题的讨论提供一些区域性的认知。

[①] 争论的问题很多，如"中国妇女是否进入了劳动力市场？"黄宗智认为：明清时期，长江三角洲的妇女"尚未进入劳动力市场。意识形态的束缚妨碍了妇女离家外出就业，加上与此类束缚相连的妇女劳动力组织管理上的困难，限制了妇女劳动力市场有任何发展"。（黄宗智：《长江三角洲小农家庭与乡村发展》，中华书局，2000年版，第113—114页）彭慕兰对黄宗智的观点进行了批评，指出"这些约束鼓励家庭把妇女劳动作为无需花钱的劳动对待，很像一个庄园中无论其工作是多是少都必须养活的奴隶或农奴的劳动"。（〔美〕彭慕兰：《大分流：欧洲、中国及现代世界经济的发展》，史建云译，江苏人民出版社，2010年版，第111页）中国妇女的家务劳动是否具有价值？妇女是否需要走出家庭，参加到所谓"工厂"中，才能通过"工资"来体现劳动价值？农村妇女的家庭副业和家务劳动是义不容辞的"帮忙"，还是应该获得报酬的"工作"？这些问题都值得进一步探讨。谢开键、肖耀的《民国时期农村妇女的权利和地位——以天柱地区土地买卖文书中的女性为中心》[《贵州大学学报》（社会科学版）2012年第6期]探讨了民国时期农村女性在土地买卖中的行为和作用。该文指出：民国时期虽然出台了一些法律，提高妇女地位，但"广大妇女依然难以依据法律做出社会经营活动的判断和选择"，"妇女在土地交易的过程中充当主卖人、同卖人、买主、凭中等，其所扮演的不同的身份角色，主要由家庭地位所决定"，而女性买主的出现说明女性具有了较大的财产支配权，而充当凭中的女性尽管人数不多，但也意味着她们逐渐走出家庭，开始融入更广大的社会之中，扮演起了较前更为重要的身份和角色。

[②] Melissa J. Brown. Dutiful Help: Masking Rural Womens' Economic Contrubution. In *Transforming Patriarchy: Chinese Families in the Twenty-First Century*. Edited by Goncalo Santos and Stevan Harrell. University of Washington Press, 2017, p39.

第一节　女性的市场活动是否受到限制

基层市场，是施坚雅中国农村"基层市场社区"理论的核心概念，是"乡村集镇"中最基本的一种市场，即传统社会中的农村市场，又称为"集市"，它是以地方定期交易为核心的经济流通空间。在四川地区，参加农村市场活动，俗称"赶场"。

民国时期，许多文人对赶场有诸多描述，也有不少社会学、人类学工作者对四川或成都平原的赶场制度进行了调查研究。[①] 有学者认为赶场是四川农村最重要的社会组织，也有人认为其是重要的商业组织："在四川农村里特别还流行着'三·六·九''二·五·八'，每逢单逢双到处都有这种赶场的组织，有许多人目赶场即为一种社会组织，枯寂的农民借此聚聚热闹，茶馆里坐下来喝一杯茶或酒馆里招几个熟识的朋友谈谈天，所有一切消息，乡村里的新奇事情也从这里传播出去，甚至婚姻的谈判，田地的纠纷，均借着这赶场的机会来解决，因此无论农忙农闲，赶场的风气是越来越兴盛……赶场在实际性质上讲，与其认为是一种社会组织，不如说它是一种原始式的商业组织，从前人生活简单，各需所需，各用所用，无所谓交换，过后人口日紧，需要日增，才有'日中为市'，固定时间固定地点交易市场的发生，不过从前的'日中为市'，虽然与现在的赶场相差不远，但是其意义实则相同。故赶场实为农产物销售之标准产地公共市场（Retail Public Market），农民以其所有直接携之售于商店小贩或消费者，同时以售得之金钱再购买日用所需之品，故其仍有物物交换之原始形式，例如乡村妇女提鸡蛋赶场换米或以菜换油等，此种不论其尚属原始或已退化的交易，总之'赶场'实在之意义是完全便于农产品公开买卖而为农产品销售之初级市场也。"[②]

无论如何，学者和观察者都认同赶场是一种商品（农产品）交易活动和社会交往活动，赶场使乡村社会变得活跃、灵动而有趣味。民国时期，不少外地观察者对四川的赶场活动进行了记录，"大凡去过四川的人，都会领略到赶场的趣味吧。赶场是有一定的日子的，或者是一、四、七，或者是二、五、八，或者是三、

[①] 详见李德英：《民国时期成都平原乡村集镇与农民生活——兼论农村基层市场社区理论》，《四川大学学报》（哲学社会科学版）2011年第3期。

[②] 谢澄：《赶场》，《农林新报》1940年第34—36期合刊，第33—34页。

六、九，有些比较大一点的场逢十还要另加一次。这些惯例和北方的赶集并无有两样，不过在四川，赶场的规模和习惯却大不同了。一个乡场每逢赶场的日子，以这个乡场为中心，周围二三十里地方都活跃起来了。天色还未发白，远远近近的人，男的女的，老的少的，都已充塞在稻田中间的曲折狭长的石板路上。他们挑着担儿背着筐儿装满着各色各样的农产物或手制品，争先恐后地赶到场上去，找寻雇主。稍缓一些时候，那些'绅粮'们和纯粹消费者的'下江人'也携着篮儿，或者提着防空袋参杂到这细长的行列中。"①

赶场的人，不分男女老幼，有要出售农产品或手工业品的生产者（主要是农民），也有需要购买商品和服务的消费者，其实，生产者和消费者在基层集市上是很难划分的，生产者出售产品之后，就变成了消费者，从集市上购买自己需要的商品和服务。总之，赶场就是商品交易和社会互动的一个媒介，让散居各处林盘中的农人聚集在了一起。对于四川人来讲，赶场的记忆特别鲜活，笔者的团队曾经在成都市高新区中和场、大邑县安仁镇、新津县五津镇及成都钢铁厂访谈过257位年龄在60~96岁的老人，其中有工厂领导、南下干部、普通市民或农民，他们生活水平差异很大，但很多人都有关于赶场的记忆，其中85位老人向笔者讲述了自己的赶场故事。在老人们的回忆中，赶场最主要的目的是"交换"，是"买东西"或"卖东西"。②也就是说，商品交换和流通是赶场最主要的功能。③

施坚雅认为一个基层社区的男人一生中会赶场上千次，"林先生和这个市场体系各地的几乎所有成年人都有点头之交"④。那么基层社区中的女性是否有同样的

---

① 廖仲隐：《赶场》，《雍华图文杂志》1946年第1期，第4页。
② 详见四川大学"口述历史实践教学与科学研究中心"所藏中和场、安仁镇、新津县、成都钢铁厂口述历史档案。
③ 当然，赶场的功能远远不止商品交换这么单一，关于这一点，施坚雅有精彩的描述，而民国时期其他人类学家也曾清晰地论述过这一点。如伊莎白（Isabel Crook）和俞锡玑认为"人们赶场的目的不光是做买卖，还包括求医问卦、探亲访友，或者仅仅来打听消息。而兴隆场的作用，也远远不止于一个定期集镇：乡民来茶馆'讲理'，解决争端；哥老会各堂口在饭店、茶馆或酒铺招待四方袍哥、举办'圣会'；离家出走的女人和童养媳在附近溜达，指望被好人家收留。最后还有文、武两庙，武庙内除了偶尔举行宗教仪式，并设有固定赌场；文庙则是乡政府和学校所在地。乡公所作为乡一级最高机构，肩负税收、征兵、维持地方治安之重任。"（〔加拿大〕伊莎白、俞锡玑：《兴隆场：抗战时期四川农民生活调查（1940—1942）》，邵达译，曹新宇校，中华书局，2013年版，第3页）这一论断进一步证明施坚雅的"基层市场社区"理论具有一定的合理性和普遍性（至少在四川地区是如此）。由此看来，大多数学者都认为"赶场"是以商业为媒介的社会交往活动，商品交换和流通的功能占主要地位。
④ 〔美〕施坚雅：《中国农村市场和社会结构》，史建云、徐秀丽译，中国社会科学出版社，1998年版，第44页。

际遇？施坚雅对农村女性参与基层市场的情况着墨不多。在 2017 年出版的施坚雅的田野调查笔记中，有几处提到施坚雅的房东夫人林太太赶场的情形：有时候林太太和林先生一起去赶场，有时候林先生不去，林太太自己去买做衣服的布料、食物和日用品。她会出售自己家种的柑橘，但她并没有去集市，而是在自己家附近的大路旁边，与孩子一起一边卖柑橘一边玩耍。① 林太太赶场与否，赶高店子还是牛市口，没有受到任何限制，完全由她自己做主。施坚雅对集市中的妇女记载很少，寥寥的几笔记录中，有一个重要形象是市场中的女性乞丐。1949 年 11 月 22 日，施坚雅到高店子赶场，遇到三个衣衫褴褛的妇女在市场上捡谷粒，这似乎给施氏留下了深刻印象，促使其第一次在笔记中描述集市中女性的形象："在小市上，有三个衣着破烂的妇女，在粮食过秤的时候，她们围在旁边，看到有满出来的粮食，马上扫进小撮箕里，然后连石带灰倒进她们衣服的补丁中。在这个镇上赶场的日子里，像这样丧失社会地位的个体并不少见，在一条街上至少有两三个地方有乞丐"②。除了乞丐，在市场上算命的女性也给施坚雅留下了印象。此外，笔记中没有更多对集市女性的描述。

施坚雅的田野笔记没有提到四川乡村女性在进入基层市场时是否受到限制。笔者也没有看到哪一个基层市场有"女人不得入内"的规定，男女进入市场的机会在理论上是均等的。但在中国社会，无论是出于传统伦理观念还是其他原因，对女性参与市场活动或多或少有一些限制。伊莎白和俞锡玑曾在 1940—1942 年对四川璧山县的兴隆场进行调查，据她们观察，当地"已婚妇女可以像男人一样出门赶场，只是不方便在公共场所逗留"③，不同的家庭有不同的情况，如果女人成为家庭的顶梁柱，那么她是否赶场就完全取决于她自己的意愿。而一般情况下，受过老式教育的富人家庭，妇女受到的限制比较多，而穷人家庭就没有那么多讲究，"两口子要么一块去赶场，要么肩并肩在田间干活"④。这样的情况，在北方的乡村似乎体现得更为明显。据燕京大学社会学系学生潘玉林对河北固安两个集镇的调查，当地女性只有"老的做了婆婆的"才有资格赶场，"中少年的农

---

① G. William Skinner. *Rural China on the Eve of Revolution：Sichuan Fieldnotes，1949-1950*. Edited by Stevan Harrell and William Lavely. University of Washington Press, 2017.

② G. William Skinner. *Rural China on the Eve of Revolution：Sichuan Fieldnotes，1949-1950*. Edited by Stevan Harrell and William Lavely. University of Washington Press, Seattle and Landon. 2017.

③〔加拿大〕伊莎白、俞锡玑：《兴隆场：抗战时期四川农民生活调查（1940—1942）》，邵达译，曹新宇校，中华书局，2013 年版，第 2 页。

④〔加拿大〕伊莎白、俞锡玑：《兴隆场：抗战时期四川农民生活调查（1940—1942）》，邵达译，曹新宇校，中华书局，2013 年版，第 83 页。

妇们，有的人家竟不许她们出家门一步，以免有碍门风之事。贫一点的中年农妇们有时还可以去赶一赶集，不过家境稍微好一点的人，便以为夫人赶集是一件很不体面的事"①。此外，大部分农村妇女的活动范围十分狭窄，"大多数的她们没有到过三十里或五十里以外。就是北平南边有几个村的农村妇女们，也是对笔者说同样的话，因为左近没有山，所以这个村镇中的农妇们简直就不知道山是什么"②。这两项调查反映出农村妇女的赶场机会因身份、年龄等方面的差异而有所不同，已婚的、年纪大一些的女性有赶场的自由，贫困的家庭对妇女赶场的限制较少，而家境富裕的人家则对女性赶场有所限制。

成都平原也是如此，老年妇女和当家的女人赶场的可能性要大一些，从事手工业的女性也不得不赶场，没有出嫁的女孩要受一定限制。"女的多大了上街都要拉着衣裳角角赶场。生怕走掉咯，不要你赶场。"③ "幺姑娘才十七八岁，不能赶场，就害怕其他人把你掳走了。"④ 这是家庭为了保护女性而采取的措施，特别是1940年代，兵荒马乱，怕被国民党残兵抓走。一般来说，是家里的母亲去"赶场"，例如安仁镇的刘先生说："我难得赶场，因为我母亲在，她去赶。"⑤ 但是从事手工业的农村妇女不得不赶场。"我们咋办呢，我们就织布嘛，织那种小布。织布又没得本钱，没得本钱啊，我就赶场，别人就赊给我嘛，我就织起布来卖钱嘛。"⑥ 从事手工业的女性，因着一种特殊的商业形式与市场联系紧密，所以"赶场"成为其日常生活的一部分⑦。

由此看来，尽管理论上男性与女性在进入基层市场方面没有限制，但女性真正能否进入市场，与年龄、婚姻、阶级以及从事的产业状况均有一定关系，承担

---

① 潘玉林：《一个村镇的农妇》，燕京大学学士学位论文，1932年，第14页。
② 潘玉林：《一个村镇的农妇》，燕京大学学士学位论文，1932年，第17—18页。
③ 四川大学"口述历史实践教学与科学研究中心"：2014年安仁口述历史资料录音整理，口述人：王凤英，访谈人：廖羽含、阎翠、林罗、柳京廷，访谈地点：大邑县安仁镇金井社区王凤英家中，访谈时间：2014年6月28日上午9：30—11：00。
④ 四川大学"口述历史实践教学与科学研究中心"：2014年安仁口述历史资料录音整理，口述人：陈海清，访谈人：李明月、周利波、王斯睿、靳雅琪，访谈地点：大邑县安仁镇夕阳红茶馆旁旅店，访谈时间：2014年6月29日上午9：00—10：40。
⑤ 四川大学"口述历史实践教学与科学研究中心"：2014年安仁口述历史资料录音整理，口述人：刘元成，访谈人：车人杰、吴雪娇、张俊、周珏，访谈地点：大邑县安仁镇千禧路389号民安社区居委会办公室，访谈时间：2014年7月1日上午9：05—10：10。
⑥ 四川大学"口述历史实践教学与科学研究中心"：2014年安仁口述历史资料录音整理，口述人：李元清、杨谢能，访谈人：李玲、徐晓玲、程千懿、张续，访谈地点：大邑县安仁镇古街李元清家，访谈时间：2014年6月27日上午10：00—11：30。
⑦ 详见后文的论述。

家庭创收责任的女性进入市场时受到的限制较少，甚至必须依靠市场求得生存，而比较富裕的家庭，女性承担家庭创收的责任较少，因而进入市场的机会也较少，受到的限制更多。

第二节　基层市场中的女性人数

难以确定，有多少女性参与赶场这样的基层市场活动，因为赶场天的人数难以统计，目前关于参与市场的男女比例记载不多，仅有的一些资料由于各个地区和集镇的情况不同，其呈现的结果也有一些差异。

1944年，华西协合大学社会学系教师玉琴曾对成都市东郊的中和场赶场人数进行过统计："她请了5个统计员分别守在中和场的5条来路上作统计，统计进行了两次，以保证他们数据正确无误。第一次是民国33年（1944年）9月20日的大集，第二次是这之后的第四天（9月25日）的小集。逢大集时，有13078人来中和赶场，其中男人9166人，妇女2999人，12岁以下的小孩913人；逢小集的赶场人与赶大集的差不多，有10677人，其中男人6822人，妇女3143人，儿童712人。"[①] 从该项调查中可以看出，赶大集的人中，成年男性约占总人数的70.1%，成年女性约占23.0%，儿童更少，不足7%。赶小集时，成年男性约占总人数的63.9%，成年女性占比约29.4%，儿童占比约6.7%。这项调查的结果与我们通过口述历史获得的信息基本一致：赶场的人群中，成年男性占绝大部分，成年女性其次，儿童最少。玛丽·博斯沃斯·特德雷也断言："如果这两个日子，能代表其余集日的话，那么2/3的赶场人是男人，1/4以上的是成年妇女，不足1/12的是儿童。"[②]

华西协合大学社会学系的学生漆赫从1947年11月到1948年1月对成都西郊青羊场的调查，不仅进一步统计了参与市场的男女比例，还对农忙与农闲时期赶场人数的变化进行了说明。他认为"关于集市人数的调查，确是非常困难"[③]，他

---

① 〔美〕玛丽·博斯沃斯·特德雷：《中和场的男人与女人》，张天文、邹海霞译，中国文联出版社，2011年版，第36页。
② 〔美〕玛丽·博斯沃斯·特德雷：《中和场的男人与女人》，张天文、邹海霞译，中国文联出版社，2011年版，第36页。
③ 漆赫：《成都市青羊场集市研究》，载何一民、姚乐野：《民国时期社会调查丛编（三编）·四川大学卷·中》，福建教育出版社，2014年版，第229页。

将参加集市的人依其是否住在场上分为"住户"和"来此赶集的"两种,但"因为街上的住户,不一定全都参加集市的活动",所以对于集市人数的计算应将街上的住户减去,只调查"来此赶集的"外来人数。他请几位朋友帮忙,两次同去青羊场,分别在各个通达外地的路口上,逐一记录进入本场的人,然后将各个路口的人数汇总,计算出"来此赶集的"外来人数。①

漆赫对青羊场的调查与玉琴对中和场的调查类似,只统计"来此赶集的人",笔者姑且认同这一做法,循其思路展开讨论。现对漆赫的统计数据进行处理,形成表6-1、表6-2。

表 6-1 青羊场赶场人数统计（1947 年 11 月 14 日）

单位:人

来处	男性	女性	合计;占比	女性占比
成都	824	415	1239;45.3%	33.5%
苏坡桥	376	203	579;21.1%	35.1%
红牌楼	237	171	408;14.9%	41.9%
马家寺	314	198	512;18.7%	38.7%
总计	1751	987	2738;100.0%	36.0%

资料来源:漆赫:《成都市青羊场集市研究》,载何一民、姚乐野:《民国时期社会调查丛编（三编）·四川大学卷·中》,福建教育出版社,2014年版,第229页。

表 6-2 青羊场赶场人数统计（1948 年 1 月 18 日）

单位:人

来处	男性	女性	合计;占比	较上表增/减	女性占比
成都	1038	637	1675;35.4%	+35.2%	38.0%
苏坡桥	699	484	1183;25.0%	+104.3%	40.9%
红牌楼	566	316	882;18.6%	+116.2%	35.8%
马家寺	513	478	991;21.0%	+93.6%	48.2%
总计	2816	1915	4731;100.0%	+72.8%	40.5%

资料来源:漆赫:《成都市青羊场集市研究》,载何一民、姚乐野:《民国时期社会调查丛编（三编）·四川大学卷·中》,福建教育出版社,2014年版,第230页。

---

① 漆赫:《成都市青羊场集市研究》,载何一民、姚乐野:《民国时期社会调查丛编（三编）·四川大学卷·中》,福建教育出版社,2014年版,第229页。

如表 6-1 所示，1947 年 11 月 14 日，青羊场赶场人群中来自成都①的最多，占 45.3%，苏坡桥占 21.1%，马家寺占 18.7%，红牌楼占 14.9%。在当天赶场的人群中，女性占总人数的 36.0%，其中红牌楼来的占比最高，为 41.9%，次为马家寺（38.7%），再次为苏坡桥（35.1%），从成都来的仅为 33.5%，占比最低。

如表 6-2 所示，1948 年 1 月 18 日，赶青羊场的人主要还是来自成都，第二是苏坡桥，第三是马家寺，第四是红牌楼，与 1947 年 11 月 14 日的情况是一样的，但来自这四个地方的女性比例却有变化，女性占总人数的 40.5%，女性占比最高的是马家寺，为 48.2%，其次是苏坡桥（40.9%），成都来的女性占比有所提高，为 38.0%，在表 6-1 中排第一的红牌楼，其女性占比降到最低，为 35.8%。从总人数观察，相较于 1947 年 11 月 14 日，1948 年 1 月 18 日青羊场赶场的总人数和男女赶场人数均有增加。

上述两项调查反映了青羊场赶场人群中女性与男性在不同时间段的区别。1947 年 11 月 14 日为丁亥年（猪年）十月初二，农事活动较多，而 1948 年 1 月 18 日为丁亥年（猪年）腊月初八，临近过年，是农闲季节。农闲时参加赶场的女性人数有所上升，而参与赶场的男性人数有所下降。平日女性赶场人数占总数的 36.0%，农闲时则增至 40.5%，而男性则由平时的 64.0% 降至 59.5%。漆赫的解释是"这现象大概是因为平时农家妇女要在家饲养家畜，烧茶煮饭，到了忙时更要出外帮助男人作工，所以出来赶集的机会特少，但在闲时则不仅无须出外作工，就是饲养家畜也可交给男人们去作，所以赶集的机会较多"②。该调查表明，女性赶场的频率与农事也有关系，农忙时女性要忙家务和农事，赶场的机会减少，而农闲时女性不用辅助农事，家务也可以安排给男性，赶场的机会便有所增加。

尽管这两项调查的结论不能推及所有集镇，也不能推及农忙、农闲与平时的所有场期，但它反映出一个基本的问题：女性参与市场活动的频率与参与家庭生产活动及家务劳动的频率成反比，也就是说男性与女性在赶场活动问题上需要相互协商、相互配合，只有在保证家庭生产、生活正常运转的情况下，才能参与到市场中。

---

① 这里的"成都"是一个大致概念，含义并不明确。1928 年，成都始设市政府，治所由成都、华阳两县县城部分合并组成，成都、华阳两县只辖乡区。成都县在市区西边，青羊场处于成都西郊，故来此赶场的"成都人"不一定是城市人，当然，也不一定是农村人。

② 漆赫：《成都市青羊场集市研究》，载何一民、姚乐野：《民国时期社会调查丛编（三编）·四川大学卷·中》，福建教育出版社，2014 年版，第 230—231 页。

玛丽·博斯沃斯·特德雷的记载进一步证明，尽管女性参与基层市场的活动受到一些限制，但在安排好孩子和家务以及农事的前提下，绝大多数女性都有参与市场的积极性。她根据玉琴对250名妇女的调查结果，得出妇女参与市场积极性很高的结论："玉琴询问过250名妇女是否赶过中和场，到集市上都做些什么。有37个妇女说，因小孩拖累，一年只去一两次，全由她们的丈夫采买东西，应付市场上的事务。有3/5的妇女经常赶场。在玉琴的统计中，有58个妇女每天都去赶场，一些妇女在街上穿行仅为寻乐，她们在人流中挤来挤去，偷听别人谈话的只言片语；或买来食品一边走，一边吃，一边扫视路人；或者去拜访亲戚朋友，喝杯茶，说说闲话；或者去向算命先生打听，自己的命运如何，有些什么事搅得她心绪不宁。"① 可以看出，在这250名妇女中，除有37名妇女因照顾小孩而很少赶场外，有60%的妇女经常赶场，其中有58名女性甚至迷恋赶场，她们在场上穿行只为了寻找快乐！

由此可见，尽管在青羊场赶场的人群中妇女占比不高（四成左右），但就女性本身的意愿而言，她们对市场还是充满了兴趣，有参与的积极性。

第三节　女性在基层市场中的表现

乡村女性在基层市场中的表现受到调查者的关注，如中和场女性的小本买卖和商业活动受到肯定和称赞："农民的妻子最爱赶早市，有时专为生意而去。总计在16个市场上，都有女人做生意，有些市场甚至没有男性竞争者，只有女人参与交易。农妇不仅出售自己生产的东西，有的精明人还试图挣点额外利润，她们以略低于平时的价格买下小麦和豆子，找机会以更高的价格卖出。她们以市场价格的涨落作赌，从不过分奢求命运的恩赐，一般是见水脱鞋，价涨就抛，为自己和孩子挣点小钱。"②

玛丽·博斯沃斯·特德雷还记录了玉琴对中国妇女的评价："不像那些没有清楚了解中国妇女的人，包括女人们的家人所说的那样，女人如何如何地笨，中国的妇女并不因缺少教育而变得十分愚蠢。她坚信妇女是中国富强的宝贵资源，这

---

① 〔美〕玛丽·博斯沃斯·特德雷：《中和场的男人与女人》，张天文、邹海霞译，中国文联出版社，2011年版，第68页。

② 〔美〕玛丽·博斯沃斯·特德雷：《中和场的男人与女人》，张天文、邹海霞译，中国文联出版社，2011年版，第68页。

些资源在当今世界开发利用还不及一半。她希望看到通过对女性才能的发掘,中国会变得更加富强。"①

她认为要男女共同奋斗才能维持家庭经济,很难说是谁掌握了家庭的经济大权,又是谁在决定该为家里买些什么。"仔细观察集日里正街上行走的妇女,就会发现她们与身边拥挤着的男子并无差别。俗话说:谁干活,谁有钱。但妇女们却说:镇上有 2/3 的家庭里男人们全权负责家庭所需,但半数以上的家政多得由女人们管理,毕竟女人最终花掉了家庭收入。只有 1/4 的家庭,男人把钱紧紧捏在手里,盘算着把它们换成食物和其他东西。"事实上,"在求得生存斗争中,男女之间没有明显分工"。②

在乡村市场上,成功的女商人和手工业主也不少,成为人们津津乐道的美谈。例如,在中和场就有 8 家店铺是妇女直接经营的。其中,有一位成功的女店主,她是一位寡妇,她丈夫生前是一所大学的图书管理员,丈夫去世时给她留下了一个 3 岁的儿子和需要她照顾的婆婆。"她用一斗稻米的租金租了一间小房子,买了一台制面机摆在前屋,雇了一名工人操作",做起了面条生意。"拉船的纤夫爱到她柜台上来买面条,还有镇上的家庭主妇,酒店、面馆老板以及石羊场、三道桥、窑子坝的生意人也看中她家的面……集日里,这位寡妇忙于购买农民带到镇上的小麦,没有时间来服务客人。其他一些日子,她得加入到商人们的步旅行列,到离家 10 公里左右的小集上,买便宜的原材料。"③ "这位女店主十分勤俭,她要使每一颗麦粒都尽可能地生产出好面品。市场在评估着男人们的财富时,这位女店主正平稳地向富裕之路迈进。一到旧年快结束时,订货单纷纷而来,她不得不顾雇请更多工人,制作更多的面条,好让人们把她的产品当作'长寿面'去丰富新年的早餐"④。

除了市场上的商户,成都平原还有专门从事手工业的家庭作坊。1940 年代,燕京大学社会学系学生杨树因在成都平原考察农家手工业时,认识了石羊场的杜二嫂,他趁机仔细观察了这个农村妇女独自支撑的家庭机房,由此注意到了

---

① 〔美〕玛丽·博斯沃斯·特德雷:《中和场的男人与女人》,张天文、邹海霞译,中国文联出版社,2011 年版,第 68—69 页。
② 〔美〕玛丽·博斯沃斯·特德雷:《中和场的男人与女人》,张天文、邹海霞译,中国文联出版社,2011 年版,第 69—70 页。
③ 〔美〕玛丽·博斯沃斯·特德雷:《中和场的男人与女人》,张天文、邹海霞译,中国文联出版社,2011 年版,第 72 页。
④ 〔美〕玛丽·博斯沃斯·特德雷:《中和场的男人与女人》,张天文、邹海霞译,中国文联出版社,2011 年版,第 72 页。

家庭机房与市场的关系。

杜二嫂家的机房是以织绸为主业的乡村机房,与杜二嫂的经营有重要关系的是三个集镇,一个是石羊场,杜二嫂生活在这里,一个是白家场,一个是簇桥场,这三个市场有机房生产所需要的原料——生丝,它们的场期正好错开,杜二嫂可以轮流赶这三个场,去收购廉价的生丝。生绸市场在成都南门,杜二嫂机房的产品大多在这里出售,通过赶场与进城,杜二嫂的生绸机房与市场紧密地结合在一起。

> 市场与机房紧密的连接着,市场上的一切都会波及机房,这种机构又决定了人的生活方式与社会关系。为了做这项绸业,杜二嫂必得赶场进城,她由家庭机房走入市场,参加了更多的系统,与更多的人发生关系。①

杜二嫂的家庭机房与城市商业及消费紧密结合在一起,她穿越于基层市场与都市之间,甚至为远处的市场生产产品,当然,也要受到市场波动的影响。

> 四川的绸缎本来是风行全国的,但自从舶来品的丝与绸输入及沿海各埠绸丝新式工厂设立以后,大受打击,由是衰落。而现在残余的家庭绸缎工业之所以能继续存在,主要是由于抗战的影响,使舶来品的输入阻涩,并沿海工厂被破坏。丝的来路有二:一是来自桐川,绵州扁丝,一是来自嘉定的麻老丝。后者质较优,但因价钱太高,家庭机房都收用了扁丝,绸的销路主要的是在本省,其次西康、西安等地亦有运去的。②

据施坚雅的田野调查笔记记录,1949年11月18日,施坚雅和房东林先生一起拜访了高店子附近的一位地主刘大爷,刘大爷经营着一座60亩的果园,在成都市内有一个干杂商店,生活富足。刘大爷家里有一台布满蜘蛛网的织机,据悉,他也曾专门做过织锦的工作,但外国丝绸进来后本地丝绸显得粗糙了,没有

---

① 杨树因:《一个农村手工业的家庭——石羊场杜家实地研究报告》,燕京大学学士学位论文,1944年,第24—25页。
② 杨树因:《一个农村手工业的家庭——石羊场杜家实地研究报告》,燕京大学学士学位论文,1944年,第23页。

什么竞争力，于是就放弃了。① 看来，成都的丝织业确实受到外国商品的影响，以致某些精明的生意人不得不放弃这一行当。但抗战也给四川丝织业带来了一些生气，因此杜二嫂的织绸作坊才能维持下去。同时，杨树因也评价说："抗战以后，沿海工厂被破坏，同时舶来品也无法输入，于是手工业又复抬头，但是在手工业中，小资本终是抵不过大资本，所以农村家庭手工业又抵不过城市中较大规模的手工业了"②。有意思的是，与刘大爷相比，杜二嫂的资本似乎更少，但刘大爷却放弃了，而杜二嫂仍在坚持，大资本与小资本谁更具有韧性和活力？似乎值得进一步考察。

以上事例说明，乡村妇女参与市场的态度比较积极，女性作为主体的市场行为在乡场上或赶场习俗中并不鲜见，她们是乡镇赶场活动中的重要组成部分，她们的经济活动也成为家庭重要的收入来源之一。

如果说中和场面条作坊的女士和杜二嫂是因为丈夫去世或离开，不得不肩负起家庭重责，抛头露面，出来参与市场活动，那么，将丈夫的劳动成果通过市场行为转化为家庭收入，其实也是不少乡村妇女的日常活动。在玛丽·博斯沃斯·特德雷的笔下，有一位经常到中和场赶场的方大嫂，她是一位农民的妻子，家里有38亩水田，由丈夫耕种。她总是努力工作，精心照顾着水稻和蔬菜。方大嫂有四个女儿，她让每个女儿都穿得很不错，甚至不比商人家的孩子逊色。"好衣服是要花钱的，要在中和场挣钱，就必须赶场做买卖。"③ 所以方大嫂忙完家务、农活后，就到集市上卖农产品，把丈夫生产的小麦、豆类等货物拿到市场上，赶好价钱卖。同时，她也在集市上做一点小买卖。"当蔬菜和谷物的价格降低时，她就买下来，然后在价格上涨时，把货卖出去。通过把握市场机遇，她赢得了相当丰厚的利润"④。这样，她不仅能让孩子们穿上不错的衣服，还维护着一栋比大多数农家好很多的大房子——这栋房子成为该地区基督教家庭教会活动的场所。这种妻子与丈夫一起共同维持着家庭生计的家庭模式与大家熟悉的"男耕女织"有所不

---

① G. William Skinner. *Rural China on the Eve of Revolution*：*Sichuan Fieldnotes*，*1949-1950*. Edited by Stevan Harrell and William Lavely. University of Washington Press，2017，p77.

② 杨树因：《一个农村手工业的家庭——石羊场杜家实地研究报告》，燕京大学学士学位论文，1944年，第14页。

③ 〔美〕玛丽·博斯沃斯·特德雷：《中和场的男人与女人》，张天文、邹海霞译，中国文联出版社，2011年版，第73页。

④ 〔美〕玛丽·博斯沃斯·特德雷：《中和场的男人与女人》，张天文、邹海霞译，中国文联出版社，2011年版，第73页。

同，可称为"男耕女商"。其实"男耕女织"这种自给自足的生产方式缺少了基本的商业流通，也是很难持续的，在农产品（包括家庭副业、手工业产品）商品化程度越来越高的过程中，"男耕女商"或"男商女织"这样的家庭分工模式似乎更能为家庭带来更多的收入和财富。总之，家庭对市场活动的参与度越高，收入增加的可能性也就越高。而在这样的市场活动中，女性不一定处于劣势。

第四节　基层市场与女性的家庭手工业

女性与市场的关系，不仅表现在其市场参与度与活跃度上，还表现在针对市场进行的家庭手工业生产中，通过有特色的手工业生产带动地方经济的发展。

既往研究关注纺织业较多，李伯重关于江南地区棉纺织业的研究，回答了妇女"何时撑起半边天"的问题。[①] 在江南地区，男耕女织是最典型的农家经济模式。成都平原有棉纺织、麻纺织及丝绸纺织等纺织类型，但由于战争和市场影响，成都平原的纺织业波动较大，命运多舛，本著作暂不讨论。[②] 本章探讨的是另一种手工业，即草编业。其中最为典型的有两种，一种是棕编业，以编织棕鞋、棕帽（俗称巴拿马草帽）为主，另一种是以麦草为主要原料的草帽业。这两种手工业属于典型的家庭副业，其主要从业人员为女性，她们利用农闲及家务空闲时间从事生产。这两种家庭手工业带动了地方经济的发展，在一段时间内成为某一地区的特色产业，其产品甚至成为某一地区的特色产品，远销海内外，享有极高的声誉。

民国初年有知识分子极力宣传上述两种草帽，并将之作为国货进行提倡。1916 年的《实业浅说》就介绍了四川生产的棕帽。"此帽初行的时候，我国无人能仿造。现在能造的颇多，四川现在所造一种最好，其帽系棕树叶编成的，又耐久又便宜，样子颜色，较比外国的还好。只是初开办，出品甚少，供本省用尚不甚足。若得热心者极力提倡，极力扩充，各处仿造。出品一多，推行各处，获大利益。况棕叶无处不有，照法制造，极容易，极便宜，真所谓一本万利了。物美价廉，谁不乐购？山东草帽公司所制之帽，系麦秆制成的，样子亦颇不恶。此帽

[①] 李伯重：《"男耕女织"与"半边天"角色的形成——明清江南农家妇女劳动问题探讨之二》，载李伯重：《多视角看江南经济史》，生活·读书·新知三联书店，2003 年版。

[②] 前文中的杜二嫂是丝绸纺织户之一。

现颇适用。若再加扩充，行销日多，获利更大"①。该文作者朱成勋把四川棕帽和山东草帽看成国货的重要组成部分加以提倡："两省所制之帽，均能适用。人人提倡，岂不是国货日盛，利不外溢，爱国爱家，两者俱全岂不好吗？"②

朱成勋提倡的这两种草帽在成都平原都有制作，并成为某些乡镇的主要特产。据民国《新繁县志》描述，新繁女性从事"织棕丝"所制成的凉鞋、帽子精美无比，行销海内外。"工业之散处于乡者，有泥工、木工、雕工、铁工、石工、瓦工、篾工、缝衣工，群聚于城厢者有厨工、漆工、染工、银工、铜工、铁工、锡工、理发、印刷、照像、刻字、弹棉、缫丝、机织鞋帽、苏裱。女工则有刺绣、织棕丝、织草履、织布、织辫子、织带子、制扇子等业，惟棕丝工为最精美，所织凉鞋、博士帽、簟席，营销甚远，为吾邑工业之冠焉。"③

关于新繁县棕织品（棕帽、棕鞋等）的较早记载见于晚清时期一份基督教的报纸："四川新繁访函云：城南当铺街某孀妇，赤贫无子，仅一女，年十余，妇常病，用度皆取给该女十指所出，女性聪颖，善制凉鞋，采购嫩棕叶为之，精美异常，得值较厚。事为余大令所闻，提验所制之鞋，该县工人，无出其右者。大令深为嘉许，当奖给龙元四十枚，并谕令局绅等捐筹百余金，赡养其母，并为该女将来嫁奁之费云"④。这条资料说明，至晚在1907年，新繁县的棕鞋编织已经成为该地区女性主要的家庭手工业之一。1916年成都青羊宫花会上也出现了新繁棕鞋的踪影。成都市档案馆馆藏档案《会场警察署汇报民国四年三月青羊宫花会赴会物品售货金数目表》显示有7家商户售卖棕鞋，售货金额为70元，其中就有新繁棕鞋。⑤

棕帽的制作最早开始于何时，已难以考证，但其在20世纪20年代已经流行起来，应该是事实。"新繁县草帽业之行销，迄今约廿年，为一竹工王和林所创制。初巴拿马草帽运销我国时，成都仅马玉林一店出售，料工精美，辄为上级人士所乐用。当时价格颇昂，每顶约售银币七元余。王氏人素聪明伎巧，于赴成都场野观剧时，立于戴巴拿马草帽者之后，细心观摩，返新繁后，先以竹丝编试，终至选用嫩棕叶，劈为丝辫，仿形编制完成。"⑥ 其后，王氏在新繁县招工开

---

① 朱成勋：《四川棕帽与山东草帽》，《实业浅说》1916年第47期，第1—2页。
② 朱成勋：《四川棕帽与山东草帽》，《实业浅说》1916年第47期，第2页。
③ （民国）《新繁县志》（卷4），民国三十六年铅印本，第32页。
④ 周兆祥：《孝女善制棕鞋》，《通问报：耶稣教家庭新闻》1907年第279期，第7页。
⑤ 《会场警察署汇报民国四年三月青羊宫花会赴会物品售货金数目表》，蓉档1697卷259号，成都市档案馆。
⑥ 孙仲瑜：《新繁县草帽业概况》，《西南实业通讯》1941年第4卷第2期，第9页。

厂，所编草帽行销各地，收入颇丰。后来王氏染上鸦片烟瘾，虽然在朋友帮助下戒了烟瘾，但生意受到影响。此后，"有一王姓妇人亦颇具智慧。因鉴于编帽由沿起手至顶完工之不便，乃改由帽顶起，编至帽沿止，且所编草帽及其他用品，如提包、凉鞋等，心裁独出，精美异常。曾传授于邻村妇女，习者颇多"①。

新繁县的棕帽业虽然由男性开创，但发扬光大是在女性手中，而且该项手工业主要从业者也是女性，全县大约有1000人左右从事该项工作，其中女工约"八百人，男工约二百人"②。据时人调查，"草帽之编制，为新繁县农村妇女副业之一。现编制草帽之妇女约八百人。普通每一女工，三日可编草帽③一顶，工资约三元。但上庄草帽之工作时间及工资，均须倍之。"④

抗战时期编草帽的工资慢慢增长，一些男人也开始从事编草帽的工作，"至帽顶帽沿多系男工编制，每编一帽顶或帽沿，工资均为一角"⑤。

由于工序不同，草帽制作之男工、女工工价差别很大。如表6-3所示，在棕帽编制这项手工业中，女性的工资收入明显高于男性，而且差距很大，任何一款棕帽的制作中，女性每做一顶棕帽，收入都比男性高出4元以上。因而，棕编成为该县女性增加家庭收入的重要手段。《新新新闻》1945年1月4日报道：新繁县"乡村妇女百分之六十以上皆从事此项副业，年底输出成品，价值一千六百余万元"⑥。

表6-3　新繁县棕帽制作男女工资差别

单位：元

品名	男工工资	女工工资	男女工资差距
中庄男帽	0.4	4.5	4.1
上庄男帽	1.4	6.0	4.6
中庄女帽	1.4	6.5	5.1

资料来源：孙仲瑜：《新繁县草帽业概况》，《西南实业通讯》1941年第4卷第2期，第11页。

注：表中所列数据为制作一顶棕帽的酬金。

---

① 孙仲瑜：《新繁县草帽业概况》，《西南实业通讯》1941年第4卷第2期，第9页。
② 孙仲瑜：《新繁县草帽业概况》，《西南实业通讯》1941年第4卷第2期，第11页。
③ 应为草帽坯。按孙仲瑜记载，草帽编制需经三道工序：帽坯之编制、印压模型、配加带图（即外加丝带、内缝皮圈，或加印商标）。乡下女工完成的只是第一道工序。
④ 孙仲瑜：《新繁县草帽业概况》，《西南实业通讯》1941年第4卷第2期，第10页。
⑤ 孙仲瑜：《新繁县草帽业概况》，《西南实业通讯》1941年第4卷第2期，第10—11页。
⑥ 神州社：《新繁棕织品，年值一千六百万》，《新新新闻》，1945年1月4日，第10版。

新繁县生产的棕帽很受市场欢迎，不仅在国内的华北、江南、两广以及陕西、甘肃等地流行，还曾远销南洋、欧美各国。1945年4月，中国国际救济委员会准备在成都举行手工业集谈会，希望四川省建设厅征集一些具有特色的手工业品做展览，在四川省建设厅所列征集名单中第一个就是新繁县的"棕榈草帽业"①，可见新繁棕帽在四川地区的手工业产品中颇具特色，且具有非常重要的地位。

新繁县的棕帽、棕鞋等棕编手工业产品，从清末民初到中华人民共和国时期都是这一地区的特产和出口创汇的重要产品。②"我区新繁棕丝制品历史悠久，具有独特地方风格，也是我国传统出口商品之一，在国际市场声誉盛高，工艺精细，深受欢迎，换汇较高，供不应求，为祖国贡献较大。"③ 据国家级非物质文化遗产新繁棕编传承人朱木兰女士介绍，新繁棕编最繁荣的时期，全县有两万多人从事棕编工作，其中90%是女性，当地有"不会棕编嫁不出去"的说法。④ 而通

---

① 《四川省建设厅关于征集手工艺品及资料准备办法》，档案号：115-3119，四川省档案馆。

② 从成都市新都区档案馆保存的相关档案中，可以看出新繁棕编工艺品在国际市场上受欢迎的程度，试举一例。1977年10月，因供货不及时，生产棕编品的四川省茶叶土产进出口分公司受到中国轻工进出口总公司广东省陶瓷工艺品分公司发函责难："我司今年以来，先后三次安排C168131/2密织棕帽共3000打，对外业已成交（包括上半年）近2000打，查你司到目前止，对上述品种的来货166打，使对外无法依期履约。有一法国客订购该帽1250打，早已开出信用证，并自动展证数次，最近以来先后三次来电，六次来函交上述1250打帽。我司确实难以回复，严重影响对外信誉。"而其原因是"产区不按计划品种平衡供货造成，不顾对外影响，而是追求产值较高的品种，如C1681T则大量到货"。发函者还在函中郑重嘱咐："请你司一定要扭转此种不平衡的交货的现象，并在几年内首先集中力量完成这3000打的安排，然后再去生产其它规格的棕帽，不能变更计划"。中国轻工进出口总公司广东省陶瓷工艺品分公司还将此函直接抄送给四川省新都县外贸站（1965年，新繁县并入新都县）。前述资料对产地供货不平衡的责备，反映出新繁棕帽在国际市场上的需求，即使在计划经济时代，作为产区的手工业者仍会根据产品的市场价值选择生产的品种，因而影响采购商的利益。参见《中国轻工业进出口总公司广东省陶瓷工艺品分公司的函：棕帽业务》，1977年10月30日，档案号：135-1-38，成都市新都区档案馆。

③ 《关于切实加强出口棕编制品原料采收工作的通知》，1977年8月11日，档案号：135-1-38，成都市新都区档案馆。

④ 20世纪80年代，随着农村女性职业选择多样化的出现及其他种种原因，新繁县的棕丝工艺品生产遇到了一些困难，但仍然有部分农村妇女坚持生产棕编产品，其中有一位朱木兰女士，于1989年牵头成立了成都荣龙帽业有限公司，坚守在这块老祖宗留下的宝地里，直到2005年下半年，棕编市场前景转好，产品供不应求，朱木兰适时牵头成立了新繁镇妇女棕编协会、新繁镇棕编合作社，全镇有800名妇女报名参加。朱木兰对社员开展免费技术培训，大力拓展棕编市场。到2006年，合作社已发展社员2280人，成立了理事会，制定了完整的章程，并实现年收入1000余万元的可观效益。2006年11月，新繁棕编被成都市政府列入首批非物质文化遗产保护名录，远销法国、美国、加拿大、俄罗斯、日本、韩国及东南亚各国。2008年，新繁棕编又被列入四川省非物质文化遗产保护名录，2011年被列入全国非物质文化遗产保护名录。（参见梁小琴：《朱木兰，让新繁棕编走上世界》，《人民日报》，2011年9月27日，第6版）

过棕编获得的收入也远远超过农业收入和其他收入，因此个人和集体都愿意投入更多精力和时间从事棕编生产。①

新繁棕编虽主要针对外贸市场进行生产，但基层市场也是其生产和销售的重要场所。1949年以前，新繁棕编的销售模式主要有两种。一是收购。有专人收购编好的棕鞋、棕帽以及棕包等产品，然后运到成都出售。收购的方式也有两种：一种是挨家挨户去收购，另一种就是"赶场天"去集镇上收购。在集镇上有固定的收购场所，如新繁县的观音阁外就是收购棕编产品的地方。赶场的日子，周围乡村中的农户把编好的棕鞋、棕帽和棕包等产品拿到这里卖给收购的人员。例如，新繁县大墓山村的罗志勇先生的外曾祖父就是专门收购棕包的商人。罗志勇的祖母曾婆婆告诉笔者："娘家有两子两女，一共只有9分河坝地，而河坝地年年涨水，不便耕种""父亲主要靠收拖鞋、书包，背褡裢走路到成都去卖养活一家人"。② 因为当地人把棕包称为"书包"，所以大家都叫曾婆婆的父亲为"曾书包"。二是订购。有商人提前预付资金，向手工艺好的妇女和家庭预订产品，据曾婆婆讲述，当年有人向她家预订棕鞋，以十双为单位付款，做好了，随时交给订购者。③

1949年以后，棕编的工作并没有受到太多影响，各家各户的女性仍会利用空余时间（主要是晚上）进行编织，"大食堂时期也是这样，生产队白天必须出工，各家各户可以做棕编，但不能占用工时"④，那时候大队有收购点，可以卖到大队的收购点，也可以在赶场时卖到镇上的收购点。

从民国到新中国时期，新繁的棕编业与市场结合得十分紧密，其生产和销售模式为"农户—收购—加工—外销"，从基层市场走向国际市场。新繁女性的棕编手工业不仅为家庭增加了收入，也为地方经济的发展做出了贡献。

前文朱成勋介绍的另一种草帽是用麦秆编织的，其在成都平原的柏合镇一

---

① 朱木兰女士告诉笔者，"2008年汶川地震以后，由于种种原因，棕编的生产、销售都有萎缩，目前，新繁镇从事棕编的女性还有一千人左右，主要是五十岁以上的中老年人，年轻人已经不再进行编织工作了，因为与其他行业相比，利润和收入都不够高，年轻人不愿意做了。"见口述资料，口述人：朱木兰，访谈人：李德英，访谈地点：成都市新都区新繁镇高院村新繁棕编体验馆，访谈时间：2018年3月23日11：00。

② 口述资料，口述人：曾婆婆（90岁），访谈人：李德英，访谈地点：成都市新都区新繁镇大墓山村罗志勇家，访谈时间：2018年3月23日12：00—13：00。

③ 口述资料，口述人：曾婆婆（90岁），访谈人：李德英，访谈地点：成都市新都区新繁镇大墓山村罗志勇家，访谈时间：2018年3月23日12：00—13：00。

④ 口述资料，口述人：曾婆婆（90岁），访谈人：李德英，访谈地点：成都市新都区新繁镇大墓山村罗志勇家，访谈时间：2018年3月23日12：00—13：00。

带，也成为农家副业的重要产品。

柏合镇位于四川简阳东南部，东傍龙泉山麓，西连成都平原，是成都平原重要的集镇之一，有史以来，一直是南出成都至仁寿、简阳的交通枢纽。清代以来，这里就是成都平原草帽的集散地，成都俗谚即谓"赶柏合寺，取草帽子"。据说柏合镇一带土壤和水质很特殊，出产的小麦秆柔韧性好，适合草帽的编织，这里出产的草帽具有轻巧、结实、美观、耐用等特点，很受市场欢迎，不仅行销成都及四川各地，还曾出口海外。[1]

据民国《简阳县志》记载，该县最主要的工业就是"柏合寺草帽缏"，"草帽，女工以小麦草造，柏合寺有市，挑贩运至隆昌、安岳、乐至等县"[2]。编草帽是该地区妇女普遍从事的家庭手工业，严格说来是家庭副业，草帽是妇女们利用农闲时间编织出来的，是农民增加家庭收入的重要商品。据访谈得知，柏合镇和太平镇（属双流县）一带妇女从小就会编草帽辫子[3]，其小时候在家编的草帽辫子拿到市场上出售以后获得的收入归自己所有，可以自由支配，一般用于买糖果或其他东西；结婚以后，作为家庭主妇，编草帽辫子获得的收入则用于贴补家用，年老以后，编草帽辫子的收入，可由自己支配。[4] 不同时期的女性，由于角色不同在家庭副业创收中所承担的责任也不同。据老人们回忆，在草帽需求旺盛的年代，全家男女老少都编草帽，获得的收入占家庭收入的20%~25%，家里油盐柴米的开支基本上就够了。[5] 由于收入可观，除了农村妇女，在镇上开药铺、做生意的人家的女眷和孩子也都利用空余时间编草帽辫子，做成草帽，挂在自家铺子门楣上，议价出售。[6]

柏合镇妇女的家庭副业"打草帽"不仅为家庭挣了一笔可观的收入，也带动了集镇的经济和草帽业的发展。据访谈得知，在草帽业最繁盛的时期，柏合镇有400多家手工作坊生产草帽，产值达800多万元，成为该镇除农业之外最大的收入

---

[1] 参见胡开全：《龙泉驿百年档案记忆（1911—2011）》，四川人民出版社，2014年版，第27页。

[2] （民国）《简阳县志》（卷19），民国十六年四川官印刷局版，第25页。

[3] 即草帽缏，是草帽的半成品。

[4] 口述资料，口述人：巫秀琼（85岁）、黄素珍（73岁）、康华泽（78岁），访谈人：李德英，访谈地点：成都市龙泉驿区柏合镇梨花街社区会议室，访谈时间：2017年11月30日。

[5] 口述资料，口述人：巫秀琼（85岁）、黄素珍（73岁）、康华泽（78岁），访谈人：李德英，访谈地点：成都市龙泉驿区柏合镇梨花街社区会议室，访谈时间：2017年11月30日。

[6] 口述资料，口述人：巫秀琼（85岁）、黄素珍（73岁）、康华泽（78岁），访谈人：李德英，访谈地点：成都市龙泉驿区柏合镇梨花街社区会议室，访谈时间：2017年11月30日。

来源。那时柏合镇草帽主要由供销社收购,也有个体商贩参与收购的。收购的方式有两种,一是走乡串户索购,一是由农民在"赶场天"送到收购点。供销社在集镇上设有收购点,"赶场天"收购的草帽比"冷场天"收购的草帽要多好几倍。该项副业多为农闲时候妇女们的劳作,农忙季节妇女们也要下田干活,草帽产量就会减少。1955 年 5 月 6 日,简阳县第十五供销社还专门请示上级停止收购草帽,由流通商贩代为经营①,一方面是因为产量减少,另一方面也是为了让妇女社员安心从事农业生产,等农忙过后,再恢复收购。1956 年 9 月,简阳县龙泉区供销社在给简阳县供销合作社采购股和日用杂品批发店的函件中,提出恢复对草帽的收购,以实现农户增收的要求。

根据县区党委三级干部会议精神,在农业合作化的高潮下要求做到 90%以上的农户都增加收入,财经部门特别是供销社应尽一切力量支援和帮助这一措施实现。县区委指出我区副业特产草帽目前上市颇多,形成滞销,对副业生产和收入影响很大,应积极采取有效措施解决:

现据龙泉、柏合两地某日产量约 3000~4000 顶左右,成交量仅约 1500~2000 顶,购买对象 99%的是外地小商贩。由于供销社停止了收购,已产生了压级压价的行为,如薄三层丙级每顶收购价为 0.24 元,现每个仅 0.19~0.20 元……很多副业户天天拿着草帽到采购处来要求收购。②

龙泉区供销社认为恢复收购草帽,既符合上级党委要求,也符合时令情况。"因为草帽的生产,完全是妇女们利用农闲,如果仍照往年的季节再展开收购,则将会使计划落空,其原因是正值春耕夏收不能搞副业,且明年双季稻增加,农忙会比今年紧,绝大多数妇女都去挣劳动工分"③,不能投入更多时间进行草帽生产。由此可见,妇女对乡镇经济的贡献不仅体现在农业生产中,更体现在家庭副业中。

20 世纪 80 年代以后,随着城市化进程加快,柏合镇地区不再种小麦,草帽业

---

① 龙合销(1955)036 号《关于停止草帽收购的请示》,1955 年 5 月 6 日,档案号:002-1-0075-007,成都市龙泉驿区档案馆。
② 龙合采(1956)061 号《报请恢复草帽的收购以保证明年外调的货源》,1956 年 9 月 19 日,档案号:002-1-0075-016,成都市龙泉驿区档案馆。
③ 龙合采(1956)061 号《报请恢复草帽的收购以保证明年外调的货源》,1956 年 9 月 19 日,档案号:002-1-0075-016,成都市龙泉驿区档案馆。

失去了原料，曾经声名远播的柏合镇草帽也就消失了，现在该镇上只留下一条名不副实的"草帽街"。

新繁县的棕丝制品、柏合镇的草编，而今都失去了当年的辉煌，成为需要保护的国家级和省级非物质文化遗产。尽管如此，由乡村女性创造的经济奇迹和精美技艺却是不容忽视和埋没的。

小　结

通过对成都平原乡村女性参与基层市场的活动以及她们针对市场进行的家庭手工业和副业活动的考察，我们可以发现，成都平原乡村女性对家庭和区域经济的贡献实际上比人们想象的要大得多。这些经济贡献是否得到了承认和尊重？是否在劳动报酬上得到了应有的体现？这些都是学者们比较关心的问题。最近有学者指出"尽管在二十世纪家庭关系模式经历了很多变化，但在'义务帮忙'为指向的话语见解中，未婚的女儿、已婚妇女和老年妇女的经济贡献被严重低估了"①。

其实"中国农村妇女经济贡献被遮蔽或者被边缘化"的观点并不鲜见，白馥兰对此有过评论和论述。白馥兰认为，根据马克思主义者和女权主义者的观点，不仅在中国，在世界范围内都存在妇女劳动价值或权重被低估或遮蔽的问题。但有意思的是，在明清时期，受过良好教育的社会精英并不接受"遮蔽女性对家庭经济的生产性贡献"的行为，他们不仅承认，而且努力推动"恢复女性作为纺织者的角色，他们想让女性回到纺织机前，重返她们原本的工作，重获这些工作带给她们的尊严"②。传统中国女性受压迫、文盲、缠足、与社会隔绝、完全处于无助的依赖状态、不能参与有薪酬的劳动等形象，越来越受到质疑。曼素恩对晚清时期宁波地区不同阶层的家庭中女性所从事的家庭手工业的研究反映出，该区域女性从事的家庭手工业产品包括"手织土布、草编席子、草帽、竹篾斗笠、油

---

① Melissa J. Brown. *Dutiful Help: Masking Rural Womens' Economic Contrubution*. In *Transforming Patriarchy: Chinese Families in The Twenty-First Century*. Edited by Goncalo Santos and Stevan Harrell. University of Washington Press, 2017, p39.

② 〔英〕白馥兰：《技术、性别、历史：重新审视帝制中国的大转型》，白岚玲、吴秀杰译，江苏人民出版社，2017年版，第117页。

纸伞等。所有这些产品都属于让宁波名声大振的特产"①，其美誉远播全国各地及东南亚地区。曼素恩的研究对妇女的经济贡献做了充分的肯定。白馥兰还从技术入手，从空间、劳作、再生产等视角阐释"女子之术"，指出："如果我们从现代经济的角度将家庭预算作为立足点，采取真正'主位的'、自下而上的视角就会发现，女性经常能对增加家庭收入，让家庭得以完成其在财务方面的责任做出贡献，而且她们的贡献也被认可。"② 明清时期中国农村妇女的家庭手工业的地位与贡献已经越来越受到认可，这是不争的事实。李伯重对明清江南农家妇女的劳动给予了充分肯定，认为"由于妇女专力于纺织劳动，方使得'妇女能撑半边天'的局面得以形成"③。也就是说，明清以来妇女的实际经济地位因为她们的劳动及其产品产生的价值，已有越来越高的趋势。

这与赋税形式的货币化有关系，与市场有关系。白馥兰指出："男人耕田种粮，女人放蚕制丝，在理念上这两项工作同等重要。但是，一旦可以用现金形式完税，情况就发生了变化"④。女性的手工劳动成为她们挣钱的正当途径，女性获得的收入成为家庭重要的经济来源，这样，女性的劳动价值就逐渐得到了承认。当然，最根本的原因是市场，是农产品或手工业品的商品化。黄宗智也注意到"晚清帝制时代农民经济的商业化实际上进一步促使所有家庭成员（包括女性）都投入到生产当中"⑤。黄宗智的判断很有道理。随着农民经济的商业化和农产品、手工业产品商品化，女性被越来越深地卷入了各级市场当中，她们针对市场需求进行生产，参与市场活动。

通过前文的事例可以看到，在成都平原乡村社会，从晚清到中华人民共和国时期，农村女性都扮演着重要的角色，她们对增加家庭收入和乡村经济都做出了很大贡献，她们的贡献多多少少都获得了体现和尊重，其社会地位也由于经济地位的提高而提高。例如杜二嫂，原本是一位普通的农家妇女，通过纺丝业成为一个家庭作坊的老板，社会地位和身份都有所改变，"人家不仅视她为一个女人，并

---

① Mann Susan. Women's work in the Ningbo area, 1900 - 1936. In *Chinese History in Economic Perspective*. Edited by Thomas G. Rawski and Lillian M. Li. University of California Press, 1992, p243.
② 〔英〕白馥兰：《技术、性别、历史：重新审视帝制中国的大转型》，白岚玲、吴秀杰译，江苏人民出版社，2017 年版，第 24—25 页。
③ 李伯重：《多视角看江南经济史》，生活·读书·新知三联书店，2003 年版，第 304 页。
④ 〔英〕白馥兰：《技术、性别、历史：重新审视帝制中国的大转型》，白岚玲、吴秀杰译，江苏人民出版社，2017 年版，第 25 页。
⑤ 转引自〔英〕白馥兰：《技术、性别、历史：重新审视帝制中国的大转型》，白岚玲、吴秀杰译，江苏人民出版社，2017 年版，第 131 页。

且是一个老板。在家里她不仅是个主妇，而且是个主人，换句话说，就是社会地位的提高，她第一次进城时，是人家的雇工，如今却以老板的资格出现在市场上"①，同时，杜二嫂还成为成都绸业公会的一员，杜二嫂娶儿媳妇，绸业公会主席还亲自到场贺喜。② 在乡村宗教活动中，杜二嫂也因为其经济实力的增强而敢于挑战过去的权威，成为宗教活动中的领导人物。③ 据我们对新繁镇棕编手工艺人后代的访谈和调查，1949年以后，地方政府也对手工行业的优秀分子给予了奖励和极高的荣誉，例如新繁县的棕编能手景玉怀的母亲梅本初，1953年就参加过重庆展览会，展示棕编手艺。梅本初三个儿媳妇的手艺也很好，其中两位都因为棕编编得好，获得手工业从业人员的支持，从而当选为四川省人大代表。景玉怀继承了母亲的好手艺，她曾经三上北京、五下重庆展示棕编绝技。1958年3月，她同罗安琼等人共同编织了一套做工考究、颜色鲜艳的棕编工艺品，包括枕巾、拖鞋、提包等，敬献给毛泽东主席。同年11月，她作为手工业的杰出代表到北京参加了全国妇女积极分子代表大会。④

实际上，妇女对经济贡献的大小决定了其在家庭和社区中的地位，贡献越大地位越高。在成都平原和四川地区，常常有"阴盛阳衰"的说法，"耙耳朵"就是指在家庭关系上对妻子唯命是从的丈夫，北方的俗语是"妻管严"。四川农村妇女的吃苦耐劳、精明能干、持家有方，使她们在家庭中享有比较高的地位。例如成都平原东南边的新津县永兴场位于新津、邛崃、彭山和大邑四县交界处，在清代和民国时期是一个非常繁荣的集镇。场上的首富孙家，因先祖母创下的基业而发家，孙家这位先祖母曾在成都市东大街开胭脂水粉店，奠定了孙家的富贵。孙家祖坟中先祖母的墓碑硕大气派，先祖父的墓碑则矮小普通。家族的来历和家训也都刻在先祖母的墓碑背面。孙显晴老人向我们介绍，从发家起，孙氏家族世世代代都由女性当家，祖坟体现出孙氏家族"阴盛阳衰"的特色。⑤

---

① 杨树因：《一个农村手工业的家庭——石羊场杜家实地研究报告》，燕京大学学士学位论文，1944年，第24—25页。

② 杨树因：《一个农村手工业的家庭——石羊场杜家实地研究报告》，燕京大学学士学位论文，1944年，第38页。

③ 杨树因：《一个农村手工业的家庭——石羊场杜家实地研究报告》，燕京大学学士学位论文，1944年，第32页。

④ 口述资料，口述人：刘恩（景玉怀的儿子，73岁），访谈人：李德英，访谈地点：成都市新都区新繁镇东湖公园管理办公室，访谈时间：2018年3月23日下午。

⑤ 2018年3月21日，四川大学历史文化学院师生到新津县永兴场做田野考察，孙显晴老人带领师生参观了孙氏祖坟和祠堂，并将墓碑拓片的照片赠送给师生。

第六章　乡村女性与家庭手工业

总之，市场使成都平原乡村女性从事家庭副业和手工业的价值得以体现，也使女性的经济地位得以提高。基层市场体系中的乡村女性参与市场的机会因身份、年龄等因素的不同而存在差异，相较于男性，其受到的限制更多一些，但二十世纪四五十年代的乡村女性与男性并没有形成非常明显的社会分工，正如施坚雅所言，成都平原的乡村女性也要会干全部的农活，这里的社会劳动分工不明显，施坚雅认为这里的妇女劳作虽然不如费孝通研究的云南禄村①的妇女那么多，但"妇女只在需要的时候才在地里劳作，而且几乎是什么都做"②，也就是说，妇女在实际的农业生产中，什么都要会做，一旦需要，就要去田地里干活③。1940年，顾颉刚也曾感叹成都平原乡村的女人真能吃苦耐劳："我们沿途见有一件比成都好的事，就是妇女的劳动分子相当多。拉车的、推车的、担物的，大都是妇女，她们真能吃苦耐劳。"④ 成都平原的乡村女性通过参与市场活动，通过针对市场需求进行家庭手工业、副业乃至农业活动，不仅为家庭增加了收入，为地方经济做出了贡献，而且赢得了家人、社会和国家的尊重，实实在在的收入、口碑和荣誉不是轻易可以遮蔽的。

---

① 1938—1942 年，费孝通在云南禄村进行社会调查，对禄村妇女所从事的工作进行了详细的记录，见费孝通：《禄村农田》，商务印书馆，1944 年版。半个世纪之后，加拿大学者宝森也到禄村进行调查。宝森的研究证明，在云南乡村女性不仅从事着跟男性同样的农耕、运输等工作，在市场上做买卖，也是不少年纪较大且更富裕的妇女的选择。"其他妇女，或许是那些年纪较大且更富裕的妇女还在当地市场上做买卖。为了要挣取现金收入或维持生计，妇女致力于费氏只是一笔带过的诸种活动，其中包括养猪、卖猪、从一个市场购物到另一个市场去卖、制作和出售手工艺品以及给别人当佣人……织布、编草鞋、缝衣、绣花都是无地的寡妇过去养活自己及其子女的替代性的方法。妇女在家外自由地来来去去显然同搞运输、做买卖及干农活等职业有关。"见〔加拿大〕宝森：《中国妇女与农村发展——云南禄村六十年的变迁》，江苏人民出版社，胡玉坤译，2005 年版，第 146 页。

② G. William Skinner. *Rural China on the Eve of Revolution*：*Sichuan Fieldnotes*，*1949 - 1950*. Edited by Stevan Harrell and William Lavely. University of Washington Press, 2017, p127.

③ G. William Skinner. *Rural China on the Eve of Revolution*：*Sichuan Fieldnotes*，*1949 - 1950*. Edited by Stevan Harrell and William Lavely. University of Washington Press, 2017, p127.

④ 顾颉刚：《新津游记》，载顾颉刚：《宝树园文存》（卷 5），中华书局，2015 年版，第 328 页。

第七章

民间信仰与政府控制

本章所谓的"民间信仰"是指民众日常生活中流行的各种信仰活动，其往往没有完整明确的组织教义，不具备完整的宗教制度、宗教规范，却与人们的生活息息相关。① 西方学者一般称之为"大众宗教"（Popular Religion）。多年来，海外学者对中国的大众宗教关注颇多，成果斐然，而关于"大众宗教"的定义也逐渐完善并形成基本的共识。早期的学者认为"大众宗教是残剩的一类，由那些难以归入三大宗教的宗教活动组成"，近来的学者则提出两种新的观点。一种是斯蒂芬·泰瑟（Stephen Teiser）提出的，他认为大众宗教构成了"几乎所有中国人信仰的宗教形式，而不用考虑他们的社会和经济地位、文化程度、宗教信仰或特定的宗教取向。大众宗教首先是被超越了所有社会界限的所有人共同信奉的宗教"②。这种定义忽视了时间和空间潜在的重要变化，掩饰了群体间的冲突。目前被大家采用的定义是另一种："'大众宗教'指的是与精英层相对的下层阶级的宗教。考虑到宗教受社会地位影响，就使得学者们要以比较细致的方法来区分参加同一宗教活动的不同参加者"③。笔者认为，中国的民间信仰活动繁多复杂，它们尽管与佛教、道教及传统文化关系密切，但若按宗教的要求来衡量，其教义和仪式都不够成熟，因此用"民间信仰"比"大众宗教"似乎更为贴切，本章中这两个词汇具有同样的意义，可以互换。

晚清至民国时期，随着社会改良及现代化进程的加速，传统中国的民间信仰、大众日常生活和行为模式受到越来越多的控制。关于晚清至民国时期政府对民间信仰的控制，杜赞奇的研究有一些涉及，他指出："清末新政时对宗教组织的攻击，这是民国时三次（民初、五四运动前后和20年代④后期国民政府执政时）大

---

① C. K. Yang. *Religion in Chinese Society*. University of California Press, 1961, p20。
② 〔美〕韦思谛：《中国大众宗教》，陈仲丹译，江苏人民出版社，2006年版，第2页。
③ 〔美〕韦思谛：《中国大众宗教》，陈仲丹译，江苏人民出版社，2006年版，第3页。
④ 指1920年代。

规模破除宗教迷信的先声"①。这里杜赞奇提到了民国时期三次大的破除迷信的运动，但并未做具体的分析，仅是通过乡村庙宇数量的减少及功能的改变，来说明国家政权对乡村社会的渗透和控制。在另外一篇关于"关帝崇拜"的文章中，杜赞奇进一步谈到了20世纪中国大众宗教的消退及其原因："在中国到20世纪关帝信仰和其他大多数宗教信仰都在开始消退。这种衰退的根源可以追溯到世纪初，这时清朝国家及其民国的后继者发起了一个现代国家的建设过程。中国北方的现代国家建设者没收庙产，破坏乡村的宗教组织，以便利用这些资源建设现代学校和警察力量。作为思想观念的现代化者，民国政府也采取了几次大的行动反对大众宗教和'迷信'。"②

对晚清至民国时期国家政权与社会精英对民众日常行为模式的改变和民间信仰的控制，以及民间的抵制这一双向过程，王笛有精彩的论述："警察竭力规范的不仅是人们的公众行为，还包括作为日常生活重要组成部分的宗教信仰及相关活动。"③从晚清开始，官方正统思想与精英的需要不谋而合，社会改良者与国家政权联合起来，"努力改变民众的宗教信仰。官方正统思想认为，民众的宗教信仰是'迷信''落后'的，因此必须被改造和限制……20世纪初，警察进一步对所有宗教和其相关仪式进行限制。例如，在阴历四月二十八日——药王的寿辰那天，警察禁止人们进入药王庙为药王庆贺，也不允许人们在药王庙附近街道烧香磕头。1914年夏天的旱灾期间，地方政府在大街小巷贴满告示，禁止任何祈雨仪式。1917年，虽然警察没有禁止祈雨仪式，但是禁止有人在典礼中扮演鬼神"④。王笛还注意到民众的抵制，社会改良者的目标并未完全实现，"人们拒绝放弃'迷信'，使改良者非常失望，因此寻求更严格的规章。而从事算命行业的人也力图确立其存在的合法性，如（20世纪——引者注）20年代后期，占星者和算命先生打算组织一个'学会'来保护他们的生计，但地方当局拒绝了他们的请求，声称算命和占卜没有学术价值，并且指出他们是在愚弄民众，玷污风俗和文化，损害社

---

① 〔美〕杜赞奇：《文化、权力与国家：1900—1942年的华北农村》，王福明译，江苏人民出版社，2003年版，第118页。
② 〔美〕杜赞奇：《刻划标志：中国战神关帝的神话》，载〔美〕韦思谛：《中国大众宗教》，陈仲丹译，江苏人民出版社，2006年版，第110页。
③ 王笛：《街头文化：成都公共空间、下层民众与地方政治（1870—1930）》，李德英、谢继华、邓丽译，中国人民大学出版社，2006年版，第218页。
④ 王笛：《街头文化：成都公共空间、下层民众与地方政治（1870—1930）》，李德英、谢继华、邓丽译，中国人民大学出版社，2006年版，第219页。

会。因此在改良时代，必须'废除迷信'。1927 年，城市当局禁止所有巫医、算命先生、僧侣和道人从事该类活动，第二年，各种供奉神灵的仪式也为中央政府的法令所禁止。""大众宗教在人们的日常生活中可以说是根深蒂固，当局的法规和禁令也难以完全改变人们的信仰。很多证据表明，警察控制民间宗教的效果并不明显。""民众的生活方式、宗教信仰和民俗文化显示了强大的持续性。"[1]

两位前人的研究表明，晚清至民国时期，国家和社会精英对民间信仰的控制日益增强，同时民众传统的生活方式和信仰仍然存在着极强的生命力。关于此论题仍然存在研究的空间，如民间信仰如何被构建为"迷信"，作为"迷信"的民间信仰受到的其他宗教的指责与批评，民国政府关于废除迷信的政策、措施及地方政府的实施等。本章拟在前人研究的基础上，通过考察民国以来"迷信"理念的建构，民国政府对"迷信"的政策，以及民国温江县政府档案中反映出的问题，来说明抗战时期民国政府对民间信仰的控制以及民众的抵抗。

第一节　何为"迷信"

"迷信"，是古已有之的概念，其在中国传统文化中主要有两种基本解释：一是相信鬼神等不存在的事物；一是盲目的信仰及崇拜。民国时期曾开展过关于"迷信"的公开讨论。1922 年 2 月，《东方杂志》第十九卷第三号专门开辟"迷信的研究"栏目，刊登了 7 篇文章，从文明与野蛮、科学与迷信、物类生死起源的迷信、迷信与魔术、祈祷与禁厌的迷信及家庭的迷信等方面，对各种迷信及其相互间的关系进行讨论。

化鲁的《文明人与野蛮人的迷信》指出：在欧美文明都市中，戏院、赛马和数字与迷信关系密切，迷信与否与文明程度并无直接关联，有许多非常聪明的人比一个寻常的愚夫还迷信得厉害。"迷信的人正和小孩相同，因单纯的联想，便认定是发见了宇宙的一种型式。文明人自然不是这样单纯的。他们不以表面的连带关系认为因果关系，却要用了实验方法去追求事实的真原因。他们并不像野蛮人或小孩那样认定鸡啼是天明的原因，或是认定火车开驶不是由于蒸汽的动力而是由于绿旗的挥映。但是一方面推理的方法进步，一方面迷信的事件仍未能减少。

---

[1] 王笛：《街头文化：成都公共空间、下层民众与地方政治（1870—1930）》，李德英、谢继华、邓丽译，中国人民大学出版社，2006 年版，第 218—219 页。

因为宇宙的广大，人生命运的不可测，都不是实验方法所能推测的。近代人的生活，非常烦闷，所以对于自然和人生，不免引起怀疑和不安，无可奈何，便归到迷信的途上去，这便是现代神秘主义盛行的原因了。"① 论文的结论是不管文明人还是野蛮人都有可能迷信，迷信与智慧并非截然两分。

高山的《科学与迷信的冲突》论述了"迷信"成为"科学"的敌人之过程，迷信在科学尚未进步的时候，如果仅仅是一种安慰求知的欲望的假说，并没有什么危害，可是这类想象一经"迷信"之后，便变成不易的真理，使人不敢有所怀疑，于是逐渐成为科学的敌人。② 该文还讲到"迷信杀人"的故事，例如布鲁诺和哥白尼，这里的"迷信"显然包含"宗教"。

建人的《对于物类生死起源的迷信》指出："凡人遇到一桩可惊异的事，往往想求一个解释去慰藉精神上的不安，这种精神，本是科学、哲学的出发点，然而迷信也往往如此起来。不过科学、哲学时时向着真理进行，迷信是保守成见。执迷不悟罢了……等到现代因欧洲文明的输入，科学知识才能得流到中国，这一类灵魂投胎的迷信和朴素的一元论，方才略略打破，但在一般习俗上，却还在那里保守着。科学本是迷信的对敌，近代科学的光虽然已将它漂白了一部分，但关于物类的生死及起源的问题依旧还留着神秘，还不曾得到能慰安精神上的不安的解释呢。"③

健孟的《迷信与魔术》提道："人既迷信有鬼存在。又相信鬼能作祟，使人患病，因此许多魔术也由此相伴而来……中国就还有这种习惯，如遇打嚏，往往说几句吉利的话，如'千年百岁'之类，这也是古代咒语的一种遗风。"④ 笔者不知道国人是否有这样习惯，但在美国生活过的人可能不会忘记，美国人一打喷嚏，旁边的朋友或亲人常会说"GOD BLEES YOU！"（上帝保佑你！）。如果东西方都有同样的习惯，则可以将之看作人类共同的体验，人同此心，心同此理。不管人类起源时期它有着怎样的意义，但在当代这种习惯如果仍保留，则可以看作对朋友或亲人的关爱和祝福。该文把"魔法"与"魔术"混为一谈，而这里谈的完全是"迷信与魔法"的关系，把一些习俗与禁忌同魔法与迷信结合了起来。

同一期的《东方杂志》还发表了幼雄的《预知术的迷信》、尚一的《祈祷与禁厌的迷信》以及高山的《家庭的迷信》等文，它们分别从占星术、祈祷与禁忌

---

① 化鲁：《文明人与野蛮人的迷信》，《东方杂志》1922 年第 19 卷第 3 号。
② 高山：《科学与迷信的冲突》，《东方杂志》1922 年第 19 卷第 3 号。
③ 建人：《对于物类生死起源的迷信》，《东方杂志》1922 年第 19 卷第 3 号。
④ 健孟：《迷信与魔术》，《东方杂志》1922 年第 19 卷第 3 号。

等方面阐述迷信的存在及缘由，其目的是破除迷信。①

《东方杂志》的这一组讨论文章，从各个方面入手谈迷信的存在及缘由，很多文章都是从中国和西方传统文化与习俗中寻找材料，分别从迷信与科学、迷信与心理、迷信与日常生活等方面进行论述，让读者认识到迷信存在普遍性。从这些论述中我们可以看到，有三个问题需要特别注意：一是迷信与宗教，二是迷信与心理需求，三是迷信与民俗文化及传说。②

一、迷信与宗教

20 世纪 20 年代初，社会精英关于"迷信"的讨论在社会上引起反响，有的地方以"破除迷信"为由头，对民间信仰和宗教活动开征"迷信捐"。1929 年 11 月安徽省安庆市政筹备处发出布告，声称为了改良风俗习惯，从 12 月 1 日开始征收迷信捐：

> 为布告事，照得革新市政以改良风俗习惯为要图，凡市民延请僧道唪经礼忏者，本为毫无意识之举。当经主义昌明，人赴一的，异端惑众，首应革除。无如市民迷信甚深，一时破除匪易，唯有设法取缔，使其逐渐挽回。本处有鉴于此，爰拟订抽收本市僧道唪经迷信捐章程，呈奉省政府第九十四次委员谈话会议议决，照准办理在案。兹本处已将联单章程制妥，定于本年十二月一日开始征收，除呈报省政府备查并通令释道两教一体遵照办理外，合行粘附章程布告，仰市民人等一体周知，幸勿朦隐，致受处罚。切切。此布。③

此布告发布以后立即引起佛教界人士的反对，他们纷纷著书立说，表明自己信仰的宗教并非迷信。"现在社会上对于佛教的错觉，不是那一处那一时那一人

---

① 详见《东方杂志》1922 年第 19 卷第 3 号。
② 本章篇幅有限，只谈第一和第三个问题，第二个问题可参见陈大齐：《迷信与心理》，北京大学出版部，1920 年。该书由辟灵学、心灵现象与现代心理学三部分构成。前两部分曾发表于《新青年》杂志，为破除迷信而著；现代心理学部分介绍了心理学思潮，旨在说明人的心理活动的作用，同时还介绍了普通心理学、生理心理学、实验心理学、变态心理学、差异心理学、儿童心理学、动物心理学等，目的也在于破除迷信。
③ 黄健六：《拿学理来研究迷信捐》，安徽省佛教会，1929 年版，第 18 页。

的，可说是随地皆然。即使此时安庆的迷信捐算已解决，但异时异处难免又有同样的纠纷发生。"① 安徽省佛教会常务委员黄健六还专门撰文《拿学理来反对迷信捐》，从什么是迷信和迷信捐、征收迷信捐是否合理合法等问题进行论述，认为迷信捐无论从逻辑还是因明（佛教用语）的角度来讲均不成立，要求政府收回成命，尊重中央"保护庙产""信教自由""停止收捐"等命令，打消征收这项苛捐杂税的念头，"平心静气的，与佛教会中人讨论，何者是迷信，何者是非迷信。是迷信，则应当取缔禁止，非迷信，则听其宏扬化导"②，希望市政筹备处通过协商来解决问题。安徽各地机关也对迷信捐表明了自己的态度：安徽怀宁县党部，有人提出征收迷信捐作为党费；安庆市第一区分部，提出了取消迷信捐，扫除迷信的提案；安庆市党部转函市公安局，要求严加制止征收迷信捐。

1933 年，上海佛学书局出版了康寄遥著述的《破除迷信》，对什么是"迷信"以及"迷信"和宗教的关系问题，阐述了自己的意见："近来破除迷信之声浪弥漫全国，高唱入云。将以除邪崇正，破妄显真，宏开觉路，救正人心，甚胜举也。惟是不善拣别，或以不迷信者为迷，或以信迷信者为不迷，恐误众生，益滋颠倒，是不可不辨。须知何为迷信，方可根本破除，且欲对治其迷而能破，尤宜自标其不迷而能立。"③ 其后，康氏用佛教理论对"迷信"的概念和种类做了分析，在康氏看来，民间崇拜和民间宗教都属于迷信之列："有伪托神话，以图煽惑或敛财者，如张角黄巢篝火狐（原文误作"孤"——引者注）鸣之故技及明清以来白莲教、八卦教、灯花教、红灯教皆是。而小说之虚构诞词，或系传闻，或有譬喻，世人亦多肖其神而奉之者，如社会对于搜神、封神、西游等皆是"④。其他宗教也被康氏判为迷信："唯神之说，或多神或一神，或由无识者所拟议，或由野心家所假说，总之，皆属绝对的迷信。"⑤ 而且，在康氏笔下，英雄崇拜和自然崇拜也未能幸免。概言之，只有佛教不是"迷信"。

从西方传来的基督教的信众也高高举起"破除迷信"的大旗，他们武断地认为中国传统文化就是一部"迷信"史。他们宣称："一部二十四史乃是以迷信为主脑编成的，如果将史中的迷信剔除，所剩的不过是支支节节。""迷信是在原人时代就扎下了恶根，再加上历代的潜滋默长，遂越发盘根错节霸踞了人的脑海。"

---

① 黄健六：《拿学理来反对迷信捐》，安徽省佛教会，1929 年版，前言（缘起）第 1 页。
② 黄健六：《拿学理来反对迷信捐》，安徽省佛教会，1929 年版，第 17 页。
③ 康寄遥：《破除迷信》，上海佛学书局，1933 年版，第 1 页。
④ 康寄遥：《破除迷信》，上海佛学书局，1933 年版，第 7 页。
⑤ 康寄遥：《破除迷信》，上海佛学书局，1933 年版，第 10 页。

"近三五年来，有一般号称得了新觉悟，受了新思潮的人物，将破除迷信列为新文化运动之一，旗帜未尝不鲜明，号筒倒也甚响亮，可是炮是乱放，枪是乱射，或者不到五分钟，也许要偃旗息鼓的。至于论到基督教的破除迷信工夫呢，却是以步步紧为工具；因为历年以来，已经有不少破迷的文字，最显然的，则为丁韪良博士的《黜虚崇正论》，可惜自博士被召以后，继起的少有其人，况且当着这破除迷信的声浪嚣尘直上的时候，敢说博士如果存在，则必重修他的黜虚论。"① 基督教人员编撰的《破除迷信全书》，从风水、卜筮、看相、垂象、成佛、成仙、妖祥、左道、邪说、多神十个方面，居然把中国文化中的民间传说和习俗完全归为迷信，全面否定中国传统文化。

与宗教界人士极力将自己信奉的宗教与"迷信"区别开来的做法完全不同的是，在一些社会精英眼里，"宗教"和"迷信"几乎没有分别，至少有很大部分是等同的，如宋桂煌著《科学迷信斗争史》："本书中所说的迷信较普通所指的意义广泛得多。如把物件放在右肩上，于来复五忌食肉类等习惯，将不视为迷信，只视为迷信表现的证迹。本书中所说的迷信，与宗教（religion）一辞的普通意义相同，根据此点，故本书中这两个名辞可以交换。"② 在高山的《科学与迷信的冲突》一文中，"迷信"也包含在宗教之中。③

由此可见，关于"迷信"与"宗教"的关系，不同立场的人士有着截然不同的主张。在崇尚"科学"的人那里，"迷信"和"宗教"是一个东西；而在正统"宗教"人士那里，他们信仰的"宗教"不是"迷信"，非但不是，他们还是反"迷信"的斗士，只有那些不入流的、在民间流传甚广的民间信仰、传说与习俗，才是"迷信"；而在基督教人员那里，居然就连中国的正史都是"迷信"的。

二、迷信与民间信仰

民国时期，宗教界人士把"迷信"的矛头直指民间信仰、传说和习俗，竭力把"宗教"与"迷信"区分开来，一些非宗教人士的社会精英也认为"迷信"的土壤和根源是民间信仰和习俗，甚至一些从事民俗研究的学者也试图从根本上将"迷信"拔除。容肇祖在《迷信与传说》一书中提出："说到迷信的一个问题，当

---

① 李干忱：《破除迷信全书》，上海美以美会全国书报部，1924年版，序言第1—2页。
② 宋桂煌：《科学迷信斗争史》，华通书局，1933年版，第1—2页。
③ 高山：《科学与迷信的冲突》，《东方杂志》1922年第19卷第3号。

我们认为不应存在的时候,便要高呼着打倒它。然而我们拼命高呼打倒某种迷信的时候,往往自己却背上了一种其他的迷信。在知识未到了某种的程度时,迷信是不容易打倒的。要打破迷信,只好是追寻迷信的来原及其真相。来原及真相明白了,所迷信的神秘,自然是没有了。迷信的成立,有时是出于人们欺诈的流言,以及盲从的附和。然而有时也为着迷信使人有满意、安慰、希望、忍耐种种的效果,而人们是自己需要着一些迷信的。迷信的积聚、传递,自然是也有为着人们的急于实效而懒于考寻事理。老大的国家,个人过求着个人满意,人民或男女未得全受普通的教育,迷信的风俗,又有共同过信的圣人,共同尊敬的宗亲,共同崇奉的君官,共同遵守的制度,又复有书为证,保障重重,此仆彼起,故此我们中国的迷信至多,而亦至不易打破。要打破迷信,自然和迷信有关系的古圣人、礼教、风俗、宗教、制度、古书等,一切都可以推翻。我们或者可以跟随着政治的革命之后而高呼思想革命。但是一壁叫'政治革命'的民国成立之后,却有'官僚政治''军阀政治',自然一壁叫'思想革命'之后的,一壁迷信是会依然存在的了!"①"我们此际只有抛弃了向民众作对方的狂呼,而脚踏实地的把民众的迷信及不良好的风俗作我们研究的对象。讨寻他的来源和经过,老实不客气的把他的真形描画出来。"②容氏致力于从"根核"上拔除迷信:"在广大的学问的范围中,我们要研究民俗学,在民俗学范围中,我们要研究迷信,我们因材料的便利而研究中国的迷信,又在迷信中找出了某种迷信的一个问题来下手。"③"传说与迷信,也有时互相结合,更使人有不易解答的可能。"④ 容氏试图从民俗学的来历上研究并破除迷信,也就是其所说的从"根核"上拔除"迷信"。

还有学者从救国救民的角度出发而主张破除迷信。"迷信"主要来源于民间崇拜和习俗,车庆和的《打破迷信》即主要针对民间崇拜和民间习俗展开,车氏有济世救国的抱负,期望通过批评"迷信"来开启民智。⑤

以上资料表明,在社会精英眼里,"迷信"更多是指没有被纳入三大宗教体系和官方礼祀的民间崇拜和民间信仰。

---

① 容肇祖:《迷信与传说》,广州国立中山大学民俗学会,1929年版,序言第1—2页。
② 容肇祖:《迷信与传说》,广州国立中山大学民俗学会,1929年版,序言第2页。
③ 容肇祖:《迷信与传说》,广州国立中山大学民俗学会,1929年版,序言第2—3页。
④ 容肇祖:《迷信与传说》,广州国立中山大学民俗学会,1929年版,第3页。
⑤ 车庆和:《打破迷信》,振兴排印局,1929年版,第1页。

第二节 民国政府对"迷信"的态度

在传统中国,官方对民间信仰和崇拜有接受、"允准"的可能性,例如沿海民众对"天后"(妈祖)的崇拜,就得到朝廷的承认,对妈祖的祭祀被纳入官方祭祀程序中。① 也就是说,民间信仰有被官方承认和非承认之分,被国家准许的崇拜享有特权,包括由国家出钱在一些中心地区建立寺庙,而不被"允准"的崇拜则要受到官方的打击和排斥。民国政府对民间信仰没有"正""邪"的划分,但有"淫祠"的概念。

1930年4月国民党中央执行委员会秘书处发布的《神祠存废标准》是一份重要文件,其对寺庙类型及存废有明文规定。这显然能代表民国政府对非世俗世界的态度。而在此之前,"关于神祠之存废,寺庙之管理,因未有何项标准条例,以致各级党部与民众每多引起纠纷,屡呈中央请示,颇为不鲜"②。根据此次颁发的标准,可以保存的主要有先哲类与宗教类信仰。

先哲类:(甲)对于民族发展确有功勋者;(乙)对于学术有所发明,利溥人群者;(丙)对于国家、社会、人民有捍卫御侮或兴利除弊之事迹者;(丁)忠烈孝义,足为人类衿式者。根据这个标准,伏羲、神农、黄帝、嫘祖、仓颉、后稷、大禹、孔子、孟子、公输般、岳飞、关羽等十二人"皆有合于前定先哲范围之四点,允足为人类衿式,各处如有以上先哲祠庙,应一律保存,以志景仰。其有虽不在上文列举之中,而其学问事业,有合于前四点之一者,应由各省市县地方政府查明,一体保护"③。

《神祠存废标准》是这样定义"宗教"的:"宗教者,以神道设教,而设立诫约,宗旨纯正,使人崇拜信仰之神教也。专祀一神者为一神教,并祀多神者为多神教。现国民政府以党治国,而国民党党纲,规定人民有信仰上之绝对自由,故属于宗教性质之神祠,一律应予保存。惟流俗假宗教之名,附会伪托之神,与淫

---

① 参见 David Johnson, Andrew J. Nathan, Evelyn S. Rawski. *Popular Culture in Late Imperial China*. University of California Press, 1985, pp292-324.
② 中国第二历史档案馆:《中华民国史档案资料汇编·第5辑·第3编·文化》,江苏古籍出版社,1991年版,第491页。
③ 中国第二历史档案馆:《中华民国史档案资料汇编·第5辑·第3编·文化》,江苏古籍出版社,1991年版,第499页。

祠同在取缔之列。"① 根据这一定义，佛教、道教以及从道教派生出来的老子、元始天尊、天师等民间崇拜，得到政府的承认，但该标准同时又指出："按道教为中国固有之宗教，唯以无人倡明，致为方士所混淆，其善者则从事于服饵修炼，其不善者则以符箓禁叽惑人，后世之白莲教、义和团、大刀会、小刀会及最近之硬肚社、红枪会等，皆其流毒也，应即根本纠正。凡信仰道教者，应服膺老子《道德经》，其以服饵修炼或符箓禁叽蛊世惑人者，应一律禁止"②。足见民国政府对道教及其民间信仰仍有所顾忌与提防，这与其对其他宗教的态度有所区别。对作为一神教的伊斯兰教和基督教一律承认，对中国古代对日月星辰的崇拜也予以承认。

由此看来，民国政府对传统先贤、宗教和部分民间崇拜予以承认并保护，但对与民间崇拜关系最为密切的道教有所警惕，因为由这些民间崇拜派生出来的民间宗教，在政府看来会对政权构成威胁，能成为民间反叛力量的精神武器。因而民国政府的态度是允其存在，一旦有不轨之举则予以禁止。

民国政府有关于"淫祠"的划分，"我国自秦汉以来，淫祠渐多，虽历代迭有毁废，而以政纲废弛，教育不振，民智顽陋之故，旋废旋兴，不可究诘"。以下四种情况为淫祠："（甲）附会宗教，实无崇拜价值者；（乙）意图借神敛财，或秘密供奉开堂惑众者；（丙）类似依草附木，牛鬼蛇神者；（丁）根据齐东野语、稗官小说、世俗传说，毫无事迹可考者"③。按此规定，张仙、送子娘娘、财神、二郎、齐天大圣、瘟神、痘神、玄坛、时迁、宋江、狐仙等庙，皆为淫祠，一律应予禁止和取缔。以上诸庙跟百姓日常生活关系最为密切，涉及生子、招财、除病痛等现实关怀。另外，与盗匪有关的崇拜因有违正常生活秩序，也一律禁止。

彭慕兰在对碧霞元君的研究中对淫词之"淫"有独到的见解："这一称号不像'邪'那样坏；事情是这样，这一第三类别的存在提供了一个重要的缓冲余地，使得那些达不到正教标准的崇拜不用按照严格的正—邪二元来区分，否则就

---

① 中国第二历史档案馆：《中华民国史档案资料汇编·第5辑·第3编·文化》，江苏古籍出版社，1991年版，第499页。
② 中国第二历史档案馆：《中华民国史档案资料汇编·第5辑·第3编·文化》，江苏古籍出版社，1991年版，第501页。
③ 中国第二历史档案馆：《中华民国史档案资料汇编·第5辑·第3编·文化》，江苏古籍出版社，1991年版，第504页。

要遭到镇压"①。"淫"处于"正"和"邪"的中间地带,"淫"并不是指有问题的宗教,"只是用来指一些大致无害的民众毛病(通常是过度热情的结果),而这些信仰与正统道德又基本吻合使其毛病无足轻重。在危机来临时,甚至那些特别正统的人也会公开求助于这些崇拜,而这样做绝不是要摈弃正统礼仪"②。就此看来,不论是"淫教"还是"淫祠",其与政治权威仍有共存的余地,对于它们的存在,政府可以利用之,可以排除之,"邪教"则不同,"邪教"是必须消灭的。这就不难理解为什么民国政府虽有取缔"淫祠"的政令,但各地仍有不少"淫祠"存在的现象了。

该标准还提出改良祀神礼节,"现查旧日祭祀天地山川之仪式,一律不能适用,即崇拜先哲,亦重在钦仰其人格,宣扬其学说功烈,凡从前之烧香拜跪牺牲醴等旧节,均应废除。至各地方男女进香朝山,各寺庙之抽签、礼忏、设道场、放焰口等陋俗,尤应特别禁止,以蕲改良风俗。"③

民国中央政府破除迷信、改良风俗的指令下达后,各地落实的情况如何?基层民众有何反应?

第三节
民国温江县档案中反映的政府对"迷信"活动的控制

笔者在查阅民国温江县政府档案时有幸看到一批(有几百卷)有关地方政府取缔神权迷信的档案(1936—1946年),从这些档案中可以看出基层政府在处理民间信仰时所采取的态度,以及中央、地方和民众的关系。

一、统一思想,防范政治异己,预防民变与"匪患"

纵观抗战时期民国政府或基层社会中有关"破除迷信"的言论及做法,都旨

---

① 〔美〕彭慕兰:《泰山女神信仰中的权利、性别与多元文化》,载〔美〕韦思谛:《中国大众宗教》,陈仲丹译,江苏人民出版社,2006年版,第117页。
② 〔美〕彭慕兰:《泰山女神信仰中的权利、性别与多元文化》,载〔美〕韦思谛:《中国大众宗教》,陈仲丹译,江苏人民出版社,2006年版,第117页。
③ 中国第二历史档案馆:《中华民国史档案资料汇编·第5辑·第3编·文化》,江苏古籍出版社,1991年版,506页。

在统一思想，防范政治异己：

一、抗战建国要在"人定胜天"的信念中达成，而委之于劫数运命等，不啻销灭人之志气，长寇虏之精神。二、领袖之外无领袖，在抗战之今日，决不许有一般群众憧憬未来之真命天子出现。三、祖国之外无祖国，此等秘密宗教，旨在覆清，今日之下，不许另制造幻想任何世界乐土，以诱惑一般愚夫愚妇。四、谣言影响兵役最大。

办法：

一、利用战时教育文化法令严行查禁之。二、揭示各点作正当指导，说明"人为自然界之主人翁"与抗战必胜、建国必成、自力更生之大道理。三、晓谕各佛寺道观，在抗战期中除宏扬外不许涉及旁门歪道。四、晓谕各慈善团体、各会馆、各茶社、各轮船人等厉行肃清邪说，免为众人乘隙滋蔓。①

以上为1939年国民参议会第三次大会议案，后形成正式提案交到国防最高委员会第三次常务会议上讨论，该会议决议"交行政院注意"，行政院将相关文件转发给各省教育厅，四川省教育厅则将之下发给所属各县，并要求各县社教机关注意。

这一时期反对"迷信"的活动，还与预防民变、防"匪患"密切相关。

如1940年1月，有国民党四川省执行委员会观察员到川北各地视察后，呈文省政府，反映川北各地民众迷信甚深，竟聚众反对县长，建议取消朝庙和各种神会，以防事端。

"川北各地民众迷信甚深，因此丛生种种不良现象，其如教匪一项，几为川各县汉奸活动之对象，朝庙一事，年年消耗巨数之金钱等等。皆与抗战前途、社会文化有碍，而现在如营山县之扇子匪，谬说惑众，竟类似拳匪，去年周县长接事时，曾集合万余人攻城，即几被攻破。此等朝庙及神会迷信行为，皆现代政治中不应有之现象"等情，查事关后方秩序及社会文化，相应函达查核，即祈会同政府设法防止，并厉行社会教育，以治愚顽而资感化为荷。②

---

① 《关于取缔神权迷信事项卷》，档案号：33-9，成都市温江区档案馆，第61页。
② 《关于取缔神权迷信事项卷》，档案号：33-9，成都市温江区档案馆，第64页。

第七章　民间信仰与政府控制

除了严格禁止迷信活动，通过邮件传播迷信信息和敛财的行为也受到了查处，如 1940 年 1 月，泸县邮电所查获"借神敛财"信件及传单，及时向省政府报告，省民政厅指示，"一律严予取缔"：

以据泸县邮电局检查所呈，据该所邮检组检获借神敛财信件，内附神怪谕示传单多种，并胆敢设立办事处筹备员诸多名目，此等不法行为，不特蛊惑民众，对于抗战前途，关系甚大，为此呈原函七件，请转呈上峰，一律严予取缔，以正风俗。①

1940 年 4 月，四川省兼理主席蒋中正和四川省民政厅厅长共同签发的训令，更加表明了"隔断匪教交通，使教不为匪利用"的态度和主张：

川康绥靖主任公署剿字第 0051 号公函以据第十四区行政督察专员林维干函呈"治匪办法内述隔断匪教交通，使教不为匪利用一节。兹法甚善，函请本府统筹制止邪说妄教，并隔断匪教勾结为患办法，通令施行，以利清剿"等由，准此。查关于制止邪说妄教，二十八年九月准内政部咨送加强查禁社会神权迷信办法到府，当经令饬各该专署市府暨四川省会警察局转饬遵照办理在案，是项查禁办法对于邪说妄教之制止，规定极为详密，各级执行人员，如能切实奉行，则邪说妄教不难根本禁绝，同时教与匪之勾结自亦因而隔断……

令川康绥靖主任公署、兵分令各区行政督查专员公署、各市县政府、四川省会警察局暨嘉陵江三峡乡村建设试验区署外，合行抄报原办法，令仰该县府遵照查禁办法第四五六各项之规定，克期举行扩大宣传，按照步骤切实执行，认真查禁，期于隔断教与匪之勾结暨彻底禁绝邪说妄教，而利新县制之推行，并遵照原办法第九项之规定期间，呈报来府，以凭汇转为要。此令。②

---

① 《关于取缔神权迷信事项卷》，档案号：33-9，成都市温江区档案馆，第 66 页。
② 《关于取缔神权迷信事项卷》，档案号：33-9，成都市温江区档案馆，第 67 页。

二、厉行节约

抗战时期禁止迷信活动的另一个重要目的是"厉行节约"。官方认为百姓因为"迷信"而点灯烧纸是一种浪费，因此在抗战建国最困难的时期，要禁止这样的活动。

1938年3月，四川省第一区行政督察专员公署签发训令：

> 案据第三区行政督察专员沈鹏代电称："查区属大足县宝顶山香会期届，一般无知愚民成群结队朝山进香，接踵摩肩，趋之若鹜，不仅虚耗人力财力物力，抑且妨碍地方治安，动摇国体，莫此为甚。兹倭寇压境，全面抗战紧张之际，川省连年灾歉，农村疮痍未复之时，自应厉行节约，极度减缩消费，借以增加生产之资本与劳力，杜绝奸宄以可乘之隙，巩固后方，严整抗战阵营，方能应付长期抗战，达到救亡图存之共同目的，所有是项借神号召妄诞不经之迷信举动，允宜采取最有效方法力予矫正，善为劝阻或严厉制止并严惩其首要，以杜乱萌而苏国力，除令饬所属各县区遵照办理外，理合电呈钧座鉴核，准予通令全川各县一致取缔，是否有当。伏乞示遵"。①

四川第一行政督察专员认为"无知愚民成群结队朝山进香，最易受奸人之煽惑，值此非常时期，对此种行为及借神号召之举动，尤应严厉查止，以维地方治安"。② 其还要求"各县遵照查禁，以遏乱萌"③。

1939年2月1日，四川省第一区行政督察专员公署签发训令：

> 查各县名山寺观，每年举办香会，往往有男女信徒不远千里，成群结队前往朝山进香，积习相沿为日已久。在昔时以其无碍大体，各地方政府因而亦多放任，未遽加以干涉，值此抗战严重期间，诚恐人数众多，奸宄易藏，后方治安亟须顾虑，且当厉行节约之际，尤应省无谓之销耗，备战时之需要。此种迷信陋习，自应及时禁止，除分令外，合行令仰遵照并转饬所属

---

① 《关于取缔神权迷信事项卷》，档案号：33-9，成都市温江区档案馆，第14页。
② 《关于取缔神权迷信事项卷》，档案号：33-9，成都市温江区档案馆，第14页。
③ 《关于取缔神权迷信事项卷》，档案号：33-9，成都市温江区档案馆，第14页。

各县政府一体遵照，查明所辖境内如有名山胜地举办香会，地方务即先期示禁，防于未然。其素无香会，地方亦应布告人民，勿得沿习前往，致遭禁阻，徒劳跋涉，是为至要！此令。①

从上述训令中，我们可以看出官方严厉查禁民间"迷信"活动的理由无外有二：一是治安防范，二是厉行节约以减少消耗。四川省政府甚至对"迷信"活动消耗的纸张都做了调查与规定（见表7-1）。

> 每年消耗于迷信之纸张为数甚巨，此项物资若任其虚耗，则直接间接影响于抗建工作，殊非浅鲜，自应加以查禁。至该会原提案所请加增迷信纸张捐税，全数拨充救济书荒费用一节，于法无据，未便照办。兹准前由，除分令各区行政督办专员公署、各市县政府、四川省会警察局暨嘉陵江三峡乡村建设试验区署外，合行令仰该府即便遵照，对于迷信用纸，务须切实查禁，其尚未填报迷信用纸调查表者，并应克速查填具报，以凭汇转为要！②

表7-1　迷信用纸调查表

名称	条纸、数纸、新方纸、小耳纸、玉板纸
原料	葱竹、白夹竹、石灰、碱
制造方法	先窖熟，后煮熟，最后用竹廉抄成纸
出产地	邛崃县
每年出产数量	邛崃县所属纸店便知
售价	高低不一，温江县条纸每百斤售120元
销售地区	邛崃、大邑、新津、双流、崇庆、成都、华阳、温江、郫县、灌县、崇宁、新都、新繁、简阳、彭县
是否专供迷信之用抑另有其他用途	迷信用
调查年月日	二十九年七月十八日（1940年7月18日）
调查机构	温江县商会

资料来源：《关于取缔神权迷信事项卷》，档案号：33-9，成都市温江区档案馆，第37页。

政府还禁止生产黄表纸，要求黄表纸作坊改造，以生产"类似毛边之纸张"。

---

① 《关于取缔神权迷信事项卷》，档案号：33-9，成都市温江区档案馆，第16页。
② 《关于取缔神权迷信事项卷》，档案号：33-9，成都市温江区档案馆，第34页。

查敬神祭鬼之黄表纸，大部产于四川之大竹、达县、梁山等处，每年运销鄂省者约在二十万篓以上，每篓以现价八元计，共值一百余万元，如再加以销售其他各地者，其价值之巨，可想而知，花费几许劳力与材料，结果则付之一炬，而全无实用，殊深可惜。自抗战军兴，纸张日感缺乏，倘将此项造纸作坊勒令改造类似毛边之纸张，不准再造黄表纸，则于国计民生均有莫大利益。本会有鉴于此，除分电四川省政府限令各造纸作坊改造外，用特电请贵会禁止黄表纸运入鄂境，以仰体中央倡导节约厚蓄国力之旨。①

三、官民妥协

民国政府从维护政权和厉行节约出发，对民间信仰活动多有控制，但民众对这种控制行为也表现出了抵制，为此一些地方政府和精英人士向中央政府提出意见，要求在对待"迷信"活动时要考虑各地情形，变通处理。例如：

1930年，国民政府要求各地调查"淫祠"，并填报"淫祠邪祀调查表"，天津、上海均有呈报。1930年3月，国民政府还颁布了《取缔经营迷信物品办法》，规定"凡供鬼神所用之锡箔、纸炮、冥镪、钱纸、黄表、符箓、文疏、纸马、像生及一切冥器等"皆属迷信物品，凡制造或贩卖"迷信物品，即为迷信物品营业者"，对迷信物品营业者，各地方政府和各地公安局及工商业团体要进行劝导，并要求其自该办法公布之日起一年内改营其他行当。②

由于此办法在执行过程中受到重重阻碍，浙江省政府主席张人杰最终不得不向国民政府呈文，要求根据各地情形，"准予变通办理"。呈文主要从就业和失业的角度进行论述："此项迷信物品关系文化进展，予以取缔，本属理所当然。原办法以劝导期以一年，亦已审慎斟酌。惟是近年以来，工商凋敝，失业者本已日众，若再增此数百万人而欲于一年内得有他项职业，实非易事，加以连年灾歉，社会空虚，生计艰窘……一旦失业，何以为生，况各省灾荒更有甚于浙省者，此于人民、社会安宁，关系匪细……乡间党部禁烧纸灰，影响于纸灰营业一项，人数已有五十万人之巨。"此文提出建议："窃以为取缔此项迷信物品，依现

---

① 《关于取缔神权迷信事项卷》，档案号：33-9，成都市温江区档案馆，第45页。
② 中国第二历史档案馆：《中华民国史档案资料汇编·第5辑·第3编·文化》，江苏古籍出版社，1991年版，第493页。

时社会状况，似宜先由政府尽力提倡各项工业，使得有相当容纳之地，一面多方劝导，明白宣传，促其觉悟，而欲再分别种类，并酌量地方情形，随时改善，逐渐进行。"该文最后请求政府"准予变通办理，并令知各省体量社会情形，一并变通"。①

浙江省政府的呈文，代表了很多地方的情形，事关社会稳定、人心安宁，故该年5月，行政院经过研究后同意了浙江省的提议，准予变通。

由此可以得知，中央政府改善民间习俗的愿望与地方政府保障民生、维持稳定的取向时有矛盾，二者碰撞的结果是维持现状。在民国温江县政府档案中，也可见到这样的冲突与妥协。例如1937年4月，久旱不雨，温江县士绅陈树培等人呈请设坛祈雨，一开始遭到县政府的反对，呈报四川省政府后方得到批准。

> 呈为久旱不雨，农作愆时，协恳设坛祈雨，以弭巨祲而顺舆情事。窃吾温西南僻邑，襟江而居，阡陌沟塍，纵横绣错，号称沃壤，兼以雨旸时若水利凤饶，前此虽困诛求之余，仍有来苏之庆，本年川东北各县荒旱成灾，赤地千里，而吾温收获终然可望，是虽地域使然，微钧座事惠黎元殚心农事不及此。乃客岁洪水之后，继以冬旱告灾，入春以来，数月不雨，骄阳厉威，旱魃肆虐，日畴龟坼，妇子鸿嗷，菜麦强半枯焦，秧苗更难栽插。荐饥且至，荒象垂成，比闻中央政府轸念川灾，鸿慈特沛，委派中央赈务委员长朱庆澜氏，赍赈款数十万，来川放赈，其眷顾西陲之意，至深至远，我川省政府，亦复积极筹赈，以惠民生，终觉款微灾广，救恤或有未周，天道变于上，人事应于下，充其所及，正不仅狱讼繁兴盗贼滋炽而已，瞻念前途，不寒而栗，合无协恳钧座垂悯农村，俯念灾黎，准照向例，设坛祈雨，并禁屠宰，以禳天变，而重民生。庶几诚恪照格，立致甘霖，亿万生灵，同沾浩泽，民无菜色，岁仍有秋，斯固士绅等寤寐诚求泥首祷祝者也。士绅等夙隶帡幪，同叨仁育，非不知勤政爱民，救荒筹赈，早在成算之中，衹以菜榆桑梓，朝夕敬恭，心所谓危，不惴冒渎，如蒙允行，则三十万温民，拜赐当无纪极矣。
>
> 复查灌县白龙池为江渎正神，水泉总汇，历来川省旱灾，圭璧祈禳，首严于是，可否简派贤员，径赴该地，虔求雨泽，俾借神庥，以延民命，抑或

---

① 中国第二历史档案馆：《中华民国史档案资料汇编·第5辑·第3编·文化》，江苏古籍出版社，1991年版，第494页。

以第一区专署名义,令行灌县县长,就近祈祷,以昭灵应之处。①

省政府的回答是"此种举措虽云事涉迷信,但各地灾荒严重,人民望泽情殷,不能不加以曲谅,亦借以顺应民意,共图感召天和,希参酌贵治地方实际情形,酌办为荷"②,并要求"各市县政府官民一律斋戒并禁屠宰,绅民有祈雨者,加以保护,全省合作庶可感召天和"③。

有意思的是,此前政府曾多次明令禁止迷信活动,特别是聚众的摆坛设醮活动,但关于旱灾的祈雨活动,却大多是予以支持的,这时候"迷信"就被搁置一旁了。此后各次祈雨,政府几乎都允准了。如1940年7月安岳的祈雨活动,有人以"迷信"为由加以阻拦,造成事端,国民政府最后准许了祈雨活动的开展,事端才得以平息:

> 据报安岳第三区民众因天久不雨,米价日趋高涨,因请求区署设坛禁屠祈求雨泽,该区署以事属迷信未允,民众遂集合千余人,将区署捣毁等语。查禁屠祈雨为民间多年习俗,值此天旱米贵,人心惶恐之时,自可勉顺舆情,不必因迷信之故,辄加阻止,徒惹纠纷,希即通令各县知照务各善体此意为盼等因。奉此,除命令各行政督察专员公署、各市县政府、四川省会警察局暨嘉陵江三峡乡村建设试验区署外,合行令仰该府即便遵照!④

1941年5月,四川省兼理主席张群专门发出训令,改变此前阻止该活动的命令,要求各县市体察民意,若无其他用意,则应从习惯,不再禁止:"查天旱之年,民间多有祈雨之举,习俗相沿,由来已久,本府于二十九年曾经通令各县市政府对于此种举动分加阻止,以顺舆情在案,近查各地天久不雨,人心惶恐,民众祈雨,自在意中,该县如遇人民有此表示,而别无其他用意,仍应从其习

---

① 《据县绅陈树培等呈请设坛祈雨卷(1937—1938年)》,档案号:33-13,成都市温江区档案馆,第11—12页。
② 《据县绅陈树培等呈请设坛祈雨卷(1937—1938年)》,档案号:33-13,成都市温江区档案馆,第7页。
③ 《据县绅陈树培等呈请设坛祈雨卷(1937—1938年)》,档案号:33-13,成都市温江区档案馆,第7页。
④ 《据县绅陈树培等呈请设坛祈雨卷(1937—1938年)》,档案号:33-13,成都市温江区档案馆,第14页。

第七章　民间信仰与政府控制　　159

惯，勿庸禁止，除分令外，合行令仰该府知照"①。

国民政府对祈雨活动的态度正如彭慕兰所言："在危机来临时，甚至那些特别正统的人也会公开求助于这些崇拜。"② 政府和社会精英希望通过这种习俗来化解民众的积怨，使社会得到安宁，这时候是否"迷信"已然不再重要，"别无其他用意"才是最为重要的因素。

不仅如此，政府还利用民间的祭祀活动来悼念在抗战前线牺牲的将士，此举更是将"迷信"活动当作凝聚人心的工具。抗战后期，温江县鱼凫镇士绅提议为前线牺牲战士举行清醮会："窃值此国难当前，抗战方殷，前方将士死亡枕藉，后方又因天灾迭见，人心惶恐，长等暨地方人士有鉴于此，拟就本城西外梓潼宫地点，修建太平清醮，于本月十一日起至十六日止，借以追荐忠魂，消弭灾患，为此具文协请钧座鉴核，准予期内禁屠宰，以利修建，可否之处，敬候示遵！"③

温江县政府对于此次活动表示支持，并发布公告，保护该活动，无论何人，不得滋扰，如有违抗，依法重处。

温江县县长黄告：
据两仪慈善会呈，自本月旧历九月廿日起至廿八日止，举办醮会，追荐为国牺牲壮士，请予保护等情，应准照办。特此公布，无论何人，不得滋扰，如敢故违，定予拿案，依法重处，决不宽贷，此告。④

由此可见，尽管国民政府以抗战建国为号召，严厉禁止和打击"迷信"活动，但并非没有通融的余地，一般看来，只要不是聚众、结党、反对政府，官民之间可有妥协，官府不仅不予理会，在某些时候还要借助这样的活动和力量。

---

① 《据县绅陈树培等呈请设坛祈雨卷（1937—1938年）》，档案号：33-13，成都市温江区档案馆，第24页。
② 〔美〕彭慕兰：《泰山女神信仰中的权利、性别与多元文化》，载〔美〕韦思谛：《中国大众宗教》，陈仲丹译，江苏人民出版社，2006年版，第117页。
③ 《据县绅陈树培等呈请设坛祈雨卷（1937—1938年）》，档案号：33-13，成都市温江区档案馆。
④ 《据县绅陈树培等呈请设坛祈雨卷（1937—1938年）》，档案号：33-13，成都市温江区档案馆。

小　结

晚清以来，社会改良者不断规范民众的行为，以使其更为文明，而对民间的习俗和信仰也多加控制，希图移风易俗。但在抗战这个特殊时期，"破除迷信"的涵义与其他时期有所不同，除了改良风俗，更多考虑的是社会稳定和防范异端，在经济上也有提倡节约的目的。同时，政府和民间在面临灾荒和其他突发状况时，也有互相妥协的情况。这一方面说明民间信仰和习俗不易改变，生命力极强，另一方面也说明政府控制并非没有空隙。这些由社会精英主导的社会改良活动，意在塑造"新国民"，成都平原乡村社会在这种"改造"中逐渐被卷入"现代化"的浪潮中。

结　语

成都平原气候温润，土壤肥沃，水利设施齐全，农村经济繁荣，自古便被人称为"水旱从人，不知饥馑"的"天府之国"。近代以来，国家和社会精英试图对成都平原乡村的土地租佃制度、市场结构、民间信仰等进行改良和改造，成都平原的乡村居民也在努力适应种种改变的同时尽力保持自己传统的生活方式。下文呈现的几个成都平原农民家庭的生活样态[①]，可以反映出成都平原农民在适应世事变迁中对传统的坚守。

一、袍哥雷家

王笛研究的袍哥雷明远家，是一户佃农家庭。[②] 他佃有成都市内尤家的四十亩田，以佃户的职业养活家小，同时以袍哥大爷的身份在镇上闲耍。为了耕种田地，家里请有一个长工，一年给付两石米和相应的工钱，还经常请四个短工，他们的工资以日计，袍哥的弟兄在农忙时都会来雷明远的农场免费帮忙。"暮春四月，正是插秧的季节了，有田地的佃客这时正忙于下秧子，各家争先恐后的请得力的熟手来帮忙几天短工，然而在一个袍哥首领的田里，常会自动跑来一群社会中的小兄弟，帮忙栽秧的工作。这正是乡下最闹热的一个时候了，插秧的在田里忙着，孩子们及闲耍的在旁边看着，刹那间，新插好的秧在整齐的行列里随着春风，迎着田间缓缓的流水而动荡，煞是有趣。插秧酒的风气在这儿通行着，一天吃五顿，三顿饭，两顿点心，中间的一餐还有酒席，这是主人对于雇工们的劳累而有的一种感谢表示，另外还给工资（每人每天三百元），但在大爷们如雷明远的田里帮忙的弟兄却没有一个是要接受钱的。"[③]

[①]　这是20世纪40年代燕京大学社会学系学生的调查成果。得益于这些调查，我们才能这么鲜活地观察到这些农民的生活，感谢这些学术前辈的努力。目前这些调查报告藏于北京大学图书馆。

[②]　王笛：《袍哥：1940年代川西乡村的暴力与秩序》，北京大学出版社，2018年。

[③]　沈宝媛：《一个农村社团家庭》，燕京大学学士学位论文，1946年。

田里大春作物十分之九的收成属于地主,不管收成好坏,不加租也不减租。小春的出品属于佃户,供其养活家庭。雷明远也不例外,要向地主交"铁板租",但他武艺好,讲义气,所以人缘很好,在望镇一带很有威望。他跟地主的关系也不错,还跟地主出去游走过,"民国三十二年的春天,雷大爷曾与他的主人家一块出去走过,到过绵竹、大足等地,好像阔老一般的,他花了一笔极大的钱,不但没有找回钱来,反要家里变卖了谷子,给他兑上钱去。这一次出远门的结果,别人都称他为'公爷',花费了一笔家资换得了江湖上的一种豪义,又结交了几个外县的弟兄,他认为也是非常值得的"①。望镇的百姓产生什么纠纷都会请雷大爷去断公道。但后来,雷家家道中落,租佃的土地也失去了,雷家失去了赖以生存的土地,全家陷入困苦之中。

二、从佃农到自耕农再到佃农的傅家

傅家住在成都市西郊的九里桥。傅老大最初是替人种田的长工,后来租佃几亩地耕种,有了一定积蓄后就买地自耕,田业逐渐增多。到了傅太婆嫁给傅老大时,傅老大拥有土地二十亩,另佃有土地五十亩,还请了个长工,俨然是个小地主。傅太婆也尤能吃苦耐劳,夫妇同心协力,家业蒸蒸日上。一方面是又买了十余亩田且又请了一个长工,即年轻的张师,另一方面是丁口的增加,五女二子次第降生,九里桥的居民哪个不羡慕傅家,都说:"儿女满堂,傅家夫妇硬是福气。"傅家夫妇听了实在高兴,口中却说:"啥子福气?都要累坏了,将来打发女儿的嫁妆,真不得了。"②

但当四十三岁的强干农人傅老大去世后,傅家家道开始急转直下。一方面家庭失去了领导,再也没有人像他一般细心照料田地,家庭的生产能力与积极性逐渐下降;另一方面傅太婆自丈夫去世后,对子女愈发宽容,失去严格管束的长子傅大哥在当地地痞流氓的引诱下,成为袍哥、染上鸦片,家中三十余亩田地逐渐被卖个精光,仅剩下长工张师耕种着租佃来的五十亩地。及至全面抗战爆发后,物价猛涨,各项田地杂税也随之而来,一年的收获纳租之余几乎难以维持家庭生活。③

---

① 沈宝媛:《一个农村社团家庭》,燕京大学学士学位论文,1946年。
② 白锦娟:《九里桥的农家教育》,燕京大学学士学位论文,1946年,第21页。
③ 白锦娟:《九里桥的农家教育》,燕京大学学士学位论文,1946年,第22页。

由此，傅家从半自耕农半佃农变成完全的佃农身份。佃田五十亩，不论收成如何，一年要纳租四十五石，自己仅剩米五石左右，只够付长工张师和买肥料的费用。一家大小十口人的食粮全靠小春的收成。再就是靠家里养猪八只、鸡鸭三十多只，女儿们做些刺绣等手工，勉强维持生活而已。① 这个家庭从佃农到自耕农再到佃农的命运的改变，反映了农民境遇的不稳定性。

三、小佃农叶家

叶家是一户只租佃了三亩地的小佃农，靠家庭手工业和出售劳动力（推鸡公车）维持生计。

> 傅家的儿子长盛有个很好的伴侣名叫水哥，水哥家姓叶，只佃了三亩地，算是一个小佃户。住在拐过竹林，离傅家不到半里路的一排五间土房内，房子周围没有栏栅或篱笆围绕。水哥家里有父亲叶忠诚、母亲叶二嫂以及弟弟木生。叶家佃来的三亩地，一半种麦子胡豆，一半种蔬菜。叶忠诚还要在外寻些如推鸡公车的力气活，方能维持一家四五口人生活。②

> 叶二嫂除了料理家务，帮忙庄稼外，还要织络子卖钱，找点零钱弥补家计。傅二姐就和她学会了织络子，为母亲大姐和自己戴。三姐四姐都已剪发，用不着戴的。但二姐和叶二嫂一串一串的编织时，长盛和水哥便在河边玩水或绕坟头奔跑。亭菊就扶住姐姐身子看母鸡率领十多只小鸡啄米。③

> 每年清明节前后，叶家最热闹，城中的人带着香烛供品祭物来上坟，傅家的孩子们整日在叶家，看烫弯了头发的女人及穿着洋服的男子。叶二嫂特别烧一锅开水招待客人，客人多半带点礼物送叶家或者走时给水哥木生点礼钱。④

> 因为他们种三亩多庄稼，带做活路的人家，不能供儿子上学的花费……

---

① 白锦娟：《九里桥的农家教育》，燕京大学学士学位论文，1946年，第23页。
② 白锦娟：《九里桥的农家教育》，燕京大学学士学位论文，1946年，第29页。
③ 白锦娟：《九里桥的农家教育》，燕京大学学士学位论文，1946年，第29页。
④ 白锦娟：《九里桥的农家教育》，燕京大学学士学位论文，1946年，第29页。

看到与水哥一起长大的长盛，都识文断字了，叶二嫂决定找点进款送水哥进学堂。叶二嫂计算的结果，想到了二月里买进的两只羊子，她要从正在发育的羊子身上开发水哥的远大的前程。①

叶家土地较少，为了增加收入，叶父必须出去推鸡公车，叶母则要编络子来卖。

从以上三家农户的境况中我们可以看到，前面总结的成都平原农民经营的特点在此都有所反映，不管佃户农场规模大小，都是农业与手工业、家禽饲养相结合，有的还要在农闲时出去从事其他生产活动，才能维持生计。

四、手工业家庭作坊杜二嫂家

前文提到的杜二嫂家的家庭机房有四张织绸机、九个工人。对于工人，机房除了给工资，还供应食宿。主人与工人住在同一屋檐下，过着共同的生活，除了雇佣劳动关系，还有着较为深厚的情感上的联系。长期的共同生活让大家更加亲密，彼此之间不叫名字，而是按着亲属关系称呼，如陈幺婶、周大娘等。②

不过主人与工人的身份到底是不同的，杜二嫂是全过程的配合与指导者。丝的收买与绸的出卖都由她经手。她发出命令，大家都得服从。她是闲谈的中心，是大家奉承的对象。她的儿女也觉察到他们的身份，常常摆出主人的架子，支使较小的徒弟们。③

家庭机房是一种小规模的生产组织。生产的规模、工具的简陋受资本的有限所限制，工具的简陋是更主要的原因，它一方面不能吸收大量的资本，另一方面也是决定生产关系的一个因素。生产关系表现在社会方面的是阶层现象（Hierarchy），在一个社会中，有一群人总是发布命令，另一群人总是接受命令，在这二者之中又存在着许多中间阶层（Intermediate Class），他

---

① 白锦娟：《九里桥的农家教育》，燕京大学学士学位论文，1946年，第31—32页。
② 杨树因：《一个农村手工业的家庭——石羊场杜家实地研究报告》，燕京大学学士学位论文，1944年，第21—22页。
③ 杨树因：《一个农村手工业的家庭——石羊场杜家实地研究报告》，燕京大学学士学位论文，1944年，第22页。

们接受在上的命令，又把命令传到下面，这就是阶层现象。在机房中，杜二嫂是总管理者，她常是发命令，大家都得服从。姚师以师傅的身份可以对徒弟发命令。其余的人因着邻居或家庭的关系、社会的地位、到机房的久暂，而有着上下的不同。但是比起现代化的大工业的组织，在那里企业家与工人之间，不知隔着多少中间阶层，二者终生可以根本不见面；那么机房的阶层现象确实很不明显。工具对劳力吸收的限制，共同的生活，以及农业社会中血缘与地缘关系是形成这种生产关系的因素。①

每当更鼓乍起时，一阵喃喃的经声会从机房旁边的屋子里送出来，那里面黑沉沉的模糊不清，只有弥勒佛的画像显在长明灯晕黄的光里；那光又照出几个匍匐在地下的身影。杜家婆媳也在其中。他们所拜的弥勒佛是三教归一或归根教的教主。三教指儒释道说。归根即是落叶归根的意思，据说当初无极圣母生育万物，其子下凡，成为人类，人类沉迷于酒色财气，堕入苦海，归根教的信仰是为了超度人类，归返天宫。

杜二嫂入道有五年了，五年前，她得了一种无名的病，浑身疼痛，医药无效，几乎不起，邻人刘明善劝她敬神，于是请教中的先生来念三天的经，又在神前发下愿心，不料三天以后她果然好了许多，自是便修了大道——念经、礼佛，终生吃素。老师赐法号善元。②

杜二嫂是一个能干的女人，在丈夫死后，独立支撑一个家庭机房，周旋于市场与工人之间，她最重要的精神寄托就是"归根教"。由此可知，民间信仰在百姓生活特别是农村妇女的日常生活中，仍然占有极其重要的地位。

通过前面几章的描述和分析以及上述几家农户生活样态的展示，我们可以看到近代成都平原乡村社会经济结构虽然有一定改变，但老百姓生活方式的改变并不明显，比较缓慢。

近代成都平原地权分布呈现出两极分化的特点，一方面土地大量集中在军阀、政治新贵等大地主手中，另一方面，农村也存在大量中小地主，由于人口较

---

① 杨树因：《一个农村手工业的家庭——石羊场杜家实地研究报告》，燕京大学学士学位论文，1944年，第23页。
② 杨树因：《一个农村手工业的家庭——石羊场杜家实地研究报告》，燕京大学学士学位论文，1944年，第24—25页。

多，土地资源有限，土地分割严重，佃农经营规模不足；乡村市场在农民生活中占有十分重要的地位，农民不仅通过市场出售农产品、出卖劳动力、购买生活必需品、获取必要的劳动服务，还通过市场获得新的信息资讯，并通过市场模仿城市人的生活方式。市场使乡村女性从事家庭副业和手工业的价值得以体现，也使女性的经济地位得以提高。乡村女性参与市场的频率受到身份、年龄等多种因素的影响，不如男性自由，但其在部分市场活动中的表现并不逊于男性，而且在家庭经营中，1940年代至1950年代的乡村女性与男性并没有形成非常明显的社会分工。成都平原的乡村女性通过参与市场活动以及针对市场需求进行的家庭手工业、副业乃至农业活动，不仅为家庭增加了收入，为地方经济做出了贡献，而且赢得家人、社会和国家的尊重。乡村民间信仰非常普遍，民国时期，政府为了移风易俗、塑造"新国民"，对民间信仰打击严厉，但民间信仰生命力强大，在习俗与信仰的问题上，乡村基层、社会精英有时也能与政府达成妥协。总之，近代成都平原乡村社会是一个复杂的共同体，有着丰富的内涵与层次，不同层次的农民有着不同的生活境遇，乡村社会随着政府推行的各种改良措施而缓慢地改变着。

参考资料[①]

一、图书

1. 同治《郫县志》,清同治九年刻本。
2. 民国《温江县志》,民国九年刻本。
3. 民国《简阳县志》,民国十六年铅印本。
4. 民国《新繁县志》,民国三十六年铅印本。
5. 陈大齐:《迷信与心理》,北京大学出版部1920年版。
6. 李干忱:《破除迷信全书》,上海美以美会全国书报部1924年版。
7. 车庆和:《打破迷信》,振兴排印局1929年版。
8. 黄健六:《拿学理来研究迷信捐》,安徽省佛教会1929年版。
9. 容肇祖:《迷信与传说》,国立中山大学民俗学会1929年版。
10. 康寄遥:《破除迷信》,上海佛学书局1933年版。
11. 宋桂煌:《科学迷信斗争史》,上海华通书局1933年版。
12. 〔日〕田中忠夫:《中国农业经济研究》,汪馥泉译,大东书局1934年版。
13. 陈翰笙:《广东农村生产关系与生产力》,中山文化教育馆1935年版。
14. 洪瑞坚:《浙江之二五减租》,正中书局1935年版。
15. 张其昀:《稻米之地理环境》,商务印书馆1935年版。
16. 〔美〕卜凯:《中国农家经济》,张履鸾译,商务印书馆1936年版。
17. 陈正谟:《中国各省的地租》,商务印书馆1936年版。
18. 吕平登:《四川农村经济》,商务印书馆1936年版。
19. 彭雨新、陈友三、陈思德:《川省田赋征实负担研究》,商务印书馆1943年版。
20. 郭汉鸣、孟光宇:《四川租佃问题》,商务印书馆1944年版。
21. 章有义:《中国近代农业史资料(第3辑):1927—1937》,生活·读书·新知三联书店1957年版。

[①] 主要按照出版时间顺序排列,如有英文资料则按照先中文后英文的顺序排列。

22. 《汉书》，中华书局1962年版。
23. 萧铮：《民国二十年代中国大陆土地问题资料》，成文出版社1977年版。
24. 朱嗣德：《中国农村经济问题》，台湾地政研究所1980年版。
25. 王士性：《广志绎》，吕景琳校，中华书局1981年版。
26. 赵冈、陈钟毅：《中国土地制度史》，台湾联经出版事业公司1982年版。
27. 陈翰笙：《解放前的地主与农民——华南农村危机研究》，冯峰译，中国社会科学出版社1984年版。
28. 中国革命博物馆：《吴虞日记》（上册），荣孟源审校，四川人民出版社1984年版。
29. 薛绍铭：《黔滇川旅行记》，重庆出版社1986年版。
30. 〔德〕马克斯·韦伯：《文明的历史脚步：韦伯文集》，黄宪起、张晓玲译，上海三联书店1988年版。
31. 周天豹、凌承学：《抗日战争时期西南经济发展概述》，西南师范大学出版社1988年版。
32. 四川省《郫县志》编纂委员会：《郫县志》，四川人民出版社1989年版。
33. 隗瀛涛：《四川近代史稿》，四川人民出版社1990年版。
34. 〔美〕孔飞力：《中华帝国晚期的叛乱及其敌人：1796—1864年的军事化与社会结构》，谢亮生、杨品泉、谢思炜译，中国社会科学出版社1990年版。
35. 四川省《温江县志》编纂委员会：《温江县志》，四川人民出版社1990年版。
36. 王纲：《清代四川史》，成都科技大学出版社1991年版。
37. 金德群：《民国时期农村土地问题》，红旗出版社1994年版。
38. 中国第二历史档案馆：《中华民国史档案资料汇编·第5辑·第1编·财政经济》（一），江苏古籍出版社1994年版。
39. 中国第二历史档案馆：《中华民国史档案资料汇编·第5辑·第3编·文化》，江苏古籍出版社1994年版。
40. 《庆祝抗战胜利五十周年两岸学术研讨会论文集》，台湾联经出版事业公司1995年版。
41. 曹辛穗：《旧中国苏南农家经济研究》，中央编译出版社1996年版。
42. 〔美〕施坚雅：《中国农村的市场和社会结构》，史建云、徐秀丽译，中国社会科学出版社1998年版。
43. 黄宗智：《华北的小农经济与社会变迁》，中华书局2000年版。
44. 黄宗智：《长江三角洲小农家庭与乡村发展》，中华书局2000年版。

45. 彭通湖：《四川近代经济史》，西南财经大学出版社 2000 年版。
46. 夏明方：《民国时期自然灾害与乡村社会》，中华书局 2000 年版。
47. 张五常：《佃农理论——应用于亚洲的农业和台湾的土地改革》，商务印书馆 2000 年版。
48. 彭朝贵、王炎：《清代四川农村社会经济史》，天地出版社 2001 年版。
49. 〔美〕费孝通：《江村经济——中国农民的生活》，商务印书馆 2001 年版。
50. 王笛：《跨出封闭的世界——长江上游区域社会研究（1644—1911）》，中华书局 2001 年版。
51. 侯建新：《农民、市场与社会变迁——冀中 11 村透视并与英国乡村比较》，社会科学文献出版社 2002 年版。
52. 徐浩：《农民经济的历史变迁——中英乡村社会区域发展比较》，社会科学文献出版社 2002 年版。
53. 〔美〕杜赞奇：《文化、权利与国家：1900—1942 年的华北农村》，王福明译，江苏人民出版社 2003 年版。
54. 李伯重：《多视角看江南经济史》，生活·读书·新知三联书店 2003 年版。
55. 《马克思恩格斯全集》，人民出版社 2006 年版。
56. 李德英：《国家法令与民间习惯：民国时期成都平原租佃制度新探》，中国社会科学出版社 2006 年版。
57. 王笛：《街头文化：成都公共空间、下层民众与地方政治（1870—1930）》，李德英、谢继华、邓丽译，中国人民大学出版社 2006 年版。
58. 〔美〕韦思谛：《中国大众宗教》，陈仲丹译，江苏人民出版社 2006 年版。
59. 蔡继明、邝梅：《论中国土地制度改革：中国土地制度改革国际研讨会论文集》，中国财政经济出版社 2009 年版。
60. 〔美〕玛丽·博斯沃斯·特德雷：《中和场的男人和女人》，张天文、邹海霞译，中国文联出版社 2011 年版。
61. 〔美〕彭慕兰：《大分流：欧洲、中国及现代世界经济的发展》，史建云译，江苏人民出版社 2011 年版。
62. 〔加拿大〕伊莎白、俞锡玑：《兴隆场：抗战时期四川农民生活调查（1940—1942）》，邵达译，曹新宇校，中华书局 2013 年版。
63. 〔美〕詹姆斯·C.斯科特：《农民的道义经济学：东南亚的反叛与生存》，程立昱、刘建译，译林出版社 2013 年版。
64. 何一民、姚乐野：《民国时期社会调查丛编（三编）·四川大学卷·中》，福建教育出版社 2014 年版。

65. 胡开全：《龙泉驿百年档案记忆（1911—2011）》，四川人民出版社 2014 年版。

66. 姚乐野、李勇先等：《中国西南地理史料丛刊》（第 37 册），巴蜀书社 2014 年版。

67. 李勇先：《巴蜀珍稀文学文献汇刊》（第 5 册），成都时代出版社 2015 年版。

68. 〔英〕白馥兰：《技术、性别、历史：重新审视帝制中国的大转型》，白岚玲、吴秀杰译，江苏人民出版社 2017 年版。

69. 王笛：《袍哥：1940 年代川西乡村的暴力与秩序》，北京大学出版社 2018 年版。

70. Cressey. *The Chengdu Plain*：*China's Geographic Foundations*. McGraw-Hill Book Company，1934.

71. Brace. *Canadian School in West China*. The Canadian School Alumni Association，1974.

72. David Johnson，Andrew J. Nathan，Evelyn S. Rawski. *Popular Culture in Late Imperial China*. University of California Press，1985.

73. Isabella Bird. *The Yangtze Valley and Beyond*：*An Account of Journeys in China，Chiefly in the Province of Sze Chuan and Among the Man-sze of the Somo Territory*. Beacon Press，1987.

74. Chris Bramall. *Living Standards in Sichuan 1931–1978*. School of Oriental and African Studies，1989.

75. Thomas G. Rawski，Lillian M. Li. *Chinese History in Economic Perspective*. University of California Press，1992.

76. G. William Skinner. *Rural China on the Eve of Revolution*：*Sichuan Fieldnotes，1949–1950*. Edited by Stevan Harrell and William Lavely. University of Washington Press，2017.

77. Goncalo Santos，Stevan Harrell. *Transforming Patriarchy*：*Chinese Families in the Twenty-First Century*. University of Washington Press，2017.

二、报刊

1. 周兆祥：《孝女善制棕鞋》，《通问报：耶稣教家庭新闻》，1907 年第 279 期。

2. 朱成勋：《四川棕帽与山东草帽》，《实业浅说》，1916 年第 47 期。

3. 高山：《科学与迷信的冲突》，《东方杂志》，1922 年第 19 卷第 3 号。

4. 化鲁：《文明人与野蛮人的迷信》，《东方杂志》，1922 年第 19 卷第 3 号。

5. 建人：《对于物类生死起源的迷信》，《东方杂志》，1922 年第 19 卷第 3 号。

6. 健孟：《迷信与魔术》，《东方杂志》，1922 年第 19 卷第 3 号。

7. 翁文灏：《四川游记》，《地学杂志》，1931 年第 1 期。

8. 郑震宇：《中国之佃耕制度与佃农保障》，《地政月刊》，1933 年第 1 卷第 4 期。

9. 谢家荣：《陕北盆地和四川盆地》，《地理学报》，1934 年第 1 卷第 2 期。

10. 《郫县农民生活》，《四川经济月刊》，1935 年第 3 卷第 4—5 期合刊。

11. 周行：《四川郫县的农村》，《东方杂志》，1935 年第 23 卷第 22 号。

12. 陈汝乾：《岷江峡谷的交通》，《地理教育》，1936 年第 1 卷第 6 期。

13. 《简阳租佃制度调查》，《四川月报》，1936 年第 8 卷第 1 期。

14. 钱志超：《四川的农村经济》，《益世报》，1936 年 7 月 18 日。

15. 稻麦改进所经济部：《四川农佃之分布情形》，《建设周讯》，1937 年第 3 卷第 12 期。

16. 《中国之雨量》，《气象月刊》，1938 年第 2 期。

17. 孙仲瑜：《新繁县草帽业概况》，《西南实业通讯》，1941 年第 2 期。

18. 吴文晖：《中国佃农的地位》，《中农月刊》，1942 年第 3 卷第 1 期。

19. 神州社：《新繁棕织品，年值一千六百万》，《新新新闻》，1945 年 1 月 4 日。

20. 王君律：《农民要明白"二五减租"的意义》，《川西农民》，1945 年第 1 卷第 3—4 期合刊。

21. 罗俊：《中国租佃制度的中间人问题》，《中农月刊》，1945 年第 6 卷第 1 期。

22. 郑震宇：《一年来之土地行政》，《中农月刊》，1945 年第 6 卷第 4 期。

23. 《二五减租与保护佃农政策》，《商务日报》，1945 年 10 月 4 日。

24. 廖仲隐：《赶场》，《雍华图文杂志》，1946 年第 1 期。

25. 洪瑞坚：《二五减租问题》，《中农月刊》，1946 年第 7 卷第 1 期。

26. 万国鼎：《二五减租述评》，《中农月刊》，1946 年第 7 卷第 2 期。

27. 全汉昇、王业键：《清代的人口变动》，《"中央研究院历史语言研究所"集刊》，1961 年。

28. 全汉昇、王业键：《近代四川合江县物价与工资的变动趋势》，《"中央研究院历史语言研究所"集刊》，1962 年。

29. 吕实强：《近代四川的移民及其所发生的影响》，《"中央研究院近代史研究所"集刊》，1977 年第 6 期。

30. 吕实强：《近代四川农民的生活》，《"中央研究院近代史研究所"集刊》，1978年第7期。

31. 王业键：《近代中国农业的成长及其危机》，《"中央研究院近代史研究所"集刊》，1978年第7期。

32. 李映发：《清代重庆地区农田租佃关系中的几个问题》，《历史档案》，1985年第1期。

33. 侯德础：《试论抗战时期四川农业的艰难发展》，《四川师范大学学报》，1987年第6期。

34. 谢放：《清末民初四川农村商品经济与社会变迁》，《四川大学学报》（哲学社会科学版），1990年第4期。

35. 史建云：《近代华北平原自耕农初探》，《中国经济史研究》，1994年第1期。

36. 何一民：《晚清四川农民经济生活研究》，《中国经济史研究》，1996年第1期。

37. 黄道炫：《一九二〇—一九四〇年代中国东南地区的土地占有——兼谈地主、农民与土地革命》，《历史研究》，2005年第1期。

38. 刘克祥：《近代四川的押租制与地租剥削》，《中国经济史研究》，2005年第1期。

39. 李德英：《从成都平原租佃纠纷个案论押租制度的双重意义》，《历史档案》，2005年第1期。

40. 李德英：《民国时期成都平原土地转租问题探讨》，《史林》，2006年第3期。

41. 李德英：《民国时期成都平原的押租与押扣——兼与刘克祥先生商榷》，《近代史研究》，2007年第1期。

42. 李德英：《民国时期成都平原乡村集镇与农民生活——兼论农村基层市场社区理论》，《四川大学学报》（哲学社会科学版），2011年第3期。

43. 梁小琴：《朱木兰：让新繁棕编走上世界》，《人民日报》，2011年9月27日。

44. 谢开键、肖耀：《民国时期农村妇女的权利和地位——以天柱地区土地买卖文书中的女性为中心》，《贵州大学学报》（社会科学版），2012年第6期。

45. 张杨：《战时财政扩张与租佃制度变迁：以川西地区为例（1937—1945）》，《抗日战争研究》，2017年第2期。

46. 张杨：《旧田赋与新税制：川西行署1949年公粮的征收》，《中共党史研究》，2019年第3期。

47. 张杨：《土地收益分配视野下四川二五减租运动研究》，《史林》，2020年第1期。

48. 张杨：《川西地区退押运动研究（1937—1951）》，《清华大学学报》（哲学社会科学版），2020年第5期。

49. 张杨：《新中国成立初期川西行署赔罚运动研究》，《四川大学学报》（哲学社会科学版），2021年第5期。

50. H. D. Brown, Li Min Liang. A Survey of 50 Farms on Chengtu Plain, Szechwan. *Chinese Economic Journal*, Vol. II, No. 1, 1928.

51. Richard Gunde. Land Tax and Social Change in Sichuan, 1925–1935. *Modern China*, Vol. 2, No. 1, Jan. 1976.

52. Audrey Donnithorne. Sichuan's Agriculture：Depression an Revival. *The Australian Journal of Chinese Affairs*, No. 12, Jul. 1984.

53. Madeleine Zelin. The Rights of Tenants in mid-Qing Sichuan：A Study of Land-Related Lawsuits in the Baxian Archives. *Journal of Asian Studies*. Vol. XLV, No. 3, May. 1986.

三、档案[①]

1. 中国第二历史档案馆，全宗号103，案卷号143，《各省租佃纠纷案件调查表》。

2. 四川省档案馆，全宗号建西003，案卷号17，《中共温江县委汇集的全县有关业主的出租田地租押调查登记统计表》。

3. 四川省档案馆，全宗号建西003，案卷号47，《成都华阳七县农会驻蓉联合办事处》。

4. 四川省档案馆，全宗号115，案卷号3119，《四川省建设厅关于征集手工艺品及资料准备办法》。

5. 四川省档案馆，全宗号148，案卷号1407，四川省农改所：《温江县农家田场经营调查表（1937年—1938年）》。

6. 四川省档案馆，全宗号156，案卷号72，《四川省农地减租委员会》。

7. 成都市档案馆，蓉档1697卷259号，《会场警察署汇报民国四年三月青羊宫花会赴会物品售货金数目表》。

8. 成都市双流区档案馆，原卷号1249，案卷号2533，《民国双流县政府双流田赋粮食管理处、双流县税征稽查处关于欠粮办理田赋粮民清单的令、公函、呈文》。

---

① 本节主要按照馆藏地排列。

9. 成都市新都区档案馆，全宗号 28，案卷号 8，《新繁县繁江镇公所民国卅八年农地租约》（1949 年 10 月）。

10. 成都市新都区档案馆，全宗号 23，案卷号 13，《高院及本院关于民事上诉：为返还租赁物（1949 年 1 月—11 月）》。

11. 成都市温江区档案馆，全宗号 33，案卷号 9，《关于取缔神权迷信事项卷》。

12. 成都市温江区档案馆，全宗号 33，案卷号 13，《温江县宗教系统》。

13. 成都市龙泉驿区档案馆，档号 002-1-0075-007，龙合销（1955）036 号《关于停止草帽收购的请示》（1955 年 5 月 6 日）。

14. 成都市龙泉驿区档案馆，档号 002-1-0075-016，龙合采（1956）061 号《报请恢复草帽的收购以保证明年外调的货源》（1956 年 9 月 19 日）。

四、口述资料

1. 四川大学"口述历史实践教学与科学研究中心"2014 年安仁口述资料，口述人：李元清、杨谢能，访谈人：李玲、徐晓玲、程千懿、张续，访谈地点：大邑县安仁镇古街李元清家，访谈时间：2014 年 6 月 27 日 10：00—11：30。

2. 四川大学"口述历史实践教学与科学研究中心"2014 年安仁口述资料，口述人：王凤英，访谈人：廖羽含、阎翠、林罗、柳京廷，访谈地点：大邑县安仁镇金井社区王凤英家，访谈时间：2014 年 6 月 28 日 9：30—11：00。

3. 四川大学"口述历史实践教学与科学研究中心"2014 年安仁口述资料，口述人：陈海清，访谈人：李明月、周利波、王斯睿、靳雅琪，访谈地点：大邑县安仁镇夕阳红茶馆旁旅店，访谈时间：2014 年 6 月 29 日 9：00—10：40。

4. 四川大学"口述历史实践教学与科学研究中心"2014 年安仁口述资料，口述人：刘元成，访谈人：车人杰、吴雪娇、张俊、周珏，访谈地点：大邑县安仁镇千禧路 389 号民安社区居委会办公室，访谈时间：2014 年 7 月 1 日 9：05—10：10。

5. 口述资料，口述人：巫秀琼（85 岁）、黄素珍（73 岁）、康华泽（78 岁）等，访谈人：李德英，访谈地点：成都市龙泉驿区柏合镇梨花街社区会议室，访谈时间：2017 年 11 月 30 日。

6. 口述资料，口述人：朱木兰，访谈人：李德英，访谈地点：成都市新都区新繁镇高院村新繁棕编体验馆，访谈时间：2018 年 3 月 23 日 11：00。

7. 口述资料，口述人：曾婆婆（90 岁），访谈人：李德英，访谈地点：成都市新都区新繁镇大墓山村罗志勇家，访谈时间：2018 年 3 月 23 日 12：00—13：00。

8. 口述资料，口述人：刘恩（景玉怀的儿子，73 岁），访谈人：李德英，访谈地点：成都市新都区新繁镇东湖公园管理办公室，访谈时间：2018 年 3 月 23 日下午。

五、其他资料

1. 潘玉林：《一个村镇的农妇》，燕京大学学士学位论文，1932 年。
2. 中国工程师学会：《四川考察团报告之三》，1936 年。
3. 《四川省政府统计委员会报告》，1937 年。
4. 四川省合作金库：《二十六年度四川省合作金融年鉴》，1938 年。
5. 四川省建设厅：《四川省建设统计提要》，1938 年。
6. 资源委员会：《全国土地调查报告纲要》，1938 年。
7. 四川省农业改进所：《四川省农情报告》，1940 年第 3 卷第 1 期。
8. 中国农民银行四川省农业经济调查委员会：《四川农村经济调查报告第七号：四川省租佃制度》，1941 年。
9. 杨树因：《一个农村手工业的家庭——石羊场杜家实地研究报告》，燕京大学学士学位论文，1944 年。
10. 白锦娟：《九里桥的农家教育》，燕京大学学士学位论文，1946 年。
11. 沈宝媛：《一个农村社团家庭》，燕京大学学士学位论文，1946 年。
12. 谢放：《近代四川农村经济研究》，四川大学硕士学位论文，1985 年
13. 陈祥云：《农业商品化与社会变迁——以四川盆地为中心》，台湾政治大学博士学位论文，1998 年。
14. 张杨：《国家财政、民间积怨与政治动员：川西地区的地主与农民（1940—1952）》，四川大学博士学位论文，2017 年。